천국 보좌로부터 온 전략

Strategies From Heaven's Throne

Strategies from Heaven's Throne
By Sandie Freed

Copyright© 2007 by Sandie Freed
Published by Chosen Books
A division of Baker Publishing Group
P.O. Box 6287, Grand Rapids, MI 49516-6287
www.chosenbooks.com

Korean translation copyright© 2010 by Pure Nard
2F 16, Eonju-ro 69-gil Gangnam-gu, Seoul, Korea

The Korean edition is published by arrangement with Chosen Books.
All rights reserved.

본 저작물의 한국어판 저작권은 Chosen Books와의 독점 계약으로 한국어 판권은 '순전한 나드'가 소유합니다. 저작권자의 허락 없이 이 책의 일부 또는 전체를 무단 복제, 전재, 발췌하면 저작권법에 의해 처벌을 받습니다.

천국 보좌로부터 온 전략

초판발행 | 2010년 1월 30일
3쇄 발행 | 2018년 3월 5일

지은이 | 샌디 프리드
옮긴이 | 김가을
감수 | 박선규

펴낸이 | 허철
펴낸곳 | 도서출판 순전한 나드
등록번호 | 제2010-000128
주소 | 서울 강남구 언주로69길 16, (역삼동) 2층
도서문의 | 02) 574-6702
          팩스 | 02) 574-9704
홈페이지 | www.purenard.co.kr

Printed in Korea

ISBN 978-89-6237-057-7   03230

천국 보좌로부터 온 전략
Strategies from Heaven's Throne

하나님께서 당신에게 원하시는 삶을 선포하기

샌디 프리드 지음
김가을 옮김

PURE NARD

Strategies from Heaven's Throne
Claiming the Life God Wants for You

Contents

추천의 글 | 6
머리말 | 8
감사의 말 | 10
서문 | 12

01장 거룩한 대로 | 17
02장 주님, 도와주세요!
내가 어디로 가는지 보이지 않아요! | 36
03장 말과 경주하기 | 64
04장 종교적 패러다임을 거부하기 | 86
05장 새로운 것 | 108
06장 그분이 미래에서 오셨다 | 122
07장 광야에서 나오기 | 135
08장 문제를 일으키는 것 | 151
09장 강으로 뛰어들기 | 163
10장 약속의 땅으로 건너가기 | 183
11장 그분의 영광을 구하는 자들 | 203
12장 승리의 구조를 세우기 | 219

미주 | 232
저자 소개 | 236

추 천 의 글

||||| 척 피어스(Chuck D. Pierce)

President, Glory of Zion International Ministries, Inc.; watchman, Global Harvest Ministries

『천국 보좌로부터 온 전략』은 독자들로 하여금 새로운 여행을 하도록 한다. 샌디 프리드는 많은 사람이 걷기를 원했지만, 실제로 매우 적은 사람이 찾아내었던 길을 전달한다. 그 길은 영광의 길이라 불린다. 이 책은 기름 부으심과 계시 그리고 평소와는 다른 영역에서 어떻게 걷고 교통하는지에 대한 지혜로 가득하다. 우리 삶 속에서 강하게 역사하시는 하나님의 일곱 영을 가지고 우리의 촛대를 밝게 태워야 할 지금 이 시기에 『천국 보좌로부터 온 전략』은 영광이 머무르는 곳, 하나님의 강이 흐르는 곳으로 들어갈 수 있도록 용기를 북돋아주며, 우리가 우리 주변의 세상에 빛이 될 수 있게 해줄 것이다. 이때를 위한 최고의 책이다!

||||| 스티브 슐츠(Steve Shultz)

Founder, the Elijah List, *Elijah Rain* magazine, Prophetic.TV

샌디 프리드의 최근 책은 목적 있는 전투를 하면서 올바른 신앙인의 삶을 살고 싶어 하는 자들에게 전쟁 지침서와 같은 역할을 해준다. 이 책은 그들의 삶 속에서, 그들의 삶을 통해서 주님의 더 높고 위대한 단계의 영광을 추구하는 자들을 위한 책이다. 이 책은 그녀의 또 다른 책들인 『소명의 도둑들』

(Destiny Thieves)과 『계속해서 꿈꾸라』(Dream on)에 더해진 위대한 추가물이다.

|||| 짐 데이비스 박사(Dr. Jim Davis)
President, Christian International Apostolic Network

『천국 보좌로부터 온 전략』은 아마 샌디 프리드가 최근에 쓴 책들 중에 가장 중요한 책일 것이다. 예언자로서 예리한 눈을 가진 그녀는 교회와 세상의 현재 상황적 필요성들을 알아차리고 해부하며, 앞으로 도래하는 날에 어떻게 적응하고 서서히 나아갈 수 있는지에 관해 분명하고 확고한 가르침을 제공해준다.

서문에서 샌디는 "오늘의 전투를 어제의 승리를 가지고 싸울 수 없다"라고 말하였다. 그럼에도 불구하고 대부분의 교회는 여전히 그 불가능한 일을 시도하고 있다. 우리는 과거를 뒤로하고 적들의 계획보다 더 위대한 전투의 전략을 위해 하나님께로 나아가려 하지 않는다면 승리를 얻을 수 없을 것이다.

이 책에 소개된 계시와 정보는 모든 믿는 자들이 성령께서 교회에 말씀하시는 것에 응답하는 것을 막는 사고방식이나 방해물을 인식하도록 도와줄 것이다. 나의 기도는 이 『천국 보좌로부터 온 전략』이 널리 읽히고 신실하게 적용되어 하나님의 교회가 싸울 준비가 되며, 예비된 승리를 거두었으면 하는 것이다.

머 리 말

샌디는 그리스도의 몸에 엄청난 공헌을 하였습니다. 이 책에서 당신은 그리스도 예수 안에서 온전한 유업을 소유하는 것을 방해하는 방해물들을 어떻게 발견하는지 배우게 될 것입니다. 소개된 진리와 원칙들은 당신이 광야를 떠나, 요단 강을 건너 축복과 예언의 성취가 있는 약속의 땅으로 들어가는 데 힘을 줄 것입니다.

나는 샌디의 삶, 가정, 그리고 사역을 거의 이십 년 동안이나 알아왔습니다. 나는 이 책에 소개된 진리가 그저 책에서 주워 모은 것들이 아니라는 것을 확언할 수 있습니다. 그것들은 그녀의 매일의 삶과 사역에서 입증된 것들입니다.

샌디는 많은 환상과 개인적인 경험을 통해 책의 흐름을 재미있게 하였습니다. 당신은 이 책을 읽으면서 그리스도의 형상으로 변화될 때까지 영광에서 영광으로 나아가며, 사역의 사명을 성취하라는, 성경에 쓰여 있는 명령들을 어떻게 이룰 수 있는지에 관한 통찰력을 얻게 될 것입니다.

이 책은 당신에게 큰 깨우침과 격려를 주는 동시에 온 세계의 그리스도인들에게도 그렇게 할 것입니다. 하나님의 자녀들로서 우리는 모든 것을 이기는 자에게 그의 아버지의 보좌에 그와 함께 앉을 권리를 약속하신 그리스도와 함께 유업을 받는 자들이 되었습니다. 이것은 우리가 보좌의 방으로 들어갈 권리와 권위가 있다는 것을 의미합니다. 이 보좌의 방의 권리를 사용하고 행사하기 위해서 우리는 천국의 보좌로부터 온 전략들이 필요합니다.

샌디, 시간을 내어 이 책에 이러한 진리들을 담아준 것에 대해 하나님께서 당신을 축복하시기를 원합니다. 이 책으로 인해 많은 그리스도인이 복을 받을 것이고, 그들의 부르심과 그리스도 예수 안에서 사역을 성취하는 그들의 여정이 앞으로 나아가게 될 것입니다.

빌 해몬 박사(Dr. Bill Hamon)

그리스도인 국제 사역의 창시자이며 『성도의 날』 외 여덟 권의 책을 낸 작가

감사의 말

늘 그렇듯이, 항상 저를 사랑해주고 제가 하는 일은 무엇이든지 후원해주는 남편 미키(Mickey)에게 감사하고 싶습니다. 지금은 천국에서 예수님과 함께 계신 저의 아버지처럼, 미키는 제가 제 분량보다 작은 사람이 되는 것을 절대 허락하지 않습니다. 저는 제가 알고 있는 사람 중에 가장 뛰어난 지혜와 통찰력을 가진, 용기 있는 여성인 저의 어머니 데나 데이비스(Dena Davis)에게 감사하며, 여동생 팸 게리스(Pam Gerris)에게 그녀의 지속적인 후원과 신실함으로 인해 감사드립니다. 내 아이들 킴(Kim)과 매트 풋만(Matt Putman)은 다방면으로 계속 후원을 해주었고, 주님의 열매를 맺을 수 있도록 도와주신 언약의 파트너 시온 미니스트리(Zion Ministries)에 감사드립니다. 또 저의 개인적인 중보 기도자들이며 저의 생각을 출판물로 만들기 위해 항상 노력해주시는 폴라 블레서(Paula Bledsoe), 비키 콜드웰(Vicki Caldwell), 쉘리 포스너(Shelley Posner), 캐티 쇼(Kathy Shaw), 사라 아마너(Sarah Amanor), 나탈리 바이어(Natalie Byers), 그리고 노마 기티어레즈(Norma Guitierrez)에게 특별히 감사드립니다. 영적 부모님이신 해몬(Hamon) 목사님과 어머니 에블린 해몬(Evelyn Hamon)께 항상 저를 저의 안전지대 밖으로 밀어주신 것에 대하여 감사드리며, 소중한 친구이자 책임을 지고 감독해주시는 짐 박사님(Dr. Jim), 그리고 지니 데이비스(Jeanie Davis)에게 감사드립니다. 특별히 한결같이 격려해주고 이 책에 대한 믿음으로 기다려준 Chosen Books 출판사의 편집장이자 친구인 제인 캠벨(Jane Campbell)에게 감사드립니다. 또한 사전 준비 편집

과정에서 많은 시간을 들인 그레이스 사버(Grace Sarber)에게 감사드리고, 크리스티 필립(Christy Phillippe)에게 그의 후원과 이 프로젝트의 완성까지 지지해주신 것을 감사드립니다.

서문

이스라엘의 열두 지파 중에 한 지파인 잇사갈 지파는 시와 때를 이해하도록 예정되었다. 잇사갈은 야곱의 아홉 번째 아들이고, 아내 레아의 다섯 번째 아들이었다. 그의 이름에 대한 한 번역은 "상 받을 자"다.[1] 성경은 잇사갈의 아들들을 "시세를 알고 이스라엘이 마땅히 행할 것을 아는"이라고 묘사한다 (대상 12:32).

오늘날 우리 믿는 자들은 잇사갈의 기름 부으심으로 채워지고 있다. 잇사갈의 자손들로서 우리는, 우리가 살고 있는 시세를 알고 마땅히 행할 것을 아는 그와 같은 능력을 가지고 있다!

하지만 우리 중 많은 사람이 시세를 이해하는 동안 그 시세를 이해하는 것과 더불어 그 시기에 무엇을 해야 하는지에 대한 더 많은 전략이 필요하다. 다시 말하자면, 주님으로부터 온 지시에 알맞게 대응하기 위해서 이때에 새로운 전략이 필요하다.

전략이란 무엇인가? "특정한 목표를 성취하기 위한 계획이나 방법"이다. 「웹스터 사전」(Webster's dictionary)도 이것을 "책략의 사용, 계획을 세우는 기술, 규모가 큰 군대의 움직임과 작전을 지휘하는 것"[2]이라고 정의한다.

대부분의 기독교인은 우리가 하나님의 군대임을 이해하고 있다. 우리의 적인 사탄이 있다는 사실도 인식하고 있다. 우리는 우리가 가진 영적 권위를 이해하고 그렇기 때문에 어둠의 세력 위에 지배권을 행사한다. 천상에서 그리스도와 함께 앉아 있는 것은 우리에게 권세의 "보좌"를 준다(엡 2:6을 보라).

하지만 우리가 매일 마주치는 전투에 대한 새로운 전략들을 받기 위해서 우리는 그분의 보좌 앞에 지속적으로 남아 있을 필요가 있다.

우리는 어제의 승리로 오늘의 싸움을 싸울 수 없다. 매일은 새로운 도전이며, 우리 앞에 놓인 전투를 위한 힘을 얻기 위해서, 우리는 보좌로부터의 새로운 전략, 즉 매일의 만나가 필요하다.

전략은 또한 "술책을 가지고 있는 것"으로 정의되는데, 이것은 "적을 놀라게 하거나 속이는 계획이나 기술"이다.[3] 사랑하는 형제들이여, 원수는 우리를 충분히 오랫동안 속여왔다. 이제 우리가 그를 속일 전략을 얻어 그의 계획을 훼방할 때다. 하늘로부터 오는 전략은 악마를 기선 제압하고 패배하게 해줄 것이다.

보좌의 방에서 전략을 얻은 이사야

선지자 이사야는 천국의 보좌로부터 전략을 얻었다. 이사야 6장에서, 그는 어떻게 자신이 하나님의 보좌 앞에 있는 것을 발견했는지 묘사한다. 우리는 그가 묘사한 보좌의 경험을 통해 보좌로 나아가는 것에 대해 몇 가지 배울 수 있다.

첫째로, 그 선지자가 하나님의 영광을 충분히 목격하기 위해서는 그 전에 웃시야 왕이 죽어야 했다. 이사야는 "오래된 것"의 죽음을 경험했고 그 시기에 마침내 "주께서 높이 들린 보좌에 앉으신" 것을 목격하였다(사 6:1). 와! 상상해보라!

우리가 보좌의 방의 경험을 받아들이기 전에, 그분의 영광에 대한 더 깊은 이해를 얻기 전에, 그리고 부르심을 얻기 전에 우리 안에서 죽어야 하는 것은 무엇인가? 사랑하는 성도들이여, 우리가 그분의 생명을 얻기 위해서는 그 오래된 것이 죽도록 해야 한다. 그때만이 진정으로 우리의 환경이나 상황들 위로 높이 들리신 하나님을 볼 수 있다.

이사야는 하나님의 영광이 가득 찬 새로운 공간으로 옮겨졌다. 그는 보좌의 방의 실상을 목격했다. 과연 누가 그러한 자리를 떠나고 싶겠는가? 당신은 침낭을 가져와서 그곳에서 잠깐이라도 캠핑을 하고 싶지 않겠는가? 천사들이 "거룩 거룩 거룩하다 만군의 여호와여"라고 외치는 것을 보고 있다고 상상해보라. 그 영광을 목격하는 것 그리고 그분의 목소리에 문지방이 움직이는 것을 보면 우리도 이사야와 같이 경외감으로 압도될 것이다.

하지만 화저로 핀 숯을 가진 천사는 어떠한가? 천사는 이것을 이사야의 입술에 갖다 대었다–얼마나 고통스러웠을까! 그 천사는 "보라 이것이 네 입에 닿았으니 네 악이 제하여졌고 네 죄가 사하여졌느니라"라고 선포했다(사 6:7). 이사야는 보좌 앞으로 나아가기 전 그리고 그의 운명으로 나아가기 위한 전략을 받기 전에 순수하지 못한 생각들, 죄들, 그리고 부정함을 씻어내야 했다.

씻음을 받은 후에, 그는 "내가 누구를 보내며 누가 우리를 위해 갈꼬?"라는 주님의 음성을 들었다. 그러자 이사야는 "내가 여기 있나이다 나를 보내소서"라고 대답했다(사 6:8). 주님께서는 산을 옮기고 정부를 바꿀 새로운 전략으로 채워진 그를 보내셨다. 보냄을 받은 자로서 이사야의 필수조건은 첫째로 오래된 것의 죽음을 지나고, 보좌에 계신 주님을 방문하고, 그분의 영광을 목격하고, 불순한 생각들과 죄와 부정함을 씻는 것이었다. 이사야는 보냄을 받기 원했지만, 그가 보냄을 받은 것은 이와 같은 다른 단계들이 먼저 이루어졌기 때문이었다.

이런 거칠고 고통스러운 정화의 과정을 견뎌내기 원하는가? 아니면 자신의 생명을 위해 그저 입 다물고 침낭을 접어 도망가겠는가? 우리에게 이러한 선택권이 있는가? 나는 그렇지 않다고 생각한다. 우리는 보냄을 받기 위해서는 먼저 씻김을 받아야 한다는 것을 깨달아야 한다.

이사야는 하늘 보좌로부터 하나님의 권위를 가지고 보냄을 받았다. 이 선지자는 보좌를 경험한 후에 새로운 전략, 새로운 권능, 새로운 방향을 갖게 되었다. 이사야는 정치적·사회적으로 잘못된 것들을 새롭게 하기 위해서, 무당과 점쟁이들과 맞서기 위해서, 부한 자들과 하나님을 경외하지 않는 자들을 고발하기 위해서, 하나님을 두려워하지 않는 왕들을 고발하기 위해서 하늘 보좌로부터 보냄을 받았다. 그는 또한 메시아에 대해 예언하였고, 하나님을 경외하는 왕들에게는 구체적으로 예언적 가르침을 주었다. 와! 바로 이것이 내가 천국의 전략이라고 부르는 것이다!

우리는 사도적 시대에 살고 있다. 사도라는 말의 의미는 "보냄을 받은 자"라는 뜻이다. 이사야처럼 우리가 권위를 부여받아 보냄을 받았기 때문에 영적인 세계에서 우리가 권위를 행사할 수 있는 것이다.

하지만 약간 다른 점이 있다. 이사야가 받았던 전략은 오늘날 우리가 주님으로부터 받는 전쟁 전략과는 좀 달랐다. 이사야는 삼 년 동안 맨발에 옷을 벗고 다니는 것과 같은 예언적인 증거를 받았다(사 20:2-6을 보라). 그는 세심한 옷차림으로 신분을 측정했던 성경의 역사 시간대에 이렇게 하도록 지시받았다.

오늘날에도 신분은 비슷하게 평가되지만, (오늘날이라면) 벌거벗은 선지자는 아마도 몸을 드러낸 것으로 인해 감옥으로 끌려갈 것이다! 우리는 과거가 아니라 오늘날 우리의 때에 맞는 하나님의 지시를 받아야 하고, 그분의 음성을 정확하게 듣기 위해서는 이사야와 같이 그분의 보좌 앞에 나아가야 한다.

새로운 문이 열리다

보좌의 방이 우리를 기다리고 있다. 새로운 전략과 새로운 이해를 찾을 수 있는 곳으로 나아가는 문이 우리가 들어오기를 기다리고 있다.

당신은 당신의 삶을 향한 새로운 전략을 받을 준비가 되어 있는가? 하나님의 보좌로부터 오는 새로운 지시를 얻을 준비가 되어 있는가? 주님은 우리에게 새로운 것들을 보여주기를 원하시기에 새로운 단계로 올라오도록 우리를 초대하신다. 그분의 음성은 그분의 보좌 앞 새로운 차원으로 올라오라고 부르시는 나팔 소리와도 같다.

> 이 일 후에 내가 보니 하늘에 열린 문이 있는데 내가 들은 바 처음에 내게 말하던 나팔 소리 같은 그 음성이 가로되 이리로 **올라오라** 이후에 마땅히 될 일을 내가 네게 보이리라 하시더라 내가 곧 성령에 감동하였더니 보라 **하늘에 보좌를** 베풀었고 **보좌 위에 앉으신 이가 있는데**(계 4:1-2, 굵은 글씨는 저자 강조)

제1장 | The Highway of Holiness

거룩한 대로

거기 대로가 있어 그 길을 거룩한 길이라 일컫는 바 되리니 (사 35:8)

주일 아침 예배 시간이었다. 예배 전 나의 일과는 보통 예배 팀을 다시 한 번 점검하는 것이다. 나는 천천히 예배당으로 들어가는 문을 열고 우리 팀이 예배를 시작할 준비가 되었는지 엿봤다. 나는 그들이 강대상 위로 모이는 것을 관찰하면서 미소를 지으며 조용히 기도드렸다. 주님, 당신의 신실하심에 감사드립니다. 이 예배를 당신의 거룩한 임재로 축복해주시고 예배 팀원들 각자가 당신의 능력과 기름 부음을 옮길 수 있게 해주옵소서.

팀의 멤버들이 각자 정해진 위치와 악기로 가까이 갈 때 그들은 흥분된 미소와 함께 마치 폭발할 것처럼 보였다. 찬양 리더는 키보드와 다른 필요한 음향 시설들을 확인했다. 음향 관리자의 끄덕임에 그의 손가락이 건반 위로 올라갔고, 연합된 예배로 천상을 열었다. 기대했던 것과 같이 키보드 소리는 형언할 수 없는 음색으로 울려 퍼졌다. 멜로디는 하나님의 영광과 함께 진동했다!

나는 사무실로 돌아와 남편과 기도했다. 우리는 주님께서 주시는 마지막 지시를 위해 주님을 구했다. 음악이 시작되었다. 예배가 시작되고 있었다. 예배 가운데에서 주님을 만날 시간이었다.

우리는 예배당 안으로 들어섰다. 나는 앞으로 나아가는 동안 하나님의 임재가 매우 강해서 그만 쓰러지고 말았다. 곧 강대상 앞에 꿇어 엎드려 있는 내 자신을 발견했다. 나는 성령님의 임재에 완전히 압도되어 있었고, 그분은 분명히 나에게 보여주실 무언가를 가지고 있으셨다.

나는 주변의 세계는 잊어버린 채, 천국의 환상에 사로잡혔다. 나는 아직도 내가 본, 그 위엄 있는 환상을 제대로 표현할 단어들을 찾지 못했다. 하늘에서 불 병거가 내려왔다. 이는 매우 영광스러운 장면이었다! 불꽃은 병거로부터 타오르며 천상을 밝혔고, 금빛이 그 병거를 맴돌았다. 각 불꽃은 공기 중으로 빛을 내뿜을 수 있는 엄청난 능력을 가진 것처럼 보였다. 불꽃이 타오르자 그 자리에 또 다른 "새로운" 불꽃들이 병거에 불을 붙였고, 전에 불꽃이 있던 자리를 채우기 위해 새로운 불꽃들이 하늘에서부터 병거 위로 내려왔다. 불꽃으로부터 나오는 영광스러운 빛은 병거가 다녔던 하늘의 대로에 불을 붙였다. 병거에는 계속해서 꺼지지 않는 새로운 불이 붙여졌다. 이것은 꺼지지 않고 영원히 타오르는 영광의 운송 수단이었다.

그 병거는 또한 말로 표현할 수 없는 풍성한 금빛으로 반짝이고 있었다. 그 금빛은 하나님의 영광의 가장 깊은 깊이를 상징했고, 그것은 무척 깊어서 무한한 영원으로 펼쳐졌다. 금 덩어리의 무게와 같이, 그 병거는 무거움, 안정, 그리고 그분의 신성한 영광의 위엄을 걸치고 있었다.

병거는 마치 지구를 맴돌듯이 하늘을 가로질렀다. 그것은 착륙할 활주로를 찾는 것처럼 보였다. 그 금빛 불꽃을 내는 병거는 계속해서 돌고 돌았고, 착륙할 듯이 지구로 머리를 돌렸다. 하지만 착륙하지 않고 하늘로 급히 올라가 다시 한 번 돌았다. 이내 그 영광의 병거는 내려와서 착륙을 하였다. 그것이 이 땅으로 가까이 올 때, 나는 그것이 땅에 완전히 내려온 것이 아니고 사실은 땅에서 몇 인치 위에 멈춰 있음을 알아차렸다. 이제 그 병거는 바로 내 앞에 있었고, 나는 그것의 특징들을 더 자세히 관찰할 수 있었다.

병거 그 자체는 살아 있는 어떤 존재처럼 보였다. 그것은 역동적이었으며, 전진하면서 이 땅에서 그에게 주어진 임무를 성취하겠다는 강한 의지를 지니고 있는 듯했다. 자동차의 헤드라이트와 같은 두 개의 눈이 병거 앞쪽에 생겨났다. 그 두 눈은 여행하거나 착륙하기에는 부적당한 땅을 집중적으로 보고 있었다. 길에는 무수한 구멍과 돌이 있었다. 수많은 협곡과 깊이 갈라진 틈들이 있어서 어떤 차도 그 길을 다닐 수 없었다. 길이 여행하기에 적당하지 않아서, 그 병거는 슬퍼하고 있는 것 같았다. 나는 그 병거가 앞으로 나아가기를 갈망하고 있지만 여행할 만한 대로가 없는 것으로 인해 슬퍼하고 있음을 느꼈다.

갑자기 나는 이 환상의 목적을 알게 되었다. 하나님께서는 그분의 영광을 풀어놓으실 대로를 찾고 계셨던 것이다! 나는 그의 영광을 소중한 자녀들에게 보여주기를 원하는 아버지의 긍휼을 느꼈다. 그러나 어떠한 길도 준비되어 있지 않았다. 나는 다급한 마음이 들었고, 그분이 당장 오고 싶어 하신다는 것을 깨달았다. 그분의 영광이 그 길 위로 다니실 수 있도록 합당한 준비가 필요한 것이다. 나는 환상을 보면서 울부짖기 시작했다. "주님, 우리가 어떻게 길을 준비해야 합니까? 당신이 계실 곳을 준비하는 것을 이해할 수 있도록 도와주세요!"

그러자 길 양쪽에 많은 남성과 여성이 하얀 의복을 입고 수 마일에 걸쳐 줄을 선 것이 보였다. 하나님께서는 이들이 가장 높으신 하나님의 사도들과 선지자들이라는 것을 계시해주셨다. 길 한편에는 선지자들이 있었고, 그 반대편에는 사도들이 있었다. 나는 산과 평지 사이로 끝없이 펼쳐진 대로에 서 있는 하얀 의복을 입은 자들의 숫자에 깜짝 놀랐다.

병거에서 나오는 소리가 내 관심을 끌었다. 그것은 새로운 불꽃들이 붙여지는 소리였다. 그 병거는 이 길 위로 전진하기 위해 불을 붙이고 있었다. 나는 '하나님의 영광이 이 위를 다니게 하기 위해서 우리가 어떻게 이 길을 고르게 해야 할까?' 라고 혼자 생각했다.

갑자기 사도들과 예언자들이 그 길 위로 눕기 시작했다. 협곡과 갈라진 틈들을 메우기 위해서, 하나둘씩 자신들의 몸을 다듬어지지 않은 길 위로 내던졌다. 그들은 하나님의 영광의 병거가 다닐 거룩한 대로를 만들기 위해 뾰족한 돌이나 찔레꽃 위로 그들의 몸을 내던지는 것을 망설이지 않았다. 나의 생각들과 감정들은 내 안에서 날뛰었다. '저렇게 용감할 수가! 저런 헌신이 있을 수가! 나도 저렇게 확고할 수만 있다면…'.

나는 그들의 사명감과 영적인 용맹함에 압도되었다. 내 자신이 희생 즉, 이러한 자아의 죽음에 참여하고 있음이 느껴졌다. 나는 얼마만큼의 고통과 괴로움을 견뎌야 하는지도 생각하지 않고, 재빨리 내 몸을 병거 앞에 내던졌다. 내가 구하는 것은 그분의 영광이고, 그것을 위해 내 삶을 기쁘게 내려놓기를 원한다는 사실을 알 뿐이었다.

나는 갑작스럽게 자연적인 세계를 인식하게 되었다. 나의 생각들이 이리저리 날뛰었다. '오, 하나님, 이 환상은 당신께서 나에게 더 원하신다는 것을 의미합니까? 내가 어떻게 더 많은 일을 할 수 있습니까? 이미 당신을 위해서 내 삶을 내려놓지 않았습니까? 나는 마치 천 번도 더 죽은 것처럼 느껴집니다.' (그렇다. 나는 내가 순교자 신드롬으로 옮겨지기 직전임을 알기 때문에, 자기 연민으로 빠져들어 가는 내 자신을 멈추었다.)

하나님은 이 환상을 이해하고자 하는 나의 간청에 응답하여 어떤 기간에 대해 말씀해주셨다.

"나의 갈망은 너를 더 위대한 영광의 단계로 옮기는 것이다. 내가 나의 백성을 위해 가지고 있는 새로운 기름 부음은 내 모든 백성이 각자 나의 '새로운 것'을 받아들이는 것을 필요로 할 것이다. 이것은 값비싼 기름 부음이고, 더 위대한 영광에 다다르기 위해서 값을 치러야 할 것이다. 나는 내 자녀들에게 그들의 적을 무찌르고 더 위대한 영광의 단계를 경험할 수 있도록 보좌에서 나오는 여러 가지 전략을 줄 것이다. 그들은 삶을 내려놓을 것이고, 내가 지을 곳의 기초가 될 것이다. 나는 또한 내 백성에게 건물의 새로운 구조를 보여줄 것이고, 그들은 느헤미야의 때와 같이 그것을 짓고자 하는 마음을 품게 될 것이다. 그들은 값을 치를 것이고, 오래된 건축 방식에서 벗어날 것이며, 나는 새로운 권위의 겉옷을 그들에게 입혀줄 것이다. 이 겉옷은 새로운 리더십과 함께 권능을 가져다줄 것이다. 그들은 천국의 신성한 정부를 끌어안는 사람들이 될 것이다. 그들이 나의 정부를 이 땅에 세워나갈 때에 그들은 천국에서 온 목적들에 맞추어 살아갈 것이다. 새로운 겉옷은 그들의 삶, 그들의 사역, 그들의 문화, 그들의 사업과 그들의 가정을 새롭게 구성할 것이다. 내가 나의 백성을 영광에서 영광으로 옮기는 동안 그들은 계속해서 나의 형상으로 바뀌게 될 것이다."

그 환상을 본 이후로 주님께서는 나를 그분께 더 가까이 이끌어주셨다. 나는 나의 삶을 향한 그분의 온전한 계획으로 나아갈 수 있도록 힘을 준 계시에 대하여 신선한 굶주림을 갖게 되었다.

주님의 영광

내가 그분의 영광을 구하는 동안에도 나는 하나님의 영광이 진정 무엇을 나타내는지를 온전히 이해하지는 못했다. 성경에서 영광이라는 단어는 다양한 뜻을 지니고 있다. 내가 이 책에서 가리키는 영광이라는 표현은, 천국이 이 땅과 만날 때에 드러나는 영광이며, 혹은 밥 소르기(Bob Sorge)가 말한 대로, "하나님의 실체가 인간세계에 침투하는 것"이다.[1] 이때가 바로 하나님께서 그분의 시간에 천국에 존재하는 영광을 가지고, 자연 세계와 자연의 시간(이 땅에서의 시간)으로 밀고 들어와 초자연적인 것을 세우는 때다. 다시 말하자면, 하나님께서는 이미 천국에 존재하는 것—이미 존재하는, 살아 있고 운동력 있는 그분의 말씀—을 가지고 자연 세계로 들어오셔서, 우리가 기다렸던 약속을 성취하신다. 나는 하나님께서 그분의 영광을 정해진 시간에 풀어놓으실 때, 그리고 "갑자기" 그분이 누구시고 그가 무엇을 하시는지에 대한 위대함을 드러내실 때, 이것을 하나님의 "갑작스러움" 중의 하나라고 부른다.

치유의 영역에서 실제적인 예를 들어보겠다. 하나님께서 그분의 영광으로 이 땅을 침투하실 때, 그분께서는 이미 치유에 관하여 써놓으시고 선포하셨던 것을 풀어놓으신다. 그리고 우리가 그분의 말씀을 믿을 때에 그 말씀이 자연 세계를 밀어내고 초자연적인 기적을 풀어놓을 수 있게 하신다. 할렐루야!

주님은 이미 모든 육체가 그분의 영광을 볼 것이라고 선포하셨다. 그분은 대가를 치르고, 자기들의 계획들을 내려놓고, 현재의 진리를 끌어안고, 그분의 영광을 받으려는 자들을 기다리신다.

> 여호와의 영광이 나타나고 모든 육체가 그것을 함께 보리라
> 대저 여호와의 입이 말씀하셨느니라(사 40:5)

> 대저 물이 바다를 덮음같이 여호와의 영광을 인정하는 것이 세상

에 가득하리라(합 2:14)

성도들이여 준비하라! 천국이 이 땅을 막 침투하려 하며, 온 세상은 하나님의 영광을 아는 지식으로 채워질 것이다!

하나님 나라 탐구

내가 환상에서 본, 살아 있고 운동력 있고 힘이 가득한 그 병거는 이 땅에 풀어질 하나님의 영광의 운송 수단을 의미했다. 하나님의 말씀이 "살아 있는 능력"을 지니고 있듯이, 그 병거는 이 땅에서 하나님의 목적을 이루는 데 있어서 역동적인 역할을 맡았다.

> 하나님의 병거가 천천이요 만만이라 주께서 그중에 계심이 시내 산 성소에 계심 같도다 주께서 높은 곳으로 오르시며 사로잡은 자를 끌고 선물을 인간에게서 또는 패역자 중에서 받으시니 여호와 하나님이 저희와 함께 거하려 하심이로다(시 68:17-18)

시편의 이 말씀은 하나님의 병거가 나타날 때 수천 명의 천사도 그분과 함께 올 것이라고 말한다. 또한 그분께서 영광을 가지고 이 땅을 침투하실 때에 사로잡은 자를 이끌 것이라고 한다. 다시 말하자면, 하나님께서 그의 영광을 나타내실 때, 수천 명의 천사도 이 땅에서 그분의 계획과 목적을 가지고 동역하는 성도들에게 사역하는 영이 되기 위해 풀려진다는 것이다. 그분의 영광의 결과로, 묶인 것들이 풀어나고, 감옥 문이 열리고, 압제된 자들이 자유를 얻게 될 것이다.

하나님의 영광과 병거의 환상이 내 삶에 매우 큰 영향을 미쳤기 때문에,

나는 그 이후로 "천국 탐구"를 해왔다. 나는 그 환상으로부터 내가 새로운 방법으로 그분의 임재와 영광을 모시는 일의 한 부분이 될 것임을 확신했다. 사실 나는 길을 준비하는 것을 돕는 선두 주자로 부름을 받았다. 그 과정은 자아의 죽음과 관련이 있다. 내 마음을 새롭게 하고 천국의 사고방식을 갖기 위해, 나의 자연적인 이해를 넘어서야 했던 것이다. 그때는 과거의 오래된 행동 방식들을 넘어서서 영적 성숙과 권위의 다음 단계로 올라서야 할 때였다. 하나님께서 내게 그 환상을 보여주신 이후로, 나는 그분과 더 친밀한 관계를 맺고자 하는 굳은 결심과 새로운 열정으로 왕과 그의 왕국을 찾고 있다.

하나님의 브레이브 하트

멜 깁슨(Mel Gibson)이 나오는 '브레이브 하트'(Brave heart)라는 영화를 기억하는가? 이 영화는 영국의 폭정으로 스코틀랜드가 고난을 당하는 중에 자신의 믿음을 위해 용감하게 싸운 윌리엄 월리스(William Wallace)의 이야기다.

월리스는 어릴 때부터 사회적으로 "전통적인 것들"을 교육받았다. 전통이 우리의 미래를 써나가지만 오직 우리가 허락할 때만 그렇다. 월리스는 "전통"의 결과였던 그 시대의 부정행위와 차별 대우에 대항하여 싸웠다. 그는 그 시대의 부정 계급제도, 사회의 패러다임, 종교적인 신앙에 도전했다.

월리스는 결국 더 높은 목적을 위해 그의 삶을 내려놓았다. 그가 잡힌 것과 그의 죽음은 비극적이었다. 그는 배신자로 낙인 찍혔지만, 자신의 마음속에서 고상하고 정당하다고 생각했던 것들은 배신하지 않았다. 그는 자유와 새롭게 생각하는 것에서는 개척자였고, 용맹에 있어서는 보증서와 같았다. 월리스는 그의 마음과 열정을 따랐고, 그 결과 브레이브 하트가 탄생했다.

하나님께서 내게 보여주신 병거에 대한 환상은 나 자신만을 위한 것이 아니었다. 그것은 하나님의 브레이브 하트(God's Brave hearts)로 부르심을 입은 모두를 위한 것이었다. 두려움과 장애물들을 밀어제치고 목적을 가지고 영적으로 싸울 그들은-즉, 믿는 우리 모두는-하나님께 선택받은 자들이다. 윌리엄 월리스처럼 전에 보아왔던 것보다 더 위대한 것을 위해 우리의 삶을 내려놓아야 할지도 모른다.

길을 예비하는 광야의 외치는 소리

하나님은 변화-특별히 변화가 필요한 자들이 우리일 때에-시키는 일에 집중하고 계신다. 하나님은 그의 영광으로 이 땅을 침투하시며, 이 침투는 우리 각자가 준비되고 새로운 단계로 성숙해질 것을 요구한다.

하지만 우리는 변화를 갈망하지 않는다. 삶이 살 만하고, 자녀가 잘되고, 필요가 채워지고, 축복을 경험하는 이상 왜 변화가 필요한가? 편안하고 성공이 있는 그 자리에서 누가 떠나고 싶겠는가? 우리가 더 높은 단계로 올라가며 하나님의 영광의 충만함을 경험할 준비가 되어 있다고 여길 수도 있지만, 우리들 대부분은 그곳에 다다르기 위해 필요한 변화에 준비되어 있지 않다.

그러나 광야를 지나는 경험은 새로운 무언가를 받아들일 준비를 하게 한다. 광야 경험은 변화를 준비하게 하고, 더 위대한 것을 위해 마음을 준비하게 한다.

이천 년 전에 천국이 이 땅에 임했다. 예수님께서는 길이 되시기 위해 천국을 떠나셨다. 그분께서 오시기 전에, 두 명의 선지자가 그의 영광이 이 땅에 오는 것을 준비하기 위해 광야로 나왔다. 먼저 선지자 이사야가 예언의 메시지로 길을 준비하기를 원했고, 그 다음 세례 요한이 이사야가 떠난 자리를 맡았다. 그 선지자들은 하나님의 충만함을 입기 위해 영적인 경주에서 바통을 넘겨주었다. 하지만 복음을 들었던 대부분의 사람은 새로운 포도주를 받기에는 종교적인 전통에 너무 묶여 있었고, 변화에 준비되어 있지 않았다.

이사야가 선포했던 진리를 읽어보고, 그것들을 세례 요한의 말들과 비교해보자.

이사야의 선포

외치는 자의 소리여 가로되 너희는 광야에서 여호와의 길을 예비하라 사막에서 우리 하나님의 대로를 평탄케 하라 골짜기마다 돋우어지며 산마다 작은 산마다 낮아지며 고르지 않은 곳이 평탄케 되며 험한 곳이 평지가 될 것이요 여호와의 영광이 나타나고 모든 육체가 그것을 함께 보리라 대저 여호와의 입이 말씀하셨느니라 (사 40:3-5)

세례 요한의 선포

그때에 세례 요한이 이르러 유대 광야에서 전파하여 가로되 회개하라 천국이 가까웠느니라 하였으니 저는 선지자 이사야로 말씀하신 자라 일렀으되 광야에 외치는 자의 소리가 있어 가로되 너희는 주의 길을 예비하라 그의 첩경을 평탄케 하라 하였느니라(마 3:1-3)

두 선지자 모두 변화를 지적하며 사역을 하고 있다. 둘 다 광야에서 울부짖고 있다. 그리고 하나님의 영광을 위해 준비되어야 할 길이 필요함을 선포하고 있다. 이사야가 구체적으로 "우리 하나님의 대로"라고 언급한 것을 보라.

이 두 성경 구절은 하나님의 영광을 위한 길을 준비하는 것에 대해 많은 것을 알려준다.

1. 하나님께서는 먼저 우리의 마음속에 대로를 지으신다.
2. 그리고 우리 마음의 골짜기들을 채우신다.
3. 그분은 우리의 마음을 살펴보시고 높은 것들-우리 마음의 모든 갈망-을 낮추신다.
4. 그분은 모든 굽어진 길을 곧게 하신다.
5. 그분은 모든 거친 곳을 부드럽게 하신다.
6. 그런 후 우리는 그분을 위해 우리의 삶을 내려놓아야 한다. 그분은 흥하셔야 하고 우리는 쇠하여야 하기 때문이다.

이 시기에 우리에게 주어진 임무는 그 길을 준비하는 자들이 되라는 명백한 부르심을 받아들이는 것이다! 준비된 자들이 되는 것뿐만 아니라, 다른 사람들이 하나님의 영광을 받도록 길을 예비하는 자가 되라는 예언적 도전을 받아들이면서 바통을 이어받자. 세례 요한이 종교적 반대에 부딪혔던 것처럼, 우리 또한 핍박을 받을 것이다. 그는 종교적인 구조, 신앙 체계, 인간의 전통에 직면했다. 그는 거룩함의 대로를 다니는 것과 관련된 "곧은길"의 메시지를 담대하게 외쳤다. 그는 이 땅에서 하나님의 영광의 더 위대한 차원을 위한 길을 준비하기 위해 주님께서 사용하신 목소리였다.

당신도 목소리가 되겠는가?

곧은길들과 부드러운 모서리

앞의 이사야서의 말씀 중에 히브리어로 "평탄케 하라"라는 뜻은 "곧게 되는, 옳게 되는, 똑바로 되는, 기쁘게 되는, 좋게 되는"[2]이다. 다른 말씀, 잠언 3장 5-6절은 우리가 그분을 신뢰함에 따라 우리의 길을 곧게 하시는 분은 하나님 자신이라는 것을 말해주고 있다. "너는 마음을 다하여 여호와를 의뢰하고 네 명철을 의지하지 말라 너는 범사에 그를 인정하라 그리하면 네 길을 지도하시리라." 우리가 그분을 완전히 신뢰하고 우리 삶에 대한 그분의 목표를 받아들일 때-과거를 제쳐두고 그분을 따르는 것을 의미한다-그분은 우리를 반드시 곧게 하실 것이다.

하나님께서는 모든 골짜기를 채우기 원하신다. 우리 마음의 낮은 자리들은 그분의 사랑과 그분의 영으로 넘치도록 채워질 것이다. 모든 고통의 갈라진 틈, 수치스러운 기억과 황폐함은 그분께서 우리의 과거를 치료하심에 따라 그의 영광으로 가득 차게 될 것이다. 우리 삶의 모든 깊은 협곡은 "내게 능력 주시는 자 안에서 모든 것을 할 수 있다!", "적들은 나를 해하려 하였으나 하나님께서 선으로 바꾸셨다"라는 긍정적인 고백으로 바뀔 것이다.

하나님께서 모든 산이 낮아질 것이라고 말씀하셨을 때, 그것은 그분이 얼굴을 돌리신 교만, 경쟁, 스스로 높이는 것, 우리 자신의 의지, 개인적인 의사, 개인적인 야망 등과 같이 우리 삶에서 높아진 모든 것을 가리키신 것이다. 다시 말하자면, 하나님은 이 모든 것을 낮아지게 하는 일에 온 마음을 기울이신다.

거친 곳들을 부드럽게 한다고 할 때 거친 곳은 우리의 "거친 모서리"를 의미한다. 당신은 이러한 모서리들이 있는가? 나는 그러한 것들을 가지고 있다! 우리 대부분은 다른 사람들의 거친 모서리를 알아차리는 데에는 매우 능숙하다. 하지만 사랑하는 자들이여, 이제는 자신의 거친 모서리들을 살펴보아야 할 때다. 주변의 어떤 것들이 "거칠어질 때" 우리가 "거친 모서리"들을 가지고 있는지 그렇지 않은지를 쉽게 분별할 수 있다. 힘든 시기들은 굳어진 마음들을 드러나게 한다.

당신의 마음속에 하나님의 계획에 대해 굳어진 부분들이 있는가? 믿음으로 발을 뗐지만 돌아온 것은 실패밖에 없다는 느낌을 갖고 있는가? 절망하지 마라! 그분의 거룩함의 대로는 회복의 대로다. 하나님께서는 그분의 영광의 충만함을 위하여 우리를 준비시키신다. 우리는 그분의 영광을 받을 준비를 하는 동시에 또한 다른 사람들을 준비시켜야 한다. 이 오래된 절망의 장소에서 나오고 싶다면, 그분께서 마련한 새로운 장소를 위해 당신을 준비시키시는 것을 허락해드려야 한다.

사탄은 곧은길을 굽게 하려 한다

경고를 하나 해두겠다. 원수는 주님의 모든 곧은길을 굽게 하려 한다. 사탄은 하나님의 영과 영광의 자유로운 흐름을 방해하고 싶어 한다. 그는 진리를 왜곡시키고, 우리의 눈을 멀게 하여 진리를 볼 수 없게 하고, 귀를 막아 듣지 못하게 하려 한다.

그는 또한 종교적 저항과 거짓된 고소를 통해 성도들을 핍박한다. "종교의 영"은 이적과 기사와 기적들이 영광스럽게 풀어지는 것을 방해한다. 이 영은 오늘날의 계시와 성령의 다른 사역들에 대한 진리를 왜곡시킨다. "종교의 영"은 하나님의 사람들이 오래된 교리에 머무르고, 종교적으로 안전한 영역 안에 남아 있도록 하며, 하나님의 거룩한 역사에 관한 모든 진리를 거절하게 한다.

종교의 영에 속지 말고, 현재 진리의 계시에 대해 포용력을 지닐 것을 결심하라. 하나님에 대해 모든 것을 안다거나, 그분이 어떻게 역사하기를 원하시는지 모두 알 수는 없다. 그분은 "새로운 일"을 하신다("종교의 영"에 관해 더 알고 싶다면, Chosen Books 출판사에서 나온 나의 책, 『Destiny Thieves: Defeat seducing Spirits and Achieve your Purpose in God』을 읽어보라).

하나님께서는 우리에게 더 높은 단계로 올라갈 것을 요구하신다. 많은 영적인 선구자는 하나님의 임재와 영광을 열렬히 구하고 있다. 그들은 종교의 영이 그들을 옛 가죽 부대에 묶어두는 것을 허락하지 않는다. 성령의 충만함을 구하는 동안 전통을 옆으로 제쳐놓고, 인간의 패러다임이 만든 신학과 사상 너머로 나아간다.

당신도 그들 중 한 명이 되고 싶은가? 개인적인 야망, 실패에 대한 두려움, 남들과 다르게 되는 두려움, 알지 못하는 곳에 발을 내디딜 때 생기는 두려움을 내려놓고 하나님의 브레이브 하트들 중에 한 명이 되고 싶은가?

변화를 기뻐하라

하나님께서는 오래전부터 나의 삶을 재정리하고 재구성해오셨다. 계속해서 확장시키고 증가시키는 길로 나를 이끄신 것이다.

나는 하나님께서 내 삶에 요구하시는 변화에 기쁨으로 반응하는 법을 배웠다. 때때로, 이전보다는 낫지만, 전통적이고 편안한 것들을 붙잡기 위해 여전히 싸우기도 한다. 하지만 그분은 새로운 길, 즉 생명의 길과 나의 미래에 대한 그분의 진리를 가지고 나를 신실하게 지도하신다. 모든 변화는 성령에 더 의지하는 것에서 왔지만, 아직도 나는 각 전통을 강하게 지니고 있다. 나는 완다 터너 박사(Dr. Wanda Turner)의 『변화를 기뻐하라』(Celebrate Change)라는 책에 나온 이 구절을 좋아한다. "산들(mountains)은 내가 오는 것을 보면 짐을 싼다!"[3]

내가 덤으로 얻은 축복은 하나님께서 나를 그분의 형상으로 바꾸는 일에 신실하시다는 것이다. 결국 이것이 우리 삶의 전부-그분의 형상을 따라 변화되면서 그분을 경험하는 것-가 아닌가? 물론 목적을 이루는 것, 약속을 받는 것, 성취함으로 들어가는 것과 같은 것들이 더 있고, 나는 그것들을 계속 이야기할 것이다. 하지만 완전한 성취를 위해 우리가 갈망하는 모든 것은 오직 올바른 대로 위에 있어야만 따라오는 것이다!

하나님의 영광의 더 위대한 단계로 이끄는 높은 길, 곧 대로가 있다. 우리는 담대하게 미래로 나아가 그분의 영광을 보기 위해 그분의 거룩함의 대로 위에 남아 있어야 한다.

이는 그분의 길 위에서 사업을 하는 것, 그분의 방식대로 교회의 예배를 주관하는 것, 그분의 방식대로 그분을 찾는 것을 의미한다. 하나님의 계획 안에는 진실함과 일들이 어떻게 이루어지기를 소망하는 방식이 있다. 여느 때처럼 하던 대로 하나님 나라의 일을 하려는 사람들은 곧 하나님께서 새로운 파트너를 얻기로 결정하셨다는 것을 발견하게 될 것이다. 그분은 사람 없이 행동하시지는 않지만, 또한 그의 계획을 성취하기 위해서 필요할 때에만 그리고 그 목적을 위해 선택된 사람들과만 일하신다.

당신이 변화하기로 결정을 내리고 이 대로를 나와 함께 걷기를 초대한다. 그렇다. 우리가 알지 못하는 영역으로 나아가는 시기도 있을 것이다. 우리 삶을 그분을 위해 내려놓는 것은 필수지만, 그분은 더 넓은 것과 큰 것으로 되갚아주신다. 그분은 우리를 방문하시기를, 그리고 우리를 진리로 인도하시는 동안 우리와 친밀히 사귀기를 원하신다.

위대한 교환

이사야의 예언의 말씀은 하나님께서 우리와 위대한 교환을 하기 원하신다는 것을 말해준다.

> 주 여호와의 신이 내게 임하셨으니 이는 여호와께서 내게 기름을 부으사 가난한 자에게 아름다운 소식을 전하게 하려 하심이라 나를 보내사 마음이 상한 자를 고치며 포로 된 자에게 자유를 갇힌 자에게 놓임을 전파하며 여호와의 은혜의 해와 우리 하나님의 신원의 날을 전파하여 모든 슬픈 자를 위로하되 무릇 시온에서 슬퍼

하는 자에게 화관을 주어 그 재를 대신하며 희락의 기름으로 그 슬픔을 대신하며 찬송의 옷으로 그 근심을 대신하시고 그들로 의의 나무 곧 여호와의 심으신 바 그 영광을 나타낼 자라 일컬음을 얻게 하려 하심이니라(사 60:1-3)

주님께서는 재 대신에 아름다움을 주실 것이다! 그분께서는 당신의 깨진 마음의 모든 부분을 치료하실 것이고, 복음의 좋은 것으로 능력을 주시고, 당신을 가두어놓았던 모든 것으로부터 자유롭게 하실 것이다. 이것은 당신이 고통의 불꽃을 지나 "바싹 튀겨진 괴상한 사람"이 되는 것처럼 느껴질지라도, 하나님께서 당신에게 아름다움을 주신다는 의미다!

욥을 기억하는가? 그는 핍박받았고 버려졌었다. 그러나 하나님께서는 욥에게 신실하셨다. 욥이 재와 고통의 불꽃을 통과하는 것을 허락하셨지만, 말씀은 욥의 모든 것이 처음보다 더하도록 회복되었다고 밝힌다(욥 42:12-16을 보라).

하나님께서는 우리에게 더 증가되고 확장되는 축복을 주실 것이다. 이것이 하나님의 보좌로부터 직접 내려온 돌파 전략이다!

거룩한 대로는 풍성한 길이다

이사야 35장은 주님께서 준비하신 이 길에 대해 묘사하고 있다.

광야와 메마른 땅이 기뻐하며 사막이 백합화같이 피어 즐거워하며 무성하게 피어 기쁜 노래로 즐거워하며 레바논의 영광과 갈멜과 사론의 아름다움을 얻을 것이라 그것들이 여호와의 영광 곧 우리 하나님의 아름다움을 보리로다 너희는 약한 손을 강하게 하여

주며 떨리는 무릎을 굳게 하여 주며 겁내는 자에게 이르기를 너는 굳세게 하라 두려워 말라 보라 너희 하나님이 오사 보수하시며 보복하여 주실 것이라 그가 오사 너희를 구하시리라 하라 그때에 소경의 눈이 밝을 것이며 귀머거리의 귀가 열릴 것이며 그때에 저는 자는 사슴같이 뛸 것이며 벙어리의 혀는 노래하리니 이는 광야에서 물이 솟겠고 사막에서 시내가 흐를 것임이라 뜨거운 사막이 변하여 못이 될 것이며 메마른 땅이 변하여 원천이 될 것이며 시랑의 눕던 곳에 풀과 갈대와 부들이 날 것이며 거기 대로가 있어 그 길을 거룩한 길이라 일컫는 바 되리니 깨끗지 못한 자는 지나지 못하겠고 오직 구속함을 입은 자들을 위하여 있게 된 것이라 우매한 행인은 그 길을 범치 못할 것이며 거기는 사자가 없고 사나운 짐승이 그리로 올라가지 아니하므로 그것을 만나지 못하겠고 오직 구속함을 얻은 자만 그리로 행할 것이며 여호와의 속량함을 얻은 자들이 돌아오되 노래하며 시온에 이르러 그 머리 위에 영영한 희락을 띠고 기쁨과 즐거움을 얻으리니 슬픔과 탄식이 달아나리로다(사 35장)

우리는 너무나 자주 하나님께서 우리가 여행하도록 만드신 길을 어렵고, 힘든 길, 건너기에 거의 불가능한 길로 조급하게 평가한다. 하지만 복음은 정반대다! 거룩한 대로는 풍성함, 뛰어남, 그리고 치유의 길이다. 두려워하는 마음(용감한 마음과 반대)을 가질 필요가 없다. 우리는 강하고 용감해질 수 있다. 하나님께서 우리의 원수를 갚아주시고, 우리를 보호하실 것이기 때문이다. 하나님의 대로를 여행하면, 열린 눈과 귀를 가지게 되어 성령을 통해 하나님의 음성을 듣게 될 것이고 기쁨으로 노래하며 앞으로 나아갈 것이다. 할렐루야!

이사야 35장을 다시 읽어보고 당신이 담대하게 하나님의 대로를 여행하는 것을 상상해보라. 시간을 내어 거룩함의 대로를 따라 일어날 수 있는 모든 긍정적인 것을 묵상해보라. 그것을 또 읽고, 그분의 길을 여행하는 데 있어서, 하나님께서 예비해두신 모든 것을 용감하게 선포하라.

미래를 위한 긍정적인 고백으로 기도하기

이 시점에서 우리는 잠깐 멈추고 기도해야 할 필요가 있다. 미래에 대하여 긍정적인 고백을 하는 것은 매우 중요하다. 이사야 35장에 기초를 둔 이 기도를 하는 동안 우리가 미래에 대해 내뱉었던 모든 부정적인 말을 취소하게 될 것이다. 이 기도는 두려움을 내쫓고, 도래하는 미래에 하나님의 풍성한 축복을 얻게 해줄 용기와 담력을 우리에게 부어줄 것이다.

주님, 내가 당신의 거룩한 길을 여행하는 동안, 당신께서 생명의 길을 예비해놓으셨음을 확신합니다. 비록 가끔은 내가 외롭고 약하다고 느낄 수도 있지만, 당신은 나의 약한 무릎을 강하게 해주신다고 약속하셨습니다. 내가 두려워하면 당신은 나에게 두려워할 필요가 없다고 용기를 북돋아주십니다. 나는 당신이 나의 적들에게 보복하시고 그들에게서 나를 구하러 오실 것임을 알기에 힘을 얻어 강해지고 있습니다. 내가 메마른 시절을 경험하고 있을 때에도 장미꽃은 계속해서 필 것입니다. 그리고 당신은 내 마음에 기쁨을 주실 것입니다. 왜냐하면 당신은 끝없는 사랑으로 나를 사랑하시기 때문입니다. 당신이 나의 생각과 행동을 깨끗하게 하실 때, 거룩한 이 길이 샘처럼 계속될 것을 확신합니다. 나의 동기를 정결하게 하시고, 내 마음에 새롭게 할례를 행하실 때, 당신께서 신선한 강물을 공급해주시고, 당신께로 나를 더 가까이 이끌어주실 것입니다. 당신은 나를 무너뜨리려는 사자와 거룩함의 길을 여행하는 동안 나를 속이려는 어리석은 자들로부터 나를 보호해주실 것을 약속하셨습니다. 나는 기쁨의 노래와 즐거움으로 하나님의 도시인 시온에 다다를 것이고, 모든 슬픔과 한숨은 날아가 버릴 것입니다. 예수님의 이름으로 기도드립니다. 아멘.

나와 함께 그의 거룩한 길, 거룩함의 대로를 여행하자. 이 길을 여행하기 위해서는 기도와 간구로 그분의 보좌 앞에서 시간을 보내는 것이 필요하다. 이 길에서 우리는 성취를 위한 하나님의 전략을 발견하게 될 것이다.

제2장 | "Help Me, Lord! I Can't See Where I'm Going!"

주님, 도와주세요!
내가 어디로 가는지 보이지 않아요!

주 여호와의 신이 내게 임하셨으니 이는 여호와께서 내게 기름을 부으사 가난한 자에게 아름다운 소식을 전하게 하려 하심이라 나를 보내사 마음이 상한 자를 고치며 포로 된 자에게 자유를, 갇힌 자에게 놓임을 전파하며… 무릇 시온에서 슬퍼하는 자에게 화관을 주어 그 재를 대신하며 희락의 기름으로 그 슬픔을 대신하며 찬송의 옷으로 그 근심을 대신하시고 그들로 의의 나무 곧 여호와의 심으신 바 그 영광을 나타낼 자라 일컬음을 얻게 하려 하심이니라 (사 61:1, 3)

당신은 당신이 어디로 가고 있는지 미리 보고 싶다고 하나님께 말씀드린 적이 있는가? 과거를 뒤로한 채로 떠나는 것은 알지 못하는 영역으로 들어가는 것이며, 알지 못하는 영역으로 들어가는 것은 정말 매우 어려운 일이다. 하지만 하나님께서 새로운 것을 받아들이거나 혹은 새로운 방향으로 나아가는 것을 요구하실 때는 친숙한 주변 환경과 안전한 지역을 떠나야 한다.

나는 확실한 것을 추구하는 사람이다. 확신 있고, 흔들리지 않고, 꾸준히 하는 가운데 성공을 이룬다. 또 모든 것을 알아야만 일하는 사람이다. 다시 말하자면, 일이나 어떤 과제에 관해 확신할 때, 그리고 그것을 자세히 알 때만 앞으로 나아간다. 하지만 나에게 무엇을 원하는지 미리 알지 못할 때는 안절부절못하고 쓸데없는 걱정을 한다. 어떤 상황을 잘 알지 못할 때, 나는 쉽게 막혀버리고, 그렇기 때문에 열매를 맺지 못하게 된다.

믿음으로 걸으면서 모든 상황에서 그분을 신뢰하면서 따를 때, 대부분 우리는 확신이 없으며 결과나 그분의 전체적인 방향을 알지 못한다. 믿음의 발걸음은 알려지지 않은 도전의 길을 여행하는 하나의 과정이다. 그렇기에 믿음의 발걸음인 것이다! 비록 여행하기에 어려운 길일지라도 그것은 하나님의 성품을 쌓고 더 나은 믿음을 가지기 위해 필수적인 길이다. 미지의 땅으로 걸어 들어가는 것은 우리의 믿음을 키울 뿐 아니라, 초자연적인 돌파를 경험하는 과정이다.

건너간 사람 아브라함

아브라함은 미지의 땅으로 걸어 들어가는 것이 무엇을 의미하는지 이해했다. 그는 약속된 땅으로 건너가라는 하나님의 부르심에 순종하여 태어난 곳과 익숙했던 것들을 버리고 떠났다. 나는 아브라함이 어떻게 흔들리지 않았는지 궁금했다. 자신이 어디를 향하여 가는지 아무런 실마리가 없었기 때문이다.

아브라함의 믿음의 걸음은 그의 고향과 아버지의 집을 떠나는 것까지 더

해졌다. 이 과정에서 일어난 모든 감정을 상상할 수 있는가? 아브라함은 한 인간이었다. 나는 그가 자신의 사명을 따라 나아가려고 했을 때에 감정이 매우 흔들렸을 것이라고 확신한다. 감정의 반대 방향으로 가는 것 혹은 건너는 일은 종종 과거를 내버려두기로 선택하지 않기 때문에 큰 도전이 될 수 있다. 믿음의 여정에 있어서 감정을 넘어서는 것이 모두에게는 하나의 "교차"점이다. 아브라함은 자연 세계에서 그가 경험하는 것을 초월하여 보는 능력을 개발시켰다. 그는 앞에 놓여 있는 것에 집중하지 않고, 초자연적인 세계에서 하나님께서 그에게 하신 말씀에 집중했다. 이는 보이지 않는 곳으로 주님을 따라갈 때 지녀야 하는 특징이다. 아브라함처럼, 우리는 초자연적인 것을 감지하는 데 의지해야 하고, 자연 세계에서 느끼거나 보는 것에 자극받지 말아야 한다.

무엇보다도 아브라함은 조카 롯과 관련된 가족 문제를 해결해야 했다. 당신은 성경에 언급된 대로, 롯이 어떻게 "죄의 쌍둥이 도시"인 소돔에 살기로 결정했는지 잘 알고 있을 것이다. 감정은 가족 구성원이 죄 안에서 살기를 선택할 때 파멸을 가져오지만, 아브라함은 하나님께서 주신 사명을 이루기 위해서 계속 앞으로 나아가야 한다는 것을 알고 있었다. 롯이 네 명의 왕에게 잡혔을 때, 아브라함은 롯의 가족을 노예의 몸에서 구해주었다. 바로 이때가 아브라함의 삶에서 그가 "히브리 사람" 혹은 "건넌 자"로 언급된 때다(창 14:13).

왜 아브라함이 "건너야" 했는지, 그리고 왜 가족을 위해 전쟁의 옷을 입어야 했는지를 이해하는 것이 중요하다. 우선, 거기에는 의미 있는 언약의 관계가 있다. 하나님의 가족들뿐 아니라 자연적인 혈연관계의 가족들은 언약의 관계에 있다. 아브라함은 언약의 중요성을 이해했고, 그렇기 때문에 그의 조카를 대신해서 전쟁에 나갔던 것이다.

이것은 교회에도 적용된다. 그리스도의 몸 안에 있는 우리는 예수의 피로 인해 혈연관계에 있다. 우리는 주님과 더불어 서로 언약 속에 있다. 주님과 함께하는 언약 관계가 얼마나 중요한지 이해해야 하고 절대 그것을 가볍게 여겨서는 안 된다. 주님께서는 우리 대신에 전쟁에 나가실 것이다! 그분께서는 적을 패배시키기 위해 우리보다 먼저 전쟁에 나가실 것을 약속하셨다. 하나님과의 언약을 지키는 것 중에 우리가 해야 할 일은 계속해서 주님께서 가라고 지시하시는 새로운 장소로 "건너가는 것"이다. 이렇게 우리는 영광에서 영광으로 나아간다. 건너는 것을 절대 멈추어서는 안 된다. 한 단계 혹은 한 계시를 받아들인 후 다음 계시로 나아갈 때에 돌파가 진행된다.

아브라함은 열국의 아버지이고 우리의 영적 아버지이기 때문에, 그의 믿음과 순종의 여정에서 그가 지녔던 것들과 경험했던 것들이 오늘날 우리의 사명과 유업에 영향을 미친다. 영적으로 우리는 아브라함의 가족이기에(그는 우리의 믿음의 아버지다), 그가 롯의 사명을 대신해 전투에 나갔을 때 우리의 사명을 위해 전쟁을 한 것이나 다름없다. 다시 말하자면, 그는 네 명의 왕을 대항하여 전쟁을 치렀고, 그의 자연적인 씨앗뿐 아니라 영적인 씨앗인 우리를 위해서도 싸웠다.

네 명의 왕은 네 가지 전략을 드러낸다

아브라함이 그의 약속을 소유하기 위해 취했던 발걸음을 따라가면 미래에 우리 자신의 약속을 받는 것에 대한 새로운 전략을 얻을 수 있다. 아브라함이 롯과 그의 가족들을 구하기 위해 싸웠던 네 명의 왕의 이름을 공부하고 각 왕의 주권을 살펴보면(창 14:9에 모두 나와 있다), 유업을 위해 싸우고 믿음으로 전진해 나아갈 때 사용할 수 있는 전략을 얻을 수 있고, 적의 전략을 미리 내다볼 수도 있다.

엘람 왕 그돌라오멜

■ **이름**: "다발을 묶다"라는 뜻이다. "묶어버리다"라는 의미를 함축한다.[1]

■ **통치권**: 엘람은 "영원"을 의미한다.[2]

■ **이 영의 전략**: 엘람 왕과 관련된 이 영의 전략은 끈으로 묶어 가두거나 묶어서 앞으로 나아가지 못하게 하는 것이었다. 이 전략은 우리가 과거에 묶일 수 있고, 적이 우리를 묶어두기 위해서 감정, 두려움, 질병, 그리고 다른 견고한 진을 사용할 수 있음을 의미한다. "묶다"라는 말은 "구부러진 마음"이라는 의미도 있다. 우리 중 일부는 하나님의 구원의 능력과 그분의 회복과 치유를 잘못된 방향으로 구부려 생각한다. 적은 우리를 "영원히" 묶어두기를 원한다.

■ **우리의 전략**: 만약 우리가 자연적인 감각, 자연적 시야, 자연적인 이해에 의지한다면 우리는 계속해서 묶이게 될 것이다. 이제 초자연의 영역으로 넘어갈 때다!

열국의 왕 디달

■ **이름**: "끔찍한, 엄청난 두려움, 두렵게 하다", 그리고 "뒷걸음치고, 기어가도록" 하게 한다는 뜻이다.[3] 디달이라는 이름의 다른 정의는 주술과 점을 의미하기도 하는 뱀(serpent)이라는 말과 연관되어 있다.[4]

■ **통치권**: 그는 열국의 왕이었다. 이는 오늘날 이 영이 지역적인 견고한 진이라는 것을 의미한다. 이것은 많은 영역에 악한 영향을 미친다. 이 부분에서 열국은 사람들을 가리킬 뿐만 아니라 "메뚜기 떼" 그리고 "높이 들리다"의 비유로도 사용된다.[5]

■ **이 영의 전략**: 우리를 너무나 두렵게 해서 승리해야 하는 전쟁에서 뒷걸음치게 하려는 시도와 관련이 있다. 이것은 우리가 계시를 보고 받으려고 할 때 그것들을 감추는, 진리를 숨기는 영이다. 이 견고한 진은 우리의 눈앞에서 자신을 높이려고 시도한다. 우리가 적의 거짓말을 믿을 때 마치 메뚜기 떼처럼 우리의 미래를 삼켜버리려고 한다.

■ **우리의 전략**: 초자연적인 세계로 들어가려 할 때, 두려움에 휩싸여 뒷걸음치지 않도록 주의해야 한다. 뱀의 영이 거짓말을 할지라도 그것들을 믿어서는 안 된다. 초자연적인 환상을 사용하는 것을 배워야 하고, 하나님의 영과 우리의 미래에 대해 그분께서 말씀하시는 것에 의지해야 한다.

시날 왕 아므라벨

■ **이름**: "어둠을 말하는 자"다.[6]

■ **통치권**: 시날은 바벨론으로 알려진 영역의 옛 이름이다. 도시 바벨론은 유브라데스 강에 위치하며, 한때 바벨탑이 세워졌던 곳으로 보인다. 바벨의 언어처럼 바벨론은 "섞이고 혼란스러운"이라는 뜻이다.[7] 오늘날 바벨론은 세계 구조의 표상이다. 이 영은 이 땅 위의 모든 악한 것을 포함하는데, 특히 경제적인 구조를 말할 때 그렇다. 돈을 사랑하는 것과 그것의 악한 영향력은 바벨론의 영과 연결되어 있다.

■ **이 영의 전략**: 시날 왕 아므라벨과 관련된 이 영의 전략은 모든 상황에서 어둠을 언급하는 것이다. 그의 말에는 어떠한 희망도 없다. 우리들 대부분은 바벨론 영의 악한 영향을 대항하는 전쟁 가운데에 있다. 그 견고한 진은 문어와 같아서, 악한 빨판으로 사업, 협력체, 정부, 학교 시스템, 교회, 그리고 가정을 둘러싼다. 이 영은 경제 구조를 악용함은 물론 기구와 정부에도 악한 영향을 준다. 또 거룩한 기도를 하는 학교 시스템과 방향을 훔쳐갔고, 의

학 구조 속에서 죄 없는 어린이들을 죽였다.

- **우리의 전략**: 아브라함처럼 이 파괴적인 영을 대적하는 전쟁 속으로 들어가 건너야 한다. 이 악한 영의 영향을 타도하는 일은 믿음의 말과 그 영이 영향을 미친 죽음의 구조 위에 하나님의 생명을 선포하는 것을 필요로 한다. 다시 말하건대, 때로 우리가 전투에서 지는 것처럼 보일 수도 있지만, 초자연적인 시야로 볼 때에는 승리를 보게 될 것이다. 미래에 대해 하나님께서 말씀하시는 것만을 들음으로써 우리 자신을 보호해야 한다.

엘라살 왕 아리옥

- **이름**: "사자와 같은"이라는 뜻이다.[8]
- **통치권**: 엘라살은 바빌로니아의 한 마을이었다. 이것은 바벨론의 주권을 나타낸다. 흥미롭게도 엘라살이라는 이름은 "하나님은 벌하는 자"[9]로 번역된다.
- **이 영의 전략**: 엘라살 왕과 관련된 이 영의 전략은 도적질하고, 죽이고 파괴하려는, 우는 사자와 같이 자기 머리를 드는 것이다.
- **우리의 전략**: 약속의 땅으로 건너가는 동안 적의 음성을 듣지 말아야 한다. 그는 진정 유다의 사자 울음소리를 내려고 시도할 것이지만, 그것은 거짓 소리다. 비록 악마가 우리의 환경 위에 우는 소리를 내고 두렵게 하며 우리가 건너야 할 지점에서 뒷걸음치게 하더라도, 우리는 그 메마른 땅을 건너야 한다. 주님께서는 우리보다 앞서 가셔서, 적들을 이미 이기셨다! 궁극적으로 하나님께서는 우리가 초자연적인 시야를 사용하여 사명으로 걸어갈 때, 우리의 적들을 벌하실 것이다. 자연 세계에서 듣는 말들 때문에 서두르지 마라. 주님의 영을 신뢰하라!

이들의 이름을 살펴보는 것이 적들의 전략을 알아보는 데 얼마나 많은 도움을 주는지 깨달았는가? 그러한 통찰력을 통해 어떻게 더 효과적으로 싸울 수 있고, 우리의 길이 덜 거칠어지는 방법을 모을 수 있는지 알겠는가? 그렇다. 이것은 여행하기 어려운 길이다. 종종 미지의 땅으로 우리를 이끄는 길이다. 하지만 하나님께서는 우리의 성품과 믿음을 세우는 데 필요한 도구들을 주시며, 우리가 승리 가운데 걸을 수 있도록 하실 것이다.

이제 당신은 성령 안에서 땅을 차지할 준비가 되었는가? 나는 당신이 준비된 것을 알고 있다. 하나님께서 당신으로 하여금 약속을 성취하도록 하실 것이기 때문이다. 이제 하나님의 일곱 가지 영이 우리가 어떻게 더 자신 있게 걸어갈 수 있도록 충만함을 베푸는지 알아보자.

그분의 일곱 가지 영이 필요하다

미지의 땅으로 건너가기 위해서 그리고 하나님께서 우리 각 사람을 위해 가지신 사명을 추구하기 위해서 우리는 삶 속에서 역사하시는 하나님의 영의 충만함이 필요하다. 이사야서는 하나님의 일곱 가지 영을 드러내고 있다. 그분의 영의 일곱 가지 속성을 더 깊이 이해하기 위한 기초로서 다음의 말씀을 살펴보자.

> 이새의 줄기에서 한 싹이 나며 그 뿌리에서 한 가지가 나서 결실할 것이요 여호와의 신 곧 지혜와 총명의 신이요 모략과 재능의 신이요 지식과 여호와를 경외하는 신이 그 위에 강림하시리니 그가 여호와를 경외함으로 즐거움을 삼을 것이며 그 눈에 보이는 대로 심판치 아니하며 귀에 들리는 대로 판단치 아니하며 공의로 빈핍한 자를 심판하며 정직으로 세상의 겸손한 자를 판단할 것이며 그 입

의 막대기로 세상을 치며 입술의 기운으로 악인을 죽일 것이며(사 11:1-4)

이 구절은 예수님이 오시는 것과 그분이 지니실 거룩한 특징에 대한 예언적 말씀이다. 이사야서에 요약된 이 특성들은 주님의 영이 그분 위에 강림하심으로 그분께서 지혜, 총명, 모략, 재능, 지식, 여호와를 경외함을 가지신다는 것이다. 우리는 그리스도와 한 몸이기 때문에, 이 각각의 특성은 거룩한 권위의 겉옷으로 모든 믿는 자에게 주어진 것이다.

첫 번째 특성: 주님 자신의 영

이제, 모든 믿는 자가 사용할 수 있는 하나님의 첫 번째 특성을 보자. 이것은 주님 자신의 영이다. 하나님의 영의 일곱 가지 특성을 살펴보면서 그 특성 중의 하나로 주님의 영을 이야기하는 것이 반복적인 것처럼 들려서 약간 혼란스러울 수도 있다. 하지만 성경은 사람 위에 강림하신 "주님의 영"이 하나님께서 선택하신 자들에게 나눠주시는 실제 선물임을 명확히 밝힌다.

가지(branch)이신 예수님은 이새의 뿌리에서 내려온 후손이시다. 우리는 이새가 다윗의 아버지이고, 예수님께서 다윗과 이새의 계보에서 태어나셨음을 알고 있다. 이새라는 이름은 "나는 소유한다"[10]라고 번역된다. 그리스도의 영적인 DNA는 약속을 소유한 것과 관련이 있다. 그것은 우리 각자가 물려받은 것과 같은 DNA-아버지가 우리를 위해 가지신 모든 것을 소유하기 위한 결단과 신성한 은혜-이다.

2절에서는 여호와의 신(the spirit of the Lord)이 그리스도 위에 머물렀다고 말한다. 주(Lord)라는 단어는 이 구절의 여호와라는 이름에서 나온 것이다. 여호와는 "모든 곳에 거하시는 분"(the all-existing One)이라는 뜻이다. 완전한 해석은 그 이름이 "지나가기 위해 오다, 초래하다, 일으키다, 되게 하다, 생기게 하다"[1]를 의미한다는 것을 나타낸다. 다시 말하자면, 여호와는 우리 미래의 하나님이라는 것이다! 그분은 모든 곳에 존재하실 뿐 아니라, 우리 미래의 말들과 약속들이 나타나도록 하신다. 그리고 무엇인가가 될 수 있는 능력과 함께 오신다. 와! 이는 하나님의 아들과 딸이 될 능력이 우리에게 주어졌음을 뜻하고, 그렇기에 정당한 자리를 차지하고 완전한 유업을 받을 능력이 주어졌다는 것이다!

따라서 주님의 영(여호와의 영)이 예수님 위에 임했을 때, 그분(예수 그리스도)의 사명을 이루기 위해서 초자연적인 권능이 그분 위에 임했다는 것이다. 우리 각자도 마찬가지다. 똑같은 능력이 우리의 미래를 이루기 위해서 우리에게 주어졌다. 그리고 우리가 그분을 받아들였기 때문에, 그분께서는 우리에게 "하나님의 자녀가 될 권세"를 주셨다.

> 자기 땅에 오매 자기 백성이 영접지 아니하였으나 영접하는 자 곧 그 이름을 믿는 자들에게는 하나님의 자녀가 되는 권세를 주셨으니 이는 혈통으로나 육정으로나 사람의 뜻으로 나지 아니하고 오직 하나님께로서 난 자들이니라(요 1:11-13)

그 "되는 권세"와 함께, 어떠한 상황을 위해 필요한 모든 것을 성취하는 데 필요한 하나님의 충만함도 주어진다.

주님의 영이 우리 위에 임할 때 우리는 위대한 유업을 이룰 수 있는 능력을 갖게 된다. 그분의 영은 마치 권세와 능력의 겉옷처럼 우리 위에 임한다. "위에"라는 말은 사실 우리를 "위로" 데려가기 위해 어떤 것이 우리 위에 임하는 것을 의미한다. 다른 말로 하자면, 그분의 성품들 중 이 부분이 우리를 다른 단계로 데려가도록 능력을 주신다는 것이다. 우리가 기도할 때에 천국이 이 땅에 임하듯, 우리는 천국을 만나기 위해 그리고 그분의 의지와 말씀에 동의하기 위해 일어난다!

주님의 영의 충만함이 우리 위에 임할 때, 예언(계시), 지혜, 능력 등과 같은 그분의 일곱 가지 영의 특성을 가지고 살아갈 수 있다. 성경은 성도들에게 능력을 주는 하나님의 영의 일곱 가지 특성의 명확한 예를 보여준다.

예를 들어, 주님의 영이 사울 왕에게 임했을 때 그는 예언하였다. 이 일은 사울이 선지자 무리에게 갔을 때 두 번이나 일어났다. 그는 계시를 받고, 영으로 보고, 예언의 은사로 움직일 수 있는 초자연적인 능력을 받았다.

기드온 역시 나팔을 불도록 주님의 영으로부터 능력을 받았다. 비록 사람들은 그가 바알의 제단을 파괴한 것 때문에 그를 죽이려고 모였지만, 나팔을 부는 일은 그를 대항한 죽음의 선포를 파쇄했다. 또 하나님의 적들을 대항하는 전쟁을 위해 군대를 모으는 초자연적인 소리를 풀어놓았다.

사무엘이 다윗을 다음 왕으로 기름 부었을 때, 주님의 영이 다윗에게 임했다. "사무엘이 기름 뿔을 취하여 그 형제 중에서 그에게 부었더니 이날 이후로 다윗이 여호와의 신에게 크게 감동되니라"(삼상 16:13). 그날부터 다윗은 이스라엘의 다음 왕으로 세워졌고, 다윗이 마주쳤던 모든 도전은 결국 그가 다스리고 통치하는 일을 위해 준비하는 일에 도움이 되었다. 다윗은 골리앗을 패배시키고, 사자와 곰을 죽이고, 군대들을 전투로 이끌었다. 이 모든 것은 그가 권능의 신(하나님의 일곱 가지 속성 중 하나) 아래 있었기 때문이었다. 후에 모략의 신, 지혜의 신과 같은 하나님의 일곱 가지 영의 다른 속성도 다윗에게 능력을 주기 위해 나타났다.

사사기 13장 25절은 어떻게 주님의 영이 삼손 위에 있었는지를 묘사한다. 그는 후에 그분의 영과 능력의 겉옷 아래에서 초자연적인 힘을 지니게 되었다.

"우리가 다 수건을 벗은 얼굴로 거울을 보는 것같이 주의 영광을 보매 저와 같은 형상으로 화하여 영광으로 영광에 이르니 곧 주의 영으로 말미암음이니라"(고후 3:18). 하나님의 말씀은 우리가 그의 형상으로 변하고 영광에서 영광으로 이름에 따라 똑같은 주님의 영을 받을 수 있다고 선포한다! 사실, 한 단계의 영광에서 다음 단계(또 건너는 것)로 나아가기 위해서, 주님의 영의 충만함에 따라 살고 움직이는 것이 필요하다.

주님의 영의 전이(impartation)가 하나님의 영의 첫 번째 속성이라는 것을 이해하는 것이 중요하다. 이제 나머지 여섯 가지를 살펴보자.

두 번째 특성: 지혜의 영

우리는 변화의 시기에 하나님의 지혜에 의존해야 한다. 하나님의 완벽한 뜻이 이루어지기를 위해 기도하는 것도 중요하지만, 또한 거룩한 통찰력과 올바른 영적 판단력을 받을 수 있도록 기도해야 한다.

지혜라는 말은 지혜를 지니는 것은 물론 전쟁, 통치, 그리고 종교적인 일들 가운데서 현명하고 기술이 있다는 것으로 번역되는 히브리어다.[12] 이것은 매우 신나는 일이다. 하나님의 지혜의 영이 영적 전쟁에서 우리에게 필요한 기술들을 가르쳐주는 것을 의지할 수 있다는 뜻이기 때문이다. 특별히 이 시기에, 현명한 전략 없이 전투에 나가는 것은 시간과 에너지 낭비다. 사실상, 누구에게 낭비할 여분의 시간과 에너지가 있겠는가?

하나님의 지혜는 자연적인 지혜와 다르므로, 영적 전투를 위해 그분의 거룩한 지혜를 받으려면 천국에 닿아야 한다. 그렇지 않으면 사도 바울이 말한 대로 방향이나 전략 없이 단순히 "허공을 칠 뿐"이다(고전 9:26을 보라). 거룩한 전략이나 방향 없이 전쟁에서 싸우는 것은 허공을 때리면서 상대를 치지 않는 권투선수와 같다. 전투에 나가서 그저 팔을 공중에 휘두르기만 하는 것을 상상이나 할 수 있는가? 그것이 무슨 효과가 있겠는가? 적은 우리가 제대로

한 방이나 때릴 수 있을지 궁금해할 것이다! 귀한 성도들이여, 효과적인 전사들이 되려면 이제 천국에 닿아야 할 때다!

솔로몬 왕은 아마 성경에서 하나님의 지혜와 지식으로 능력을 입은 사람 중에 최고의 사람일 것이다. 그는 부와 영화와 명예를 구하기보다 사람들을 알맞게 판단할 수 있도록 지혜와 지식을 구했다. 이것이 주님을 기쁘시게 했고, 주님은 솔로몬에게 위대한 지혜를 주셨다(대하 1:10-12를 보라). 하나님의 지혜는 솔로몬에게 주님의 성전을 짓는 것을 가르쳤고, 후에는 예배를 가르쳤다. 마지막 때가 다다름에 따라, 우리는 하나님의 지혜의 위대한 분량을 받아야 한다. 그래서 성전을 그분의 영광의 집으로 짓고, 예배가 그분의 성령에 의해 인도될 수 있도록 말이다.

주님께서는 또한 우리에게 일을 처리하는 기술들을 가르쳐주고 싶어 하신다. 이것이 우리로 하여금 사업과 교회와 사역을 잘 운영해나갈 수 있게 해줄 것이다. 사실, 하나님은 그분이 약속하신 언약을 수행하셔야 하기 때문에, 우리의 성공을 보장하기 위해 필요한 모든 것을 공급하고 싶어 하신다.

우리가 미지의 땅으로 모험을 떠날 때는 지난 세월 동안 배웠던 오래된 지혜를 의지할 수 없다. 시대에 뒤쳐진 무기를 사용하는 것과 같은 것이다. 약속된 땅으로 건너가기 위해서는 새롭게 날 세워진 무기들이 필요하다. 이 시기에는 예리한 영적 분별력, 지혜, 그리고 영적 전투의 숙련공의 총명이 필요하다. 하나님의 지혜의 신에 의지하는 것은 새로운 권위의 장소에서 승리를 보장해줄 것이다.

세 번째 특성: 총명의 신

하나님의 영의 두 특성, 지혜와 총명은 성경에서 매우 밀접하게 연결되어 있다. 결과가 총명과 관련되어 있을 때는 어느 정도의 지혜와 지식이 필요하다. 그렇기에 삶에서 지혜와 총명의 신이 필요한 것이다.

영적인 총명을 충분히 갖기 위해서는 영적 분별력이 있어야 한다. 분별력은 총명의 자연적인 능력과 관련이 있다. 이는 지성이라고도 불린다. 하지만 이 시기에는 지적인 총명 그 이상의 것이 필요하다. 합당한 분별력을 갖지 못하면 우리의 총명은 과거의 지식과 지혜에 기초할 것이다. 성령의 새로운 움직임을 이해하기 위해서, 하나님의 영의 새로운 움직임들을 올바로 분별해야 한다. 하나님 차원의 분별력 없이 완전히 이해하려는 시도는 오직 우리의 생각만을 이용하여 사고하게 만든다. 만약 우리가 지성을 가지고 판단하면, 하나님께서 말씀하시고 행하시는 모든 것의 영적인 움직임을 이해하지 못할 것이다. 우리의 자연적인 눈으로는 올바로 판단할 수 없다. 하나님께서는 우리의 믿음에 따라 움직이시기 때문이다. 더욱이 그분은 보이지 않는 곳에서 일하시는 분이시다.

하나님께서는 그리스도께서 지니셨던 것과 같은 차원의 예리한 영적 분별력을 우리에게 주시겠다고 약속하셨다. 예수님께서는 바리새인들이 입 밖에 내지 않는 동기(motives)를 가지고 있을 때 그것을 아셨고, 다른 사람들의 마음의 동기를 올바로 판단하는 능력이 있으셨다. 그분은 또한 악한 영의 역사를 분별하는 능력도 있으셨고, 그분의 제자들도 그와 똑같은 능력 아래에서 움직였다.

우리에게는 이 권능이 필요하다. 하나님께서는 그분의 영의 차원으로 우리를 준비시켜주시기로 약속하셨다. 하나님의 완전한 뜻에 우리를 맞추고 천국이 이 땅에 임하도록 기도하며, 또한 더 위대한 총명을 얻기 위해 영적인 분별력이 필요하다.

네 번째 특성: 모략의 신

모략의 신은 하나님의 지시와 교훈과 관련이 있는 하나님의 특성이다. 대부분이 알고 있듯이 사람에게서 오는 조언이 있고, 오직 아버지께로부터 오는 거룩한 조언이 있다. 우리는 둘 다 필요하다. 하지만 보좌의 방 안에 있을 때만 받을 수 있는 구체적인 가르침이 있다. 잠언 19장 21절은 사람의 마음에 많은 계획이 있을지라도, 하나님의 모략만이 설 것이며, 필요한 열매를 가져올 것이라고 말한다.

　친밀한 관계를 통해 하나님께 다가가는 것은 그분의 신성한 지시와 교정과 가르침을 받을 수 있도록 해준다. 그분께서 우리의 미래에 영향을 미치는 그분의 계획에 대한 목적을 드러내시는 곳이 바로 이 친밀한 관계 속이다. 이곳이 바로 우리의 "왜"라는 질문들이 해답을 얻는 곳이다. 우리가 알아야 하는 것을 알지 못함으로 인해 몸부림칠 때, 아버지께서 깊고 큰 사랑과 목적으로 우리를 덮어주시기 때문에 그 어떤 것도 문제가 되지 않는다.

　그분의 조언은 수혈과 비슷하다. 그분께서 우리를 사명으로 되돌리고 생명을 주는 수액을 제공해주시는 동안 그분은 우리에게 조언해주시고 우리를 사랑해주신다. 우리는 더 이상 사람을 즐겁게 하기 위해 애쓰지 않는다. 그보다 우리의 삶을 위한 그분의 거룩한 지시에 순종한다. 그분께서 조언해주실 때, 우리는 사명을 성취하도록 나아가게 하는 새로운 목적과 비전을 갖게 된다.

　아말렉 족속들에 의해 파멸 앞에 선 다윗 왕은 하나님께 전쟁 전략을 구했다. 다윗은 주님께 조언을 구했고, 하나님의 대답은 쫓아가서 모든 것을 회복하라는 것이었다(삼상 30:8을 보라).

　자연 세계에서의 다윗은 하나님의 이끄심에 따라 발을 내디딜 만큼 용기 있는 사람이 아니었을 수도 있다. 아말렉 족속은 그의 집안 전체를 취했고, 모든 여자와 아이는 포로가 되었으며, 다윗의 군대마저도 그를 돌로 치려고 했다. 하지만 하나님의 영이 그의 위에 임하자, 다윗은 주님의 지시를 따라서 적진을 빼앗고, 그들이 훔쳐갔던 모든 것을 회복시켰다. 하나님의 영이 그로 하여금 하나님의 지혜로운 조언을 마음에 두도록 했던 것이다.

특별히 오늘날 우리에게 그분의 거룩한 조언이 얼마나 필요한가! 우리가 앞으로 나아갈 때 그분께서 이끄시는 능력을 신뢰해야 한다. 우리는 종교적인 경계의 선을 넘고 있다. 우리가 모험하지 않았던 곳들이 열렸고, 따라가야 하는 새로운 영적인 길이 있다. 우리는 하나님의 영에 따라 움직일 수 있도록 우리의 종교적인 상자 밖에서 생각하라는 명령을 받고 있다. 우리에게 그분의 조언이 필요하다면, 사랑하는 형제들이여, 지금이 그때다!

다섯 번째 특성: 재능의 신

재능(might, 능력)은 히브리어로, "힘, 용기, 그리고 용감"[13]이라는 뜻이다. 이것은 "기적"(위대한 행적)으로도 설명된다. 우리 안에 그리고 우리를 통해 재능의 신이 역사하지 않는다면, 우리가 과연 어떻게 예수님께서 지시하신 기적 혹은 위대한 일들을 행할 수 있을까?

천국이 이 땅에 임하도록 기도하면 할수록, 종교의 영에게서 임하는 도전을 더욱 받게 될 것이다. 종교의 영들은 예수님께서 나사렛에 계셨을 때에도 그분을 방해했다.

> 예수를 배척한지라 예수께서 저희에게 이르시되 선지자가 자기 고향과 자기 친척과 자기 집 외에서는 존경을 받지 않음이 없느니라 하시며 거기서는 아무 권능도 행하실 수 없어 다만 소수의 병인에게 안수하여 고치실 뿐이었고 저희의 믿지 않음을 이상히 여기셨더라(막 6:3c-6)

만약 종교적인 구조가 그리스도를 통한 기적의 역사를 막을 수 있었다면, 방해하는 그 영이 오늘날 우리의 믿음에 얼마나 해로운 영향을 주었을지 한 번 상상해보라. 기적을 방해하는 모든 종교의 영을 누르고 지나가는 것은 엄청난 용기를 필요로 한다.

우리가 그분의 능력과 권능의 겉옷을 받을 때, 주님께서는 그분의 은혜를 풀어주시기로 약속하셨다. 하지만 그분께서 풀어주시는 새로운 은혜 안에서 살아가기 위해서는 먼저 그 힘과 용기를 받기 위해서 필요한 믿음을 사용해야 한다. 용기를 받기 위해 그분이 정하신 분량의 믿음이 없이는, 우리가 사용할 충분한 분량의 용기를 얻지 못할 것이다.

지금 당장, 당신의 믿음을 가지고 하나님께 새로운 분량의 용기와 권능을 풀어주시기를 구하라. 그 후에 그 기적들을 쫓아가고 천국의 최고의 것들을 이 땅에 풀어놓아라!

여섯 번째 특성: 지식의 신

내가 지식이라는 단어의 완전한 해석을 찾기 시작했을 때, 알다(know)라는 단어가 얼마나 자주 쓰였는지를 보고 매우 놀랐다. 주님은 인간으로서 우리가 어떤 것들을 아는 것-우리의 미래를 아는 것, 어떻게 해야 하는지 아는 것, 무엇인지 아는 것, 지식을 언제 얻어야 하는지를 아는 것-이 얼마나 중요한지 이해하신다. 올바른 결정을 하기 위해서는 지식이 매우 중요하다. 만약 우리에게 실패에 대한 두려움이 있다면, 희망을 얻어 사명을 이루려는 용기를 위해서 예언적 통찰력을 구해야 한다. 죽음에 대한 두려움이 있는 사람은, 하나님의 말씀을 찾고 또 치유와 생명에 관한 성경 구절을 인용하기도 한다. 이처럼 우리는 알기 위해서 지식을 얻는다.

하지만 만약 우리가 항상 알아야 한다면, 그리고 알아가는 과정에서 잘못된 길을 선택한다면, 우리는 쉽게 속임과 우리의 미래를 조종하려는 시도에 문을 열어줄 수 있을 것이다. 경건하지 못한 출처에서 해답을 찾거나, 우리가 듣기 원하는 말을 해주는 상담자들을 찾아다니면서 그렇게 할 수 있다. 나는 경건한 조언과 경건한 지시를 받은 성도들을 봐왔지만, 그들이 듣고자 하는 것들은 "말씀"이 아니었다. 그래서 그들은 조종하려는 목적으로 그들에게 접근하여 결정과 행동 방식들에 동의해주는 조언자들을 구하는 것이다.

우리에게 어떤 상황에 대한 통찰력이 주어지지 않을 수도 있다. 어떤 상황에 대하여 하나님께서 말씀하시지 않는다면, 그분께서는 새로운 시기에 우리가 그분을 신뢰하도록 이끌고 있는 것이다. 이때에, 우리는 "알지" 못하지만, 여전히 신뢰하고 따라야 한다. 다시 한 번 말하지만, 항상 알아야만 한다는 욕구는 적들의 소리와 신비 사술에 문을 열어주게 될 것이다. 적의 덫에 걸리지 않도록 조심하라.

하나님께서는 지식의 신으로 우리에게 옷 입혀주실 것을 약속하셨다. 사실, 그분이 자신을 우리에게 "알리실" 때, 그분은 지식으로 우리에게 힘을 주신다. 우리가 자신을 그분의 뜻에 맞추고, 그분의 뜻이 하늘에서 이루어지듯이 이 땅에 이루어지기를 기도할 때, 우리는 더 높은 수준에서 그분을 아는 것이 요구될 것이다. 그 결과, 그분에 대한 더 많은 지식이 우리에게 주어질 것이다. 또 그분의 영광에 대한 새로운 단계를 더 경험하기 위해서는, 거룩한 지식을 먼저 얻어야 한다. 영광이 풀어질 때, 하나님의 영광에 대한 지식을 받는다는 것을 기억하라. 이것이 천국이 이 땅을 침략하는 이 시기에 대한 이유다. "대저 물이 바다를 덮음같이 여호와의 영광을 인정하는 것이 세상에 가득하리라"(합 2:14).

잇사갈 지파는 때와 시절을 구별할 수 있는 총명과 지식을 선물로 받았다. 이것은 또한 우리 각자가 가질 수 있는 속성이다. 마지막 때를 살고 있다는 것을 온전히 이해하는 것과, 우리의 위험한 위치를 아는 것이 우리가 더 효과적인 전사들이 되는 데 도움이 될 것이다. 시기와 때를 아는 것과 이해하는 것은 우리가 그때에만 이루어질 수 있는 예언적인 임무를 이룰 수 있도록 힘을 줄 것이다.

우리는 하나님께서 특정한 시간의 틀 안에서 우리에게 기회의 문을 열어주시며, 또한 이 기회는 왔다가 빨리 가버린다는 것을 충분히 이해하고 인식해야 한다. 주님은 우리가 풍성한 삶과 성취하는 삶으로 나아가려 할 때에 우리에게 필요한 모든 것을 공급해주고 싶어 하신다. 천국이 이 땅에 임하고 있는 지금, 당신이 관심을 둔 모든 것이 그분의 지식으로 덧입혀질 것을 기대하라.

일곱 번째 특성: 여호와를 경외하는 신

하나님의 일곱 가지 특성 중 여섯 가지를 공부해보았다. 사람에게 능력을 주기 위해서 위에 오신 하나님의 영, 지혜, 총명, 모략, 권능, 그리고 지식의 신이 바로 그것이다. 하나님의 일곱 가지 영 중 마지막 특성은 여호와를 경외하는 신이다. 하나님은 우리에게 두려움의 영을 주시지 않았다. 오히려 능력과 사랑과 근신하는 마음을 주셨다(딤후 1:7을 보라). 그러므로 여호와를 경외하는 신은 "두려움의 영"과 같은 것이 아니다.

고통스러운 두려움이 있다. 이것은 사탄으로부터 온 것이다. 당신이 고뇌, 공포, 고통으로 고생한다면, 그것은 당신을 공격하는 악마의 짓이다. 반대로, 건강하고 하나님을 경외하는 두려움이 있다. 하나님께서는 두려움으로 우리를 고통스럽게 하지 않으신다. 하나님을 두려워하는 것은 죄에 대해서 깨어 있는 것이다. 이것은 거룩함과 의로움에 대한 그분의 갈망을 이해하고 알아차리는 것이며, 결국은 회개에 대한 깊은 필요로 귀결된다.

우리는 너무 자주 주님을 당연시한다. 예배를 드리는 시간에 많은 사람이 주님의 임재에 대한 거룩한 두려움을 버렸다. 비록 우리가 지나치게 영적이 되어서는 안 되지만, 주님의 기름 부으심과 임재를 증거할 때는 어느 정도의 존경심과 경배하는 마음이 자발적으로 일어나야 한다. 나는 종종 우리와 사귀고 싶어 하시는 성령님을 우리가 어떻게 슬프게 하는지 궁금했다. 우리는 그분의 신부이기 때문에, 그분은 우리에게 친밀함을 요구하신다. 그러나 우리는 얼마나 예배 시간이 긴지, 시간이 몇 시인지, 어제 무엇을 했고, 내일은 무엇을 할 것인지를 생각하는 데 너무 여념이 없다. 일상적인 우리의 삶에 지나치게 골몰함으로 인해 그분께서 우리에게 말씀하시기 위해 기다리신다는 것은 잊어버린다. 누군가를 위해 시간을 내주는 것은 그 사람이 얼마나 가치 있는지를 말해준다. 솔직히 우리는 얼마나 주님을 가치 있게 생각하는가?

나는 오랫동안 말씀을 공부하지 않으면 두려워진다. 벌을 받을까 봐 두려운 것이 아니고(그것은 매우 건강하지 못하고 합당하지 못한 두려움이다), 그분이 말씀하시는 것을 놓치게 될까 봐 염려된다. 나는 그분의 뜻을 내 삶에 이루는 힘을 얻기 위해서, 매일의 만나 곧 그분에게서 오는 새로운 말씀이 필요하다. 내가 매일 그분을 찾지 않는다면 그것은 그분을 당연시 여긴다는 말과 다를 것이 없다. 그분을 경외해야 한다.

우리는 또한 그분이 행하시는 놀라운 일들을 경외심 속에서 바라보아야 한다. 느헤미야 1장은 하나님의 엄하심(terribleness)을 이야기한다. "가로되 하늘의 하나님 여호와 크고 두려우신 하나님이여 주를 사랑하고 주의 계명을 지키는 자에게 언약을 지키시며 긍휼을 베푸시는 주여 간구하나이다"(느 1:5). 이 구절은 그분의 힘과 능력 때문에 우리가 갖게 되는 경외심과 두려움을 말하면서 그의 "엄하신" 특성을 설명한다.

그분의 위대하심 때문에 주님을 두려워하는 것은 영적으로 건강한 일이다. 그분께서 그분의 사랑과 자비를 보여주시겠다는 언약과 약속을 지키신다는 사실이 기쁘지 않은가? 우리가 해야 할 부분, 즉 그분을 사랑하고 그분의 계명을 지키는 것에 신실할 때, 그분께서는 이렇게 하시겠다고 약속하신다. 그분이 요구하시는 것을 이루어 드리지 못하는 것에 대한 두려움은 우리에게 필요한 의로움의 표준을 확고하게 해주는 건강한 삶의 방식이다.

지금은 하나님의 영의 관점에서 여호와를 경외하는 것이 필요한 때다. 만약 우리가 경건한 경외심을 갖지 않는다면, 우리는 적에게 손쉬운 먹잇감이 되고 말 것이다. 하나님께서는 우리가 경외심과 그분의 임재와 그분의 말씀에 대한 존경심이 부족한 것을 드러내시고, 더 위대한 방법으로 자신을 나타내실 것을 약속하셨다! 그분은 우리가 모두 줄에 맞춰가도록 불을 밝히셔서, 올바른 영, 즉 성령을 따라 옳은 길로 가게 하실 것을 약속하셨다. 그분께서 우리를 이렇게 사랑하신다는 것이 신나지 않은가?

"알지 못하는 것"에 대한 건강하지 못한 두려움

우리 중 대부분은 하나님의 영에 온전히 이끌림을 받으려는 시도에서 실패한 적이 있을 것이다(특별히 자연적인 시야로 판단한 것으로 인해). 가끔씩 나는 알려지지 않은 것에 대해 영적으로 너무 흥분해서 악한 영에게 문을 열어주곤 하였다. 만약 우리가 항상 왜, 어디서, 언제, 그리고 어떻게를 "알려고" 한다면, 그리고 우리가 하나님과 그의 말씀을 신뢰하지 않는다면, 우리를 대항하여 사술(witchcraft)의 영이 풀려진다는 사실을 알고 있는가?

뱀(serpent)이라는 단어의 해석은 "점"(divination) 그리고 "알아야 하는 필요성"(the need to know)과 연결되어 있다. 우리 대부분은 점이 우리의 "알아야 할 필요성"을 충족시켜준다는 것을 알고 있다. 물론 우리가 삶에 대한 그분의 계획을 알고 싶을 때 주님의 말씀을 찾는다면 좋겠다. 하지만 믿지 않는 자들은 그들이 알아야 할 필요성을 만족시키기 위해서 점쟁이 그리고 예견하는 영을 찾는다. 만약 우리가 하나님의 때에 관해 인내심이 없어지고, 계속해서 "알기만을 원한다면", 우리에게 대항하는 사술의 행위를 풀어놓는 점(占)의 문을 열게 된다.

사술과 점을 보는 것은 신비 사술(occult)과 연결되어 있다. 신비 사술은 "숨겨진"이라는 뜻이다. 신비 사술의 영의 목적은 우리에게서 어떤 것들을 숨기는 것이다. 주님께서는 우리의 믿음을 깊게 하기 위해서 어떤 것들을 일부러 숨기신다. 우리가 계속 투덜거리고, 알아야 한다고 불평한다면, 우리의 적은 더 많은 것을 숨기기 위해서 반격할 것이다. 우리가 악한 영의 전략에 깨어 있지 않는다면 이것은 절대 끝나지 않는 순환 고리가 될 것이다.

사술과 점을 보는 것은 여러 가지 방법으로 나타난다. 『그림자 속에서의 권투』(Shadow Boxing)라는 책에서, 헨리 말론 박사(Dr. Henry Malone)는 우리의 삶에 악한 영이 들어오도록 하는 다른 뿌리들을 설명해놓았다. 이 뿌리들 중에 몇몇은 독립, 반항, 고집, 그리고 미래를 "알고 싶을" 때 "해답"을 제공해주는 중개자들의 조언이다.[14] 우리가 주님을 신뢰하지 않을 때, 그리고 우리의 삶에 대한 그분의 계획에 맞추지 않을 때, 쉽게 독립적이고, 고집스럽고, 반항적으로 될 수 있다. 우리는 하나님께서 보여주시기 전까지는 알 필요가 없도록, 그리고 대신 우리를 인도하시는 그분의 능력에 대한 믿음과 담대함을 가지고 앞으로 나아가도록 자신을 훈련시켜야 한다.

당신이 이러한 문제들과 씨름하고 있는지 살펴보라. 아래의 목록을 읽어보고 당신이 이러한 문제들 때문에 애써왔는지, 같은 문제들을 반복해왔는지 확인해보라. 당신이 이겨내는 데 어려움이 있었던 목록들 옆에 표시해보라.

- ☐ 거식증
- ☐ 반유대주의
- ☐ 폭식증
- ☐ 타협하는 것

- □ 혼란스러움
- □ 계속 잘못된 결정을 내리는 것
- □ 이단(잘못된 교리)
- □ 속임수
- □ 의심
- □ 거짓된 선지자들과 설교자들
- □ 거짓 교사들
- □ 거짓 방언
- □ 미성숙함
- □ 부적절한 행동
- □ 지성주의
- □ 내장(腸)의 문제
- □ 무책임함
- □ 인종차별주의
- □ 질병
- □ 불신앙

하나 혹은 그 이상의 문제에 표시를 했다면, 당신이 사탄의 거짓말에 동의했거나 신비 사술에 문을 열어놓았을 가능성이 있음을 명심하라. 그럴 가능성이 존재할 때, 경건치 못한 두려움이 당신을 고통스럽게 하도록 내버려 두지 마라. 당신이 순종적이지 못했다거나, 혹은 주님이 가르쳐주시는 방향을 충분히 신뢰하지 못했더라도, 두려움의 영이 당신에게 문제를 일으키도록 하지 마라. 하나님께서 더 많은 믿음과 신뢰를 원하신다고 느낀다면, 모든 상세한 부분을 다 알아야 한다고 생각하는 자리에 머물러 있지 않도록 주의하라. 계속 알아야 할 필요성과 하나님을 충분히 신뢰하지 못함을 단순히 회개하고, 악한 영의 공격의 문을 닫으라. 발걸음을 멈추고, 당신의 과거를 흘려보내고, 아브라함처럼 시작하라. 그리고 믿음 안에서 걸어 나가라.

다른 말로 하자면, 우리가 새로운 활동 무대로 들어설 때는 이전과 같지 않을 것이다. 약속은 그대로이지만, 그 약속을 둘러싸고 있는 환경은 달라질 것이다. 하나님의 영을 온전히 의지할 때, 우리는 자연 세계에서 보고 듣는 것으로 판단하지 않게 될 것이다. "그가 여호와를 경외함으로 즐거움을 삼을 것이며 그 눈에 보이는 대로 심판치 아니하며 귀에 들리는 대로 판단치 아니하며"(사 11:3). 자연 세계에서 보고 듣는 대로 결정을 내리면 우리는 하나님을 제한하게 된다. 하나님을 따르는 것은 더 높은 단계의 믿음을 필요로 한다. 하나님께서 우리에게 약속하신 것들을 소유하기 위해 더 성숙한 영적 감각과 영적인 시각을 키워야 한다. 항상 깨어 준비하기 위해서 하나님의 일곱 가지 영을 배워야 한다. 우리는 그분의 지혜를 사용하고, 그 영이 주시는 총명을 사용하여 그분의 방향을 따라가야만 성공할 수 있고, 하나님께서 우리에게 약속하신 것들을 성취할 수 있을 것이다.

더 높은 대로의 꿈

나는 믿음에 대해서 주님께 불평했던 것을 기억한다. 어느 날 밤 잠들기 전에 기도하는 가운데 나의 마음을 주님께 쏟아놓기 시작했다. *아버지, 나는 아브라함이 가졌던 그 믿음 안에서 걷는 것처럼 보이지 않아요. 믿음 안에서 걸어야 한다는 건 알지만, 당신을 신뢰하는 것이 너무 어려워요. 나는 가야 할 길을 봐야지 걸을 수 있는 사람이에요. 나는 결과를 알아야만 해요. 내가 이해도 하기 전에 걸음을 내딛는 건 정말 너무 어려워요.* 주님께서는 꿈을 통해 대답해주셨다.

나는 남편 미키(Mickey)와 차를 타고 고속도로를 여행하는 꿈을 꾸었다.

그가 운전을 하고 있었다. 내 시야를 안개가 가리는 것처럼 보였다. 우리는 너무 빨리 달리고 있었고, 나는 미키에게 천천히 가자고 말했다. 빨리 달리고 있을 뿐 아니라, 우리가 어디를 가고 있는지도 볼 수가 없었다. 몇 번의 간청 끝에 그가 결국 길가에 차를 세웠다. 나는 밑을 내려다보았고, 우리가 더 높은 단계의 고속도로에 있음을 깨달았다. 내 밑에 또 다른 고속도로가 있었던 것이다. 그 고속도로에 있는 모두 것을 다 볼 수 있었다. 하지만 우리가 있는 높은 고속도로에서는 볼 수 없었다.

그때, 주님은 나에게 그분께서 우리를 더 높은 단계-더 높은 고속도로-에 두셨다고 말씀하셨고, 만약 내가 정말로 "보고" 싶다면, 내가 영으로 더 낮은 단계로 내려가야 한다고 하셨다. 더 높은 단계에 머무르고 싶다면, 이 새로운 장소에서 그분을 신뢰해야 하고 예리한 영적인 시야를 키워야 했다. 이 새로운 단계는 하나님의 일곱 가지 영에 대한 더 깊은 이해를 필요로 했다. 우리의 시간과 때에 대한 모든 지혜와 총명을 받을 수 있게 해주는 그분의 일곱 가지 영을 우리에게 약속해주신 주님을 찬양하라. 우리는 성공적인 삶을 위해 필요한 모든 것을 받기 위해서 어떤 다른 소식통으로 갈 필요 없이, 그분께만 가면 된다.

우리의 사명 선언문(mission statement)을 그분의 것에 맞추기

우리 자신을 그리스도의 사명 선언문에 맞출 때, 임무를 성취하는 데 필요한 하나님의 영의 모든 특성으로 온전히 힘입게 될 것이다. 이제 그분의 사명과 그분이 무엇을 하시도록 힘입었는지를 살펴보자.

주 여호와의 신이 내게 임하셨으니 이는 여호와께서 내게 기름을 부으사 가난한 자에게 아름다운 소식을 전하게 하려 하심이라 나를 보내사 마음이 상한 자를 고치며 포로 된 자에게 자유를 갇힌 자에게 놓임을 전파하며 여호와의 은혜의 해와 우리 하나님의 신원의 날을 전파하여 모든 슬픈 자를 위로하되 무릇 시온에서 슬퍼하는 자에게 화관을 주어 그 재를 대신하며 희락의 기름으로 그 슬픔을 대신하며 찬송의 옷으로 그 근심을 대신하시고 그들로 의의 나무 곧 여호와의 심으신바 그 영광을 나타낼 자라 일컬음을 얻게 하려 하심이니라(사 61:1-3)

우리는 예수님과 같은 사명을 이루기 위해서 힘을 입었다. 그렇기 때문에 주님의 영은 우리가 이러한 일들을 하도록 기름 부으실 것이다.

- 가난한 자에게 복음을 전하기
- 마음이 상한 자를 고치기
- 포로 된 자에게 자유를 선포하기
- 어두움에 있는 죄인들을 풀어주기
- 주님의 은혜의 해를 선포하기
- 하나님의 신원의 날을 선포하기
- 애통하는 자를 위로하기
- 재 대신 화관을 주기
- 슬픔을 희락의 기름으로 대신하기
- 절망을 찬송의 옷으로 대신하기

사랑하는 자들이여, 이것들이 이 시기에 주님의 영이 우리에게 필요한 이유다! 우리는 초자연적인 세계로 건너가고 있다. 우리의 힘으로는 이 사명을 감당할 수 없다. 우리 안에서 역사하시는 충만한 주님의 영이 필요하다. 그분이 선택하신 자들을 가둬두는 악한 영의 세력으로부터 승리를 얻기 위해서 그분의 거룩한 지혜와 모략과, 방향, 그리고 그분만이 주실 수 있는 거룩한 지식이 필요하다. 우리가 더 높은 단계의 영광으로 건너갈 때 이 모든 것이 우리 각자에게 주어질 것이다.

하나님께 당신을 용서해주시고, 그분의 일곱 가지 영으로 힘을 주시도록 함께 기도하자.

아버지, 내 삶을 향한 당신의 거룩한 계획에 순종하며 당신 앞에 나옵니다. 내가 나의 사명을 조종하려고 시도했고, 내 삶을 향한 당신의 계획을 거부했던 것을 깨달았습니다. 내가 이러한 면에서 죄를 지었던 것들을(당신이 표시했던 항목을 말씀드리라) 고백합니다. 그리고 신비 사술이 들어오도록 문을 열어주었던 것들을 회개합니다. 나의 죄뿐만 아니라 내 조상의 죄를 위해 용서를 구합니다. 대대로 내려오는 견고한 진과, 내 삶에 합법적으로 들어왔던, 조상으로부터 오는 저주를 풀어주신 것을 감사드립니다. 모든 불의에서 저를 씻겨주세요. 예수님의 보혈과 모든 것을 아름답게 이루신 십자가의 능력으로 인하여 감사드립니다.

당신의 일곱 가지 영을 나에게 드러내주시기를 구합니다. 나에게 당신의 지혜, 모략, 지식과 권능을 주세요. 주의 영께 내 삶을 드립니다. 당신은 나의 하나님, 내 삶의 하나님, 그리고 내 미래이십니다. 나는 당신을 경외하며 걷겠습니다. 자연적인 눈으로 내 주변을 판단하지 않고, 당신의 말씀을 신뢰하겠습니다. 나의 사명을 당신의 사명과 맞추기 원합니다. 예수님의 이름으로 기도드립니다. 아멘.

당신의 새로운 천국 전략을 사용하기

당신은 이제 사명을 이룰 몇 가지 천국의 전략을 가지고 있다.

■ 누가복음 4장 18절을 다시 한 번 본 후, 주님을 위해 하고 싶은 다섯 가지 일을 적어보라.

1.
2.
3.
4.
5.

■ 당신이 아는 사람 중에 복음을 들어야 할 사람이 있는가? 그 사람의 이름을 적고 그 사람을 주님께로 인도하기 위한 당신의 새로운 전략을 적어보라.

■ 당신이 사랑하는 사람들 중에 죽음이나 사랑하는 이를 잃어서 슬퍼하는 자가 있는가? 그 혹은 그녀에게 그리스도의 사랑을 보여줄 방법들을 적어보라.

■ 기도할 때, 당신 가정의 견고한 진들을 보여달라고 주님께 구하라. 아브라함은 "건너기" 전에 전쟁에 나갔다. 하나님과 시간을 보내라. 그리고 당신과 가족이 모두 승리의 편으로 건너가려면, 당신이 가족을 위해서 어떻게 싸워야 하는지를 놓고 그분의 보좌로부터 전략을 얻어라.

제3장 | Running with the Horses

말과 경주하기

네가 보행자와 함께 달려도 피곤하면 어찌 능히 말과 경주하겠느냐 네가 평안한 땅에서는 무사하려니와 요단의 창일한 중에서는 어찌하겠느냐(렘 12:5)

때는 봄이었고, 나는 우리 학교 릴레이 팀의 선수가 되는 것밖에는 아무 것도 생각할 수가 없었다. 우리 초등학교 학생들은 누구든지 이 봄 스포츠 이벤트의 일부였다. 여섯 명이 멤버로 구성되는 이 릴레이 팀에 가담하지 못하면 정말 "아무것도 아닌" 존재로 여겨질 것 같았다. 나는 매일 아침 일어나서 내 자신이 재빨리 결승선으로 달려가는 상상을 하곤 했다.

나는 이 입단 시험을 위해 스스로를 감정적·육체적으로 준비시켜야 했다. 또래에 비해 매우 작았고 다리도 짧아서 다리가 긴 다른 오 학년 아이들과 경쟁하기 위해 더 많은 노력을 해야만 했다. 나는 그들이 한 발자국 뛸 때 세 발자국을 뛰는 것처럼 느꼈고, 숨이 차는 것은 말할 것도 없었다. 달리기 연습을 하느라 몇 주 동안 방과 후에 학교에 남았다. 흙에 결승선을 긋고 75야드 뒤로 물러났다. 체육 선생님이 "제자리로! 준비! 시작!" 하며 외치는 소리를 듣는 연습을 했다.

나는 그 거리를 연습하고 또 했다. 예선 시험이 다가왔다. 다른 달리기 선수들과 나란히 섰다. 나는 가장 다리가 짧고 가장 작은 학생이었기 때문에, 가장 자신감이 적었던 것 같다. 겁은 먹었지만, 그 팀에 들어가는 것이 소원이었으므로 최선을 다하기로 결심했다. 하지만 결과는 좋지 않았다. 나는 맨 마지막으로 결승선에 도착한 사람들 중 한 명이었다. 나는 고개를 떨어뜨린 채 자리를 떠났다. 집으로 가는 시간이 너무 오래 걸려서, 부모님이 나를 찾아 나서기까지 했다! 친구들과 패배 중에서도 승자가 되는 것에 관해 오래 대화를 나눴지만, 그러한 것이 전혀 도움이 되지 않았다.

본선 입단 시험은 그 다음 날이었다. 머릿속으로 생각해놓은 대로 좀 일찍 출발하면, 즉 반칙을 하면 가능성이 있다는 생각을 하면서 라인 앞에 섰다. 나는 결승선에 집중했고, 내가 학교 릴레이 팀의 일원으로서 받을 트로피와 상들과 리본들을 상상했다.

"제자리로 준비!" 선생님이 소리쳤다. 그리고 (아마도 내 생각에) 적어도 5초 정도 일찍 출발했다! 선생님이 "시작!"을 말하기 전에 나는 이미 앞에 나가 있었다–이런, 미안! 나는 온 힘을 다해서 달렸지만 다른 오 학년 학생들이 나를 제치고 말았다. 나는 여섯 명으로 구성된 릴레이 팀 중 다섯 번째로 겨우 결승선에 다다랐다. 5초나 먼저 달렸는데도 여전히 5등을 하고 만 것이다. 내가 얼마나 느리게 달렸는지 증명이 된 것이다!

"난 해냈다! 난 해냈다!" 나는 내가 빨랐다고 내 자신을 속이며 으쓱거렸다. "샌드라 케이 데이비스." 체육 선생님이 나를 불렀다. "잠깐 이리 와보

렴."

'오, 이런, 걸렸구나.' 나는 생각했다.

"내가 시작이라고 말하기 전에 달렸니?" 선생님이 물었다.

"글쎄, 아니요. 아닌 것 같은데요." 나는 순진해 보이려고 노력하면서 거짓말을 했다.

"그래, 알았다. 잘했다. 샌드라." 선생님은 걸어갔고, 나는 그 팀의 다섯 번째 선수가 되었다.

그 후 무슨 일이 일어났는지 상상할 수 있을 것이다. 우리 팀은 경주에서 지고 말았다. 교장 선생님께서 그 경주를 녹화하셨다. 나중에 우리 팀이 그 화면을 봤을 때, 체육 선생님께서 "흠, 다섯 번째부터 우리가 지기 시작한 것 같구나"라고 하셨다. 누가 다섯 번째 위치에 있었겠는가? 내가 팀 전체를 느리게 한 선수였다. 그들이 나에게 바통을 넘겨주기 전까지 우리 팀은 앞서 있었고, 내가 너무 느리게 달려서 상대팀이 나를 넘어선 것이다.

내가 교훈을 얻었는지 아는가? 나는 여전히 큰 야망을 가지고 있고, 여전히 스포츠 승부욕이 강하지만, 더 이상 반칙을 하지는 않는다.

오늘의 경주–이 땅의 삶에서 내가 하도록 부르심을 받은 일을 이루도록 하나님이 내 앞에 두신 경주–에서의 나의 속도는 내가 자연 세계에서 달릴 수 있는 능력에 있지 않다. 오히려 나는 영적인 세계에서 달리는 법을 배웠다. 나는 주님의 팀을 느리게 하고 싶지 않기 때문에, 그분께서 지시하시는 만큼 빨리 달릴 수 있도록 그분을 의지한다. 나는 이것을 "그분의 경주를 위한 페이스"에 맞추는 것이라고 부른다.

그분의 경주를 위한 페이스

우리의 삶은 하나님께서 우리에게 달리라고 주신 경주다. 물론 신체적인 영역에서가 아니라 영적인 영역에서 말이다. 이 위대한 경주에서 시간은 매우 소중하다. 시간이 화살처럼 빨리 날아가는 것을 경험하고 있는가? 나는 종종 "시간을 돈으로 살 수" 있으면 좋겠다는 생각을 하곤 한다. 시간이 충분한 날이 절대로 없기 때문이다. 나는 또 과거에 잘못 내렸던 결정들 그리고 마치 도보 경주 선수와 같이 소중한 시간들을 잃어버린 것 혹은 하나님의 시간을 놓친 것에 대한 죄책감으로 괴로워한다. 당신도 그렇게 느낀 적이 있는가? 우리 중 많은 사람이 같은 이유로 괴로워한 적이 있을 것이다. 하지만 소망이 있다! 도난당한 시간들을 되찾을 수 있는 것이다.

내가 잃어버린 시간에 대해 매우 슬퍼하고 있던 날, 주님께서 나에게 직접적으로 말씀하셨다. 그분의 교정하는 목소리였다. 내가 어떠한 영적 시절을 경험하고 있든지, 나를 교정하는 그분의 목소리는 똑같고 그래서 나는 즉시 이것을 알아차린다! 그분은 "샌디야, 베옷과 재를 입고서 무엇을 하고 있니?"라고 말씀하셨다. 그분의 목소리 톤이 나를 일깨웠다. 이는 내 아버지가 "내가 그럴 거라고 했지?" 하면서 고쳐주셨던 때를 기억나게 했다. 나는 하나님께서 팔짱을 끼고 발로 바닥을 두드리면서 내 부정적인 태도를 고치기를 기대하시는 모습을 그려보았다. 나는 이제 하나님께서 엘리야의 의심과 불신앙을 언급하셨을 때, 엘리야가 어떻게 느꼈는지를 알고 있다.

처음에는 그분께서 무엇을 말씀하시는지 알아차리지 못해서 나를 변호하기 위해서 바로 일어섰다. 솔직히 거의 싸울 태세로 물었다. "누구요? 저요? 하나님, 저는 베옷이나 재를 입고 있지 않아요!"

그분께서는 "너 자신을 불쌍하게 생각하지 마라. 내가 너를 위해서 고칠 수 없는 것이 없음을 알지 못하니? 나는 네 시간도 되찾을 수 있단다. 네가 필요한 것을 나한테 구할 생각은 해보았니?"라고 말씀하셨다.

나는 그러한 교정이 필요했다. 하나님께서 내가 잃어버린 시간을 다시 찾아주실 수 있다는 것을 왜 믿지 못했을까? 나는 미친 듯이 나의 때와 시절을 되찾아주실 수 있는 하나님의 능력에 대한 말씀을 찾기 시작했다. 에베소서 5장 15-16절 말씀이 눈에 들어왔다. "그런즉 너희가 어떻게 행할 것을 자세히 주의하여 지혜 없는 자같이 말고 오직 지혜 있는 자같이 하여 세월을 아끼라 때가 악하니라."

이 구절들을 읽으면서 나는 흥분되었다. 그 말씀들은 약속을 담고 있었다. 나는 이 말씀 위에 설 수 있었고, 하나님께서 내 시간을 되찾아주실 것을 믿을 수 있었다. 나는 회개했다. 어리석게도 나의 삶에 대한 그분의 때와 시절에 대한 그분의 거룩한 지혜 안에서 살지 않았기 때문이다. 또한 나는 알지 못하는 것에 대한 두려움이 내가 나의 사명으로 "건너가는 것"을 방해하도록 허락했다는 것을 깨달았다. 나는「스트롱 용어 색인」(Strong's Concordance)을 비롯하여 다른 번역들도 철저하게 찾아보았는데, 이 구절에서 "아끼라"(뉴 킹제임스 성경에서는 redeem, '되찾다'는 뜻)라는 말이 그리스도께서 정말 값을 지불하고 잃어버린 시간을 회복하여 때와 시절을 훔쳐간 적의 능력으로부터 나를 구하신다는 의미를 가지고 있음을 알게 되었다.[1]

얼마나 멋진 일인가! 그리스도께서는 그분의 보혈로 이미 나의 시간을 되찾기 위해 필요한 모든 값을 치르셨다. 이제 나는 하나님 안에서 나의 시절을 취할 수 있게 되었다. 단지 "내가 그것을 예수의 이름으로 되찾노라!"라고 선포하면 되는 것이었다.

당신도 나처럼 신나지 않은가? 우리는 모두 "건너야 할" 기회의 창문들, 즉 우리의 때와 시절을 놓쳤었다. 하지만 하나님께서는 과거를 되찾아주셨고, 다시 시작하기 위한 새로운 시작을 주셨다! 하나님은 약속하신다.

1. 구속이 올 때 (이미 왔다), 당신이 선한 일을 행할 때 지혜롭고 거룩하게 사용할 수 있는 새로운 기회를 갖게 될 것이다.
2. 당신이 잃어버린 것들을 찾는 것이 하나님의 뜻이기 때문에, 그분은

당신에게 그것을 소유하기 위한 열심과 열정을 주실 것이다.

3. 당신의 시간은 당신의 것이 된다. 다시 말하자면, 악마가 당신의 때와 시절을 조종하는 것이 아니다.

이 사실은 하나님께서 우리를 과거의 실수로부터 구원하시기로 작정하셨음을 분명히 해준다. 하지만 당신에게 더 많은 증거가 필요하다면, 한 가지 계시를 더 나누고 싶다. 「웹스터 사전」에서는 시간(time)이라는 말이 "시절, 기회, 그리고 '적당한' 시절"을 의미한다고 풀이한다.[2] 전도서 3장 1절 말씀은 하나님께서 모든 목적을 위한 시간을 정해두셨다는 것을 알려준다. "천하에 범사가 기한이 있고 모든 목적이 이룰 때가 있나니." 다시 말하자면, 천국의 목적들은 특정한 때와 시절에 이 땅에서 이루어지게 되어 있다. 우리가 그분과 그분의 시간표를 따르고 있다면, 우리는 제시간에 맞추어 살고 있는 것이다. 늦지도 않고 이르지도 않은 제시간에!

분명한 것은 타이밍이 영적 세계에서 매우 중요하다는 것이다. 하나님께서는 예언적으로 성령님의 특정한 역사를 계획해두셨다. 따라서 우리는 그분이 방문할 때 준비가 되어 있어야 한다. 이것이 우리가 경주의 페이스에 맞춰야 하는 이유다-우리는 천국과 보조를 맞춰야 한다. 대부분의 예언자는 하나님께서 열린 하늘을 풀어주기 원하신다는 사실을 알고 있다. 이 말은 하나님께서 천국을 이 땅으로 가져오시고, 그분의 약속의 성취와 돌파를 풀어주신다는 뜻이다. 우리는 제시간에 맞춰야 한다. 우리의 발걸음을 그분의 발걸음과 일치시키자.

여호수아가 이스라엘 백성으로 하여금 요단 강을 건너도록 인도했을 때는 홍수 기간-건너기에 가장 위험한 시기(렘 12:5을 보라)-였다. 하지만 하나님께서는 시기를 생각하셨지 환경을 생각하지 않으셨다. 그분께서는 단지 "지금이다!"라고 말씀하셨다. 그때는 이스라엘이 소유할 시기였고, 그들은 바로 그때에 건널 수 있는 기름 부음을 받았다.

여러분 중 많은 사람은 요단 강을 앞에 두고 있으며, 원수들은 당신이 건너는 것에 대해서 거짓말을 속삭이고 있을 것이다. 나도 그 목소리를 알고 있다. 내가 강을 건너야 할지 말아야 할지를 결정하고 승리를 거두어야 할 때, 그의 목소리가 어떻게 들리는지 이야기해보겠다.

* "만약 네가 알지 못하는 곳을 건넌다면, 거인들이 너를 죽일 거야!"
* "너는 지금 건널 만큼 강하지 않아. 하나님이 그렇게 말해도 너는 반대 편까지 다다르지 못할 거야."
* "지금 건너라고 했다면, 분명히 그 선지자가 '잘못된 거야.' 넌 두 번째 의견이 필요할 수도 있어."
* "네가 건넌 후에, 하나님의 타이밍을 놓쳤다는 것을 발견하면 어떻게 할래? 차라리 건너지 않는 편이 나을 거야."
* "그것이 네가 생각할 수 있는 것들 중에서 최고로 멍청한 짓이야."

경주를 하기 위해서는 변화가 필요하다

하나님의 경주에서 달리기 위해서는 먼저 성령의 시간대에 맞추어 달려야 한다. 그렇지 않으면 뒤처지게 될 것이다. 우리가 천국 문을 두드려왔기 때문에 기회의 문들이 초자연적으로 열리고 있다. 우리가 그분의 임재를 구하면, 하나님께서는 그분의 영광의 세계로 들어갈 수 있도록 문을 활짝 열어 주실 것이다. "구하라 그러면 너희에게 주실 것이요 찾으라 그러면 찾을 것이요 문을 두드리라 그러면 너희에게 열릴 것이니"(마 7:7).

하지만 우리가 그분의 영광을 더 구할수록, 그분께서는 더 많은 변화를 원하신다! 경주를 계속하기 위해서, 교회가 위대한 변화 과정에 있고, 미래에 대한 비전을 받았다는 것을 인식해야 한다.

우리는 "십 년 후에는 교회가 지금과 같은 모습이 아닐 거야"라는 말을 들어왔다. 나는 그 말을 이십 년 전쯤에 처음 들었고, 아직까지도 교회의 충분한 변화를 보지 못했다. 여러 면에서, 교회는 여전히 같은 모습을 하고 있다. 우리가 변하려고 하지 않기 때문이다. 우리는 미래와 알려지지 않은 것에 대한 두려움 때문에 과거에 머물러 있으려 하는 경향이 있다.

우리는 고집스럽게 우리의 과거에 자물쇠를 채워둔다. 그것이 더 편하기 때문이다. 적어도 우리는 똑같은 일들을 똑같은 방법으로 행한다면 무엇을 기대할 수 있을지를 알고 있다. 우리는 어떤 일을 해야 할지 모르기 때문에 변하려 하지 않는다. 같은 노래를 부르는 것, 같은 메시지를 전하는 것, 그리고 교회 예배를 같은 방식으로 진행하는 것과 같이 편안한 것들을 바꾸는 것은 쉽지 않다. 더 염려스러운 것은 어떤 사람이 성령과 함께 움직이려 하다가 핍박을 받아서 아무것도 잡지 못하게 되는 경우다! 핍박은 우리가 하나님의 계획으로 나아가는 것에 대한 악마의 보복의 결과다. 적은 우리가 그분의 더 위대한 영광으로 변화되는 것을 증오하므로 우리를 목표로 삼아 파괴하려고 한다. 악마는 우리 중 누구도 하나님 나라의 메시지를 완벽하게 이해하는 것을 원하지 않으며, 우리 중에 하나님의 영을 완전히 따르려고 하는 자들은 적의 암살자 명단에 올라 있다.

사랑하는 자들이여, 우리가 과거를 버리지 않는다면 절대로 변화를 받아들일 수 없다. (변화가) 겉으로 나타나는 것을 보고 싶다면, 먼저 자신의 "내적" 변화에 마음을 열어놓아야 한다. 소중한 성도들이여, 내 말을 들어라! 용감한 자는 하나님의 보조에 맞추어 말들을 경주를 한다. 그리고 그들은 "새로운 것"을 받아들일 때가 언제인지 안다.

아래 질문들은 당신이 과거를 버려두고, 그리스도의 몸 안에서 하나님이 당신을 위해 예비하신 새로운 것들을 맞아들이는 것과 관련하여 당신이 어떤 상태에 있는지를 평가하는 데 도움이 되는 몇 가지 질문들이다.

1. 당신은 하나님의 영을 따르려고 하는가?
2. 당신은 온 마음과 당신 존재의 모든 기질로 하나님을 따르려고 하는가?
3. 당신은 길을 잃어버린 것 같고, 고립된 것 같고, 심하게 핍박받고 있다고 느끼는가?
4. 당신은 종교적인 현 상태를 보고 좌절했는가?
5. 당신은 메말라 있고, 목마르며, 변화를 경험하고자 하는 마음이 가득한가?
6. 당신은 과거를 버려두고 앞으로 나아가는 것에 대해 하나님께 도전을 받았는가?

사랑하는 자들이여, 만약 당신이 이 문제들 중에 어떤 것에든지 그렇다고 대답했다면 당신은 변화 중에 있는 것이다. 하나님께서는 당신을 오래된 곳에서 꺼내어 새로운 장소로 옮기시는 중이다. 그리고 그분께서는 당신이 새로운 수준에서 걸을 수 있도록 영적으로 준비시키고 계신다. 지금이 바로 새로운 수준으로 걸어야 할 시기이다. 하지만 단순히 걷지 말고, 미래를 향해 달려가라. 하나님의 나라를 위해서 할 일이 많다.

나는 종종 관(casket)과 틀에 박힌 일(rut) 사이의 유일한 차이점이 틀에 박힌 일들은 끝이 튀어나왔다는 표현을 들었다. 오래된 자리에 남아 있는 것, 즉 틀은 당신 주변에 죽음의 구조가 만들어지도록 할 것이다. 하나님께서는 당신을 희망 없고 메마른 상태에 두고 싶어 하지 않으신다. 그분은 당신을 배려하시기 때문에 당신이 오래된 틀에 남아 있는 것을 허락하지 않으실 것이다. 그분께서는 당신의 성장을 방해하는 오래된 행동 방식들을 깨트리실 것이다.

당신의 새로운 군사적 임무: 말들과 함께 달리기

예레미야 12장에서 선지자는 거룩함이 부족한 것, 악한 자가 형통한 것, 도덕이 타락한 것과 항상 높으신 이에게 반역하는 것에 대해 불평한다.

> 여호와여 내가 주와 쟁변할 때에는 주는 의로우시니이다 그러나 내가 주께 질문하옵나니 악한 자의 길이 형통하며 패역한 자가 다 안락함은 무슨 연고니이까 주께서 그들을 심으시므로 그들이 뿌리가 박히고 장성하여 열매를 맺었거늘 그들의 입은 주께 가까우나 그 마음은 머니이다 여호와여 주께서 나를 아시고 나를 보시며 내 마음이 주를 향하여 어떠함을 감찰하시오니 양을 잡으려고 끌어냄과 같이 그들을 끌어내시되 죽일 날을 위하여 그들을 예비하옵소서 언제까지 이 땅이 슬퍼하며 온 지방의 채소가 마르리이까 짐승과 새들도 멸절하게 되었사오니 이는 이 땅 거민이 악하여 스스로 말하기를 그가 우리의 결국을 보지 못하리라 함이니이다 네가 보행자와 함께 달려도 피곤하면 어찌 능히 말과 경주하겠느냐 네가 평안한 땅에서는 무사하려니와 요단의 창일한 중에서는 어찌하겠느냐(렘 12:1-5)

나는 예레미야의 태도와 낙담에 대해 그를 탓할 수 없다는 사실을 인정한다. 예레미야는 골치 아픈 사역을 하고 있었다. 그는 우상 숭배와 느슨한 윤리와 반항적 경향의 삶을 살았던 다섯 명의 왕 속에서 살고 있었다.

예레미야가 불평과 질문들을 쏟아놓자, 하나님께서는 예레미야에게 한

가지 질문으로 대답하셨다.

사람들이 그렇게 할 때는 정말 싫지 않았니? 이것은 사실 상대편으로 공을 던지는 지혜로운 전략이다. 예수님께서는 후에 바리새인들이 도전했을 때 이 능숙한 전략을 사용하셨고, 그것은 그리스도의 완전함에 대해 나쁘게 평가하려는 악한 계획들을 지닌 자들을 어쩔 줄 모르게 했다. 비록 예레미야가 하나님의 반대자는 아니었지만, 하나님께서는 오늘날 우리에게 사용하시는 것과 똑같은 말로 그에게 대답하셨다. "네가 지금 이 수준에서 문제가 있다면, 더 높은 수준에서는 어떻겠니?"

하나님께서는 예레미야의 사고방식을 다루셨다. 하나님은 패러다임의 전환, 즉 사고방식의 변화를 일깨우셨다. 예레미야는 그의 자연적인 능력에 대해 제한된 생각을 가지고 있었다. 예레미야는 그 자신이 더 높은 단계에서 최고의 속도로 달리는 것을 보지 못했다. 따라서 그는 영적 세계에서 보행자로 살아갈 수밖에 없었다.

보행자들은 자신들 바로 앞에 있는 것 외에는 아무것도 보지 못한다. 그들의 시야가 길에 놓인 장애물들-문제들, 부정적인 것들, 도전들-로 인해 막혀 있기 때문에 천천히 걸어서 움직일 수밖에 없다. 하지만 말 위에서는 빨리 움직일 뿐만 아니라, 시야가 더 넓고 제한을 받지 않는다. 예레미야는 보행자의 단계에서 아주 오랜 시절을 살아남았고, 아직도 그곳에 머무르고 있었다. 하나님께서는 예레미야에게 예언하시면서 그가 일어나서 말과 함께 달릴 수 있는 가능성을 비추어주셨다!

만약 우리가 보행자의 단계에 남아 있게 된다면 보행자의 관점을 통해서만 보게 될 것이다. 하나님은 우리의 마음을 새롭게 하기 시작하실 때 또한 우리의 오래된 패러다임을 제거하신다. 그것들이 우리의 생각을 제한시키기 때문이다. 패러다임은 변화를 불가능하게 하는 오래된 방식과 태도의 상자 안에 우리를 가둔다.

하나님께서 우리에게 말과 함께 달릴 때라고 말씀하신다면, 그것은 진급할 때라고 말씀하시는 것이다. 변화를 위해 일어나서 새로운 수준의 성숙을 껴안고, 당신의 길에 선 어떤 것이든지 정복할 준비를 하라!

말과 함께 달리는 것은 성숙함을 요구한다

남편과 나는 지방의 한 교회에서 십사 년 넘게 목회를 해왔다. 우리 교회의 많은 성도는 하나님으로 굶주려 있었고, 기적들을 목격하면서 그분의 임재에 머물러 있기를 원했다. 하지만 대부분의 사람이 보행자의 수준에 머물러 있었다. 그 이유는 그들이 가장 낮은 수준의 문제들에 집중하고 있었기 때문이다.

보행자들은 웅성거리고 불평한다. 그들은 교회의 에어컨이 너무 뜨거운지 아니면 차가운지, 목사님이 어떻게 옷을 입었는지, 그들이 충분히 인정받았는지, 아니면 교회가 얼마나 조경이 잘 되었는지에 대해 집중한다.

말을 타고 달리는 자들은 그런 사소한 문제들을 걱정할 시간이 없다. 말과 함께 달리는 것은 빠른 발걸음, 높은 단계, 높은 대로를 필요로 한다. 말과 함께 달리는 것은 성숙함을 요구한다.

말과 함께 달리기 위해서는 영의 눈이 필요하다

말과 함께 달리기 위해서는 승리로 이끄는 길을 막고 있는 장애물 너머의 것을 보는 것, 그리고 더 중요하게는 장애물을 통하여 반대편을 보는 것이 필요하다. 말을 탄 사람은 산의 뒤편에 승리가 놓여 있다는 것을 깨닫는다. 강 건너편에는 약속된 소유가 있다. 우리는 성령을 통해 볼 수 있는 거룩한 능력이 필요하다.

우리는 모두 자연적인 눈으로 봐서는 판단할 수 없는 시기를 살고 있다. 새로운 단계는 하나님의 말씀에 의지하는 것과 관련이 있다. 대로에 관한 내 꿈에서 하나님께서는 남편과 나에게 더 높은 단계로 올라가야 한다는 것을 보여주셨다. 우리는 오랜 시간 동안 자연적인 환경 속에서 싸웠고, 하나님께서는 우리가 온전히 성령에 이끌리는 것을 요구하신다. 이것은 우리가 항상 어디로 가고 있는지를 "볼 수 있다"라는 말이 아니다. 우리는 더 이상 자연 세계에서 보는 것으로 판단하면 안 되고, 영적인 눈에 의지해야 한다.

와! 얼마나 멋진 생각인가! 하나님의 말씀은 우리가 천상의 자리에 앉아 있고, 그리스도와 함께 다스릴 운명이라고 말하고 있다. 그렇게 하기 위해서 우리는 온전히 성령의 이끌림을 받아야 한다.

영적 시력 계발

영적 시력을 계발하기 위해서는 하나님의 영을 새롭게 의지해야 한다. 그분의 일곱 가지 영을 받아들이는 것은 우리가 앞으로 나아가면서 그분을 신뢰할 수 있는 힘을 줄 것이다. 그분의 온전한 뜻이 이 땅에 이루어지는 것-내가 하늘이 이 땅에 닿는 것이라고 말하는 것-을 목격하기 위해서는 그분의 지시에 더 높은 단계의 믿음으로 반응해야 한다. 이것은 오래된 안전지대를 넘고, 의심과 불신을 지나, 알려지지 않은 곳으로 모험을 하며 나아가는 것을 필요로 한다. 더불어 변화를 원하지 않는 많은 사람이 있다는 현실을 받아들여야 한다. 그렇다 할지라도, 우리는 여전히 앞으로 나아가야 한다.

예레미야는 고집 세고 반항적인 세대에 대한 말씀으로 인해 산고를 겪었다. 예레미야는 태에서부터 선지자로 부르심을 받았다. 그는 오십 년이 넘도록 신실하게 예언했고, 하나님의 말씀으로 사역했다. 그의 모든 메시지는 회개와 영원한 심판에 집중되어 있었다. 그가 다섯 명의 왕이 통치하는 동안에 아무런 변화를 목격하지 못한 채 살았다는 것을 기억하라. 그의 예언 사역 동안에 아무런 변화의 조짐도, 회개도 없었고, 사실 모든 것이 더 나빠지기만 했었다. 오십 년이 넘도록 반항적인 무리의 사람들 앞에서 설교하는 것이 얼마나 어려웠을지 상상할 수 있는가? 하나님께서 그의 마음을 드러내셨을 때, 예레미야가 얼마나 마음이 아팠을지 상상해보았는가? 나는 예레미야와 같은 부름을 받고 싶지 않다. 당신은 어떤가? 광야 경험에 대해 이야기해보라!

하지만 나는 예언적 음성이 광야에서 완전해진다고 확신한다. 예레미야는 하나님께서 부르시는 더 높은 길로 나아가기 위해 영적 시력을 계발시켜야 했다.

세례 요한은 광야에서 외친 또 다른 음성이었다. 메시아를 기다리면서 수년 동안 "회개하라!"라고 외친 그의 메시지는 정말이지 그의 영 안에서 타올랐다. 예레미야의 경험처럼, 그의 광야 경험도 그에게 영적인 눈으로 볼 수 있는 능력을 주었을 것이다. 그렇기 때문에, 세례 요한은 오랜 여정에 필요한 인내심을 얻을 수 있었을 것이다. 우리가 많은 할 말을 가지고 있는 것처럼 느낄 수도 있지만, 우리의 영적인 시야가 개발되는 것은 오직 광야를 통해서뿐이다.

자기 연민의 패턴

예레미야에게 주신 하나님의 대답은 그를 자기 연민의 태도에서 빼내는 것이었다. 우리도 그곳에 빠질 수 있다! 자기 연민은 우리의 발걸음을 늦춘다. 하나님의 목적과 의도된 결과를 보는 것보다 잃어버린 것에 집중하기 때문이다. 자기 연민은 우리가 잃어버린 것들에 대해 하나님을 탓하게 하고, 우리에게 쓴 마음을 주며, 또한 자신에게만 집중하도록 만든다.

하나님께서 예레미야에게 응답하셨다. "음, 만약 문제들과 도전들이 너를 보행자 단계에서 머무르게 한다면, 네가 더 높은 곳에 가서는 어떻게 하겠니? 아니면 더 높은 곳으로 가고 싶기는 하니?"(렘 12:5을 보라, 의역)

우리의 관점이 제한되어 있고 좁다는 사실을 인정해야 한다. 우리는 다가오는 도전들에 인간적인 이유와 과거의 경험에서 배운 교훈을 가지고 빠르게 반응한다. 이것이 마음을 새롭게 해야 하는 이유다.

한편, 하나님께서는 더 큰 그림을 보신다. 그분께서는 완성된 곳으로부터 우리를 바라보신다. 하나님은 어떤 것들을 이해할 수 있기 전에 그것들이 발전하는 것을 보실 필요가 없으신 분이시다. 그분은 하나님이시기 때문에 단지 말씀하시고 말씀하신 것이 이루어질 것을 기대하신다. 문제는 그분께서 보시는 것을 우리의 시각으로 보는 데 있다.

노예로 팔려간 요셉을 생각해보자. 하나님께서는 이스라엘을 보호하기 위한 칠 년간의 계획 과정에서 요셉의 수감 생활을 이용하셨다. 요셉이 하나님께서 그의 처량한 상황에서 빠져나오는 것을 도와주실 것을 믿는 동안, 하나님께서는 요셉의 미래 어딘가에서 이미 일하고 계셨다.

이것은 예레미야에게도 마찬가지였다. 하나님은 예레미야가 사역하는 동안 내내 이스라엘의 미래에 대해 말씀하셨다. 예레미야에게 주신 하나님의 유일한 대답은 이겨내고 말과 함께 달릴 준비를 하라는 것이었지만, 그 모든 시간 동안 하나님께서는 이스라엘의 미래에 대해 말씀하셨다.

하나님은 더 큰 그림을 보셨다. 그분께서는 최악의 시나리오(더 빠른 발걸음, 더 큰 압박, 더 많은 재앙, 훨씬 더 어렵고 예측할 수 없는 영역)를 위해 예레미야를 준비시키셨다. 당신의 마음을 주님의 말씀으로 새롭게 해야 할 즉각적인 필요성에 대해 이야기해보라!

뒤로 돌아가지 마라!

변화의 시간을 지나가는 것과, 그분의 경주에서 우리의 발걸음을 조정하는 것은 항상 우리를 "뒤로 돌아가도록" 유혹한다. 그러지 마라! 주님께서 당신의 돌파에 관해 말씀하셨고, 이제 "말과 함께 달릴 때"라고 말씀하지 않으셨는가? 다시 보행자로 돌아가게 하는 유혹에 넘어가지 마라.

하나님께서 우리에게 말과 함께 달리라고 지시하신 것이 무슨 뜻인지 다시 한 번 살펴보자.

1. 당신은 더 강하다

기초 단계, 혹은 보행자의 수준에서 적을 패배시키기 전까지는 말과 함께 달릴 수 있는 장소로 나아갈 수 없을 것이다. 기초 단계는 당신이 이해를 얻고, 계시를 얻고, 그 단계의 계시로 싸우는 단계다. 이 훈련의 장소에 있는 동안 성령님께서는 우리의 영적 전쟁의 무기에 대해서, 특히 그분 안에서 우리가 누구인지를 가르쳐주신다. 우리의 자아가 정화되고, 거룩한 삶을 위한 열망이 생겨나며, 예배자로 거듭난다. 우리가 진정한 예배자가 될 때 만군의 주이신 예수님께서는 우리의 상황 가운데 일어나셔서 적들을 해치우신다. 우리는 죽기까지 어린양의 피와 우리의 간증, 그리고 우리의 삶을 부인하는 것을 통해 적들을 이겨낸다. 우선순위가 다시 평가되고, 우리의 마음은 소유와 기름 부으심의 새로운 단계로 들어갈 수 있는지 시험을 치르게 된다.

2. 다림줄이 놓였다–당신은 시험을 통과했다!

다림줄이 놓였고, 의로움과 거룩함을 측정하기 위해서 모든 것이 그 줄로 이끌어졌다. 바로 우리가 그분과 함께 천상의 자리에 앉아 있게 되었기 때문이다. 우리가 그리스도 안에서 이 자리를 차지하게 될 때 기름 부으심과 권위는 점점 증가할 것이다. 우리가 더 큰 권위를 가지고 기도할 때, 기도는 더욱 효과적이 되고, 악한 영들은 우리의 명령에 의해 떠나가고, 마음과 환경 속에 그분의 나라가 세워지는 것을 보게 될 것이다.

예레미야에게 하신 하나님의 응답을 기억해보라. "네가 보행자와 함께 달려도 피곤하면 어찌 능히 말과 경주하겠느냐 네가 평안한 땅에서는 무사하려니와 요단의 창일한 중에서는 어찌하겠느냐?"(렘 12:5) 이것을 긍정적으로 해석하면, "더 많은 승리를 보게 될 것을 기대하라. 너는 아직 내 손이 능력으로 역사하는 것을 보지 못했다!"이다. 엄청난 돌파를 기대해보자. 할렐루야!

3. 당신은 싸우기 위한 능력을 받았다

반면에, 주님께서는 우리가 더 큰 힘을 가지고 달리기 위해서 그리고 말들과 보조를 유지하기 위해서, 말들과 싸워야(contend) 한다고 말씀하신다. 이 말은 "타오르다, 빛을 내다, 분노와 열정으로 빛을 발하다, 겨루다, 화가 나다"라는 뜻이다.[3] 하나님은 하나님의 나라를 이 땅에 세우려는 것을 방해하는 모든 것을 파괴하기 위해서 우리를 의로운 분노로 휘저으신다. 우리는 오래된 패턴, 오래된 삶의 방식, 그리고 "오래된 것들"에 분노하면서 전보다 훨씬 더 강한 결단력을 가지고 싸워야 한다. 예레미야의 말씀은 또한 우리가 말과 함께 달리게 해달라고 구하기는 했지만, 오래된 것들을 우리 발아래 놓기를 원하지 않음을 지적한다. 오래된 것들을 버리지 않는다면, 어떻게 말과 함께 달리기를 기대할 수 있겠는가?

4. 건너야 할 시간이다

이스라엘 백성이 요단 강을 건너려고 했을 때, 강의 물살이 거세어졌다.

그 물은 매우 위험하고 빨랐다. 자연 세계에서 그런 물은 사람들이 건너기에는 너무 위험한 것처럼 보인다. 두려움은 항상 건너야 할 지점에서 우위를 점령하려 한다! 하지만 예레미야 47장 2-4, 6-7절은 이스라엘이 블레셋 사람들을 이겼을 때 힘센 말들의 굽 치는 소리가 있었다고 밝힌다.

> 여호와께서 이같이 말씀하시되 보라 물이 북방에서 일어나 창일하는 시내를 이루어 그 땅과 그중에 있는 모든 것과 그 성읍과 거기 거하는 자들을 엄몰시키리니 사람들이 부르짖으며 그 땅 모든 거민이 애곡할 것이라 힘센 것의 굽 치는 소리와 달리는 병거 바퀴의 울리는 소리에 아비의 손이 풀려서 그 자녀를 돌아보지 못하리니… 여호와의 칼이여 네가 언제까지 쉬지 않겠느냐 네 집에 들어가서 가만히 쉴지어다 여호와께서 이를 명하셨은즉 어떻게 쉬겠느냐 아스글론과 해변을 치려 하여 그가 명령하셨느니라

블레셋 사람들은 오래된 것들의 상징이다. 그들의 이름은 "진흙에서 뒹굴다"[4]라는 뜻으로, 신성모독과 침체를 가리킨다. 만일 새로운 장소로 건너가는 것을 원하지 않는다면, 우리는 진흙탕에서 뒹굴 위험에 처할 것이다. 이것은 부정한 영들[5]에 의해 더럽혀지는 것을 의미한다. 사랑하는 자들이여, 우리가 앞으로 나아가기 위해서는 일어나서 그렇게 유혹하는 영들을 우리 발아래로 끌어내려야 한다.

말이 커야만 하는가?

당신은 보행자들을 뒤로 제쳐두고 큰 말에 올라타서 달릴 준비가 되어 있는가? 나는 하나님께 "셰틀랜드 종 조랑말(Shetland pony)은 어떤가요?" 하고

물었다. 그들은 작지만 그래도 높이 뛸 수 있다. 나는 이 작은 동물을 쉽게 다룰 수 있을 것 같았다.

나는 말을 잘 타지 못한다. 타려고 시도할 때마다 떨어지고, 뼈가 부러지고, 발목을 삐는 어려움을 당했다. 따라서 자연 세계에서는 말을 타는 것보다 그냥 서 있는 것이 더 좋다. 하지만 영적으로 말하자면, 과거의 두려움이 우리가 새로운 단계로 올라가려는 열심을 방해한다. 조랑말을 타는 것은 물론 옳은 방향으로 가는 "작은 발걸음"이다. 당신의 사명으로 가는 영적인 사다리의 한 단계가 될 것이다. 하지만 강한 전사들이 셰틀랜드 조랑말을 타는 영화를 본 적이 있는가? 전사들은 적들이 그들에게 가까이 오거나, 창을 던지거나, 다른 방법으로 그들을 해하지 못하도록 거대한 말을 탄다. 그들의 말은 강하고 빠르고 적들에게 위협을 준다.

조랑말을 타는 것은 당신의 적으로부터 보호를 받거나, 하나님 나라를 위해 효과적인 싸움을 하는 데 있어서 별로 도움이 되지 못한다. 새로운 곳으로 옮겨갈 때에는 과감한 모험을 하여 새로운 계절로 뛰어서 들어가야 한다. 그래야 효과적이다. 온전히 결심을 한다면, 하나님께서 준비하신 새로운 곳에서 우리의 사명을 이루는 데 필요한 거룩한 힘을 입게 될 것이다.

우리를 기다리고 있는 덤불은?

나는 한때 가장 완고하고 고집 센 말을 소유한 적이 있었다. 그 말은 재갈을 물려도 결코 개의치 않았다. 어떤 때는 너무 빨리 달려서 거의 떨어질 뻔한 적도 있었고, 또 어떤 때에는 갑자기 멈춰서 나를 덤불로 내동댕이치기도 하였다. 그런 덤불 속에서 나는 정말 속수무책이었다.

이렇게 볼 때에 말을 타고 경주하는 것은 분명히 내 생각이 아니었다. 하지만 앞으로 전투가 더욱 거세어질 것이다. 우리를 기다리고 있는 덤불을 두려워하지 말아야 한다.

"높은 곳"을 위한 암사슴의 발

나는 5피트 3인치(160cm 정도)밖에 되지 않는다. 내가 조랑말을 타고 싶어 하는 것도 이 때문이다. 나에게는 조랑말이 더 안전해 보이며, 올라타기에도 더 쉽다. 작은 조랑말에는 안장도 필요 없다. 나는 맨 등에 올라타는 데에는 자신이 있다. 나의 청년 시절에는 말의 맨 등에 타는 것만도 꽤 대단한 것이었다. 다른 사람들은 말 위로 뛰어올라 타는 능력을 자랑스러워했지만, 나는 5인치도 가까스로 뛰는 사람이었다. 나는 하나님께서 우리에게 "높은" 곳을 위한 암사슴의 발을 주실 것이라는 성경 말씀을 미리 알았으면 좋았을 것이라고 생각했다(시 18:33을 보라). 결국, 높은 곳은 어디나 될 수 있지 않겠는가?

말을 타고 달리기 위해서는 그 암사슴의 발을 개발하는 것이 필요하다. 그래서 가끔 필요할 때에는 말의 맨 등이라도 뛰어올라 탈 수 있도록 말이다.

이리 오라! 건너자!

이 계절에 당신의 보조에 변화가 일어날 것을 기대하라. 시간은 더욱 빨리 갈 것이고, 도전들은 더 거세어질 것이다. 하지만 위대한 성공의 맛은 달콤할 것이다! 하나님은 앞으로 이전보다 훨씬 더 큰 은혜와 더 강력한 기름 부음 그리고 더 많은 전략을 부어주실 것이다. 약속된 승리의 장소로 이동하고 나면 우리에게는 후진을 위한 여지가 없을 것이다.

우리는 :

Bolder 더욱 용감하고
Righteous 의롭고
Anointed 기름 부음을 받고
Victorious 승리를 얻고
Empowered 힘을 얻고
Holy 거룩하고
Enthusiastic 열정적이고
Awesome 멋지고
Result-oriented 결과 중심적이고
Timely 때에 알맞고
Sanctified 구별될 것이다!

BRAVEHEARTS!
용사들이여!

당신은 말을 타고 약속된 땅으로 건너갈 수 있는 힘을 얻었다. 말을 타고 달릴 때에, 그 말발굽 소리는 당신의 적을 깜짝 놀라게 할 것이다. 새로운 소유의 땅으로 건너가면서 주님의 검이 적들을 패배시키는 것을 기대해야 한다. 그분의 검은 그분께서 약속하신 모든 것을 이루실 때까지 가만히 있지 않을 것이다.

당신을 반대하는 자보다 당신을 위한 자들이 더 많다. 나는 하나님께서 당신의 눈을 열어 하나님의 약속이 당신의 환경에서 더욱 우세하고 있음을 보여주시기를 구한다.

아버지, 예수님의 능력의 이름으로 당신의 자녀들을 위한 새로운 비전을 구합니다. 주님, 우리에게 당신께서 지금 이 시간에 말씀하시는 것을 볼 수 있는 눈을 주시고 들을 수 있는 귀를 주세요. 지금은 뒤돌아설 때가 아니고, 앞으로 나아가야 할 때입니다! 적은 우리 중 많은 이에게 겁을 주고 거짓말을 믿도록 유혹했지만, 당신께서 우리에게 사명과 돌파로 힘 입혀 주시기를 구합니다. 말을 타고 달려 적들을 쳐부수기를 원합니다. 우리의 돌파와 약속의 땅으로 건너게 해주신 것을 믿음으로 당신께 감사드립니다. 예수님의 이름으로 기도드립니다. 아멘!

제4장 | Resisting Religious Paradigms

종교적 패러다임을 거부하기

사가랴가 천사에게 이르되 내가 이것을 어떻게 알리요 내가 늙고 아내도 나이 많으니이다(눅 1:18)

어느 날 예배 중에 주님은 나에게 "샌디야, 내가 너를 위해 예비해놓은 모든 것을 정말 원하느냐?" 하고 물으셨다. 나는 그분께서 그 질문을 나에게 하셨다는 것을 믿을 수가 없었다! 내가 이 사역을 위해서 내 삶을 내려놓은 것을 주님은 모르시는 걸까? 내 삶을 향한 그분의 뜻과 목적을 이루기 위해 내 시간과 에너지를 희생했던 것을 기억하지 못하시는 것일까? 나는 처음에는 모욕감을 느꼈고, 왜 그분께서 내 안에 그리고 나를 통해 하실 모든 것을 내가 원하는지를 물으시는지 궁금했다.

나는 용감하게도 솔직하게 대답했다. "물론이죠! 말씀만 해주시면 제가 무엇이든지 하겠습니다! 뭐든지 시켜주세요!" 그분께서 대답하셨다. "나는 네가 강에서 뛰기를 원한다." "네!" 나는 기쁘게 응답했다. '이건 쉬울 거야'라고 생각했다. '전에 해봤잖아.' 그래서 나는 실제로 한곳에서 뛰기 시작했다. 뛰면서 몇 피트 앞으로 모험을 해나갔다. 다음에 해야 할 일은 찬양 인도자에게 이제 "강에서 뛰라"(Jump in the River)라는 찬양을 불러야 할 시간이라고 사인을 보내는 것이었다. 이것이 모든 회중이 나와 함께 뛰도록 하게 하는 틀림없는 방법이었다. 곧 모든 회중이 뛰었다. 매우 즐거웠다!

그때 진짜 시험이 다가왔다. "그게 다가 아니야." 그분께서 말씀하셨다. "나는 네가 강 안에 있는 것처럼 뛰어다니기를 원하지 않는다. 정말 완전히 강 속에 있기를 원한다!"

"저 강 안에 있어요! 지금 저를 보세요. 저는 물속에서 수영하고 있어요!" 나는 마치 수영을 하고 있는 것처럼 한 손을 다른 손 앞으로 내밀면서는 팔을 움직이며 뒤로 수영하기 시작했다. 회중도 나를 따라했다. 다이빙을 하고 몸동작으로 수영을 했다. '보세요, 주님! 우리 모두 당신의 강 안에 있어요!'

그때 나는 내가 알아듣지 못하는 음성을 들었다. 처음에는 내 자신의 목소리인 줄 알았다. 하지만 하나님께서 친숙하지 않은 방법으로 나에게 말씀하시는 소리라는 것을 깨달았다. 나는 이제 그것을 "변화를 위한 목소리"(transition voice)라고 부른다. 변화의 때에는 하나님의 목소리가 다르게 들린다. 하나님은 우리가 그분의 음성을 알아듣고, 온전히 새로운 방법으로 그분을 알아가기를 요구하신다. 그분은 나에게서 새로운 응답을 원하셨는데, 그것은 단순히 부지런한 움직임을 의미하는 것이 아니었다. 내가 그의 나라의 메시지를 이해해온 방식에 있어서 패러다임의 온전한 변화를 필요로 했다. 나는 이미 정해진 사고방식과 오래된 종교적 생각들로부터 나와서 그분의 새로운 포도주를 마셔야 했다.

그분의 강으로 뛰어드는 것은 많은 변화를 요구한다. 하나님께서는 내가 다른 방식으로 사역하는 것-다른 방식으로 설교하고 심지어 다른 방식으로 예언하는 것-을 요구하기 시작하셨다. 하나님은 나를 완전히 새로운 단계로 데려가셨다. 사역의 시간들은 더 기름 부으심이 강했고, 전보다 훨씬 더 능력이 있었지만, 일을 처리하는 편안한 옛 방식들을 떠나는 것은 여전히 어려웠다. 사실 나는 변화가 너무나 불편해서 하나님께서 주신 새로운 임무를 거부하고 뒤로 물러나기 시작했다. 그러던 어느 날 밤 깜짝 놀랄 만한 꿈을 꾸었다.

하나님께서 내 생각을 활짝 열어놓으셨다

내가 하나님과 그분이 말씀하시는 것에 관해 너무 많은 고정관념들을 가지고 있었기 때문에, 하나님은 종종 나를 밤에 눕혀 놓고 꿈속에서 말씀하셨다. 그랬을 때, 나는 하나님과 논쟁할 수 없었고, 그분이 나에게 시키시는 일에 대해 반론할 수 없었다! 하나님과 논쟁하는 사람들에게-우리가 모두 그렇지만-꿈과 환상은 하나님께서 우리의 자연적인 생각을 넘어서 그분의 뜻과 목적을 알려주시기 위해서 사용하시는 좋은 의사소통 법이다.

하나님은 나의 생각을 바꾸시기 위해서 꿈을 사용하셨다. 그분은 내가 안전지대에서 나와, 내가 사용했던 종교적인 패러다임을 거부하고, 내 뜻 대신에 그분의 뜻을 따르기를 원하셨다. 이 모든 것이 그리스도의 몸을 위한 것이었다.

나는 하늘에서 도끼가 떨어져서 내 머리를 쪼개는 꿈을 꾸었다. 그렇다. 당신이 맞게 읽은 것이다! 하나님은 천상의 도끼를 사용하여 나의 모든 사고방식을 열어놓으셨고, 그것들의 뿌리까지 잘라내셨다. 피는 흘리지 않았다. 이 꿈 이야기는 사실 내가 본 것보다 훨씬 잔인하게 들릴 수 있지만, 어쨌거나 하나님은 나의 관심을 끌어야 했고, 이 꿈이 그것을 이루어내었다.

내 생각이 활짝 열려 있자, 두 개의 빨래집게가 하늘에서 떨어졌고 하나님의 손이 그것들을 사용해서 내 양쪽 뇌를 집었다. 자연 세계에서 빨래집게는 말리려고 널어둔 옷들을 고정시키는 것이다. 하지만 내 꿈속에서는 말려지기 위해 널린 존재가 나였고, 그런 의미에서 나는 그분이 나에게 하라고 하신 모든 것에 관하여 생각을 열어둘 것을 지시받았다.

하나님께서는 "샌디야, 나의 강과 내가 너에게 하라고 하는 것에 관해서 너의 마음이 열려 있도록 하기 위해 너의 마음을 뒤로 집어두겠다. 나의 성령에 이끌림을 받고 싶다면, 내가 너의 잘못된 생각 밖으로 너를 옮기는 것을 허락해야 할 것이다. 너의 사고방식과 종교적인 구조들은 현재 내가 너를 통해 역사하려하는 것을 제한하고 있다"라고 말씀하셨다.

꿈에서 깨어났을 때, 나는 그 의미를 온전히 이해할 수 있었다. 그분의 새로운 방향이 나의 종교적인 틀과 맞지 않았기 때문에, 내가 그분의 지시를 거부해왔던 것이다. 내가 그분을 거부하고, 그분이 우리 교회 예배 속에서 역사하고 싶어 하시는 방법을 거부한 것은 그분의 방법이 나의 구조에 맞지 않았기 때문이었다. 비록 남편과 내가 성령님에 대해 매우 열려 있다고 생각했었지만, 사실 우리는 성령님의 역사에 대해 오래된 믿음 구조를 가지고 있었던 것이다. 하나님은 기름 부음을 우리의 틀 밖으로 꺼내야 하고, 늘 생각을 열어놓고 있어야 한다는 것을 말씀하고 계셨다.

스가랴의 교훈

하나님은 우리를 상자에서 꺼내어 제한된 생각에서 구출하시기 위해 어떠한 방법이라도 사용하실 것이다. 내가 말했듯이, 하나님은 우리의 생각을 뛰어넘으시며, 우리가 자는 동안에 지시와 지혜의 성령 컴퓨터 칩을 우리의 두뇌에 넣기 위해서 종종 꿈과 환상을 사용하신다. 내가 믿기로, 하나님은 당신이 성령에 의해 앞으로 나아가고 있는 동안 끌어안기를 원하시는 변화에 대하여 이미 당신에게 말씀해왔을 것이다.

때로 하나님은 천사들을 보내어 말씀하신다. 사가랴를 기억하는가? 그는 하나님으로부터 메시지를 받아 그를 방문한 가브리엘 천사와 논쟁을 하였다. 당신은 하나님의 임재 앞에 서 있는 천사와 논쟁할 용기를 가진 사람을 상상이나 할 수 있는가?

사가랴는 우리와 다를 것이 없는 사람이었다. 그는 그저 일상적인 일을 하고 있었을 뿐이었다. 그는 평소와 같이 아홉 시에서 오후 다섯 시까지 성전 안에서 일하고 있었다. 나는 그와 엘리사벳이 경험했던 불임이 그의 마음을 매우 무겁게 했을 거라고 확신하지만, 성경은 가브리엘이 사가랴 앞에 나타났을 당시에 그가 평소와 다른 행동을 하고 있었다고 말하지 않는다. 그는 그 시간에 아내 엘리사벳을 위해 그리고 그녀가 아이를 갖지 못하는 것을 위해 중보하고 있지 않았다. 하지만 천사가 나타나 말했다. "사가랴여 무서워 말라 너의 간구함이 들린지라 네 아내 엘리사벳이 네게 아들을 낳아 주리니 그 이름을 요한이라 하라"(눅 1:13).

이 말이 사가랴의 배(boat)를 뒤흔들어놓았다! 사가랴는 주님을 보고 물 위를 걷는 것을 기다릴 수 없어 했던 베드로와 같지 않았다. 사가랴는 믿음으로 아들에 대한 약속을 받는 대신에 그 천사에게 왜 그것이 불가능한지를 설명했다.

> 사가랴가 천사에게 이르되 내가 이것을 어떻게 알리요 내가 늙고 아내도 나이 많으니이다 천사가 대답하여 가로되 나는 하나님 앞에 섰는 가브리엘이라 이 좋은 소식을 전하여 네게 말하라고 보내심을 입었노라 보라 이 일의 되는 날까지 네가 벙어리가 되어 능히 말을 못하리니 이는 내 말을 네가 믿지 아니함이어니와 때가 이르면 내 말이 이루리라 하더라(눅 1:18-20)

천사가 이전에 불가능했던 것이 이제는 가능하다고 말했을 때, 사가랴는 사고방식의 문제를 경험하고 있었다. 그의 사고방식이 아내를 불임의 저주로부터 치유할 수 있는 하나님의 능력과 소망을 제한했다. 그녀는 여러 해 동안 아이를 갖지 못했고, 이제 아이를 갖기에는 너무 나이가 들었다. 사가랴의 응답은 분명 하나님께서 그녀가 아이를 갖기에는 너무 늙어버렸다는 것을 아셨다는 사실을 나타낸다. 그 나이에 아이를 갖는 것은 우스운 일이었다! 사가랴가 아브라함과 사라와 이야기를 해보고, 그 기적의 아이를 만나봤다면 어떻게 반응했을까?

사가랴의 의심과 불신의 결과로 천사는 그를 벙어리가 되게 했다. 사가랴는 그의 아들 요한이 태어날 때까지 말을 할 수 없었다. 부정적인 말을 통해 약속이 열매 맺는 것을 취소하지 못하도록 성취의 때까지 어떤 의견도 낼 수 없는 상태가 되었다.

사가랴는 마땅히 배워야 하는 이러한 교훈을 이토록 힘겹게 배웠다. 내가 만약 구 개월 동안 말하지 못했다면, 나는 아마 거의 폐인이 되었을 것이다. 나는 한때 후두염을 앓아서 의사의 지시에 따라 오 일 동안 말을 하지 못한 적이 있었다. 말하기를 좋아하는 나인지라 정말 거의 미칠 지경이었다. 내 말은 내가 정말 말하기를 좋아하는 사람이라는 뜻이다! 나는 단지 삼 일을 버티고는 결국 포기하고 말았다. 삼 일 후에는 큰 소리로 말을 쏟아내기 시작했다.

이스라엘 백성과 패러다임의 전환

사람들은 대부분의 일에 대해서 삼 일 동안은 참을 수 있는 것 같다. 그 후에는 계속 인내하는 것이 매우 어렵다. 도전에 관하여 생각해볼 때, 우리는 종종 매우 짧은 폭약 선을 가지고 있는 것 같다. 믿음, 순종의 시험, 혹은 인내와 지구력에 대한 시험에 마주쳤을 때, 좋은 태도를 유지하면서 응답하는 것은 솔직히 매우 어렵다.

이스라엘 백성을 기억하는가? 그들은 홍해를 건넌지 삼 일밖에 되지 않아서 믿음을 버리기 시작했다. 그들은 삼 일 동안 물이 없자 생존하는 것이 너무 어렵다고 결정을 내렸고, 생존을 위해 더 이상 하나님을 의지할 수 없었다. 그들은 문제에 대해 모세를 탓했고, 다시 애굽으로 돌아가기를 원했다. 오늘날 우리도 마찬가지다. 우리는 주일에 "연료를 가득 채우지만" 그 기름은 수요일이 되면-삼 일 후-떨어지기 시작한다!

이스라엘 백성의 문제는 하나님께서 그들에게 말씀하시는 방법에 관하여 하나의 고정된 사고방식을 지니고 있었다는 것이다. 변화의 시기에는 하나님께서 다르게 말씀하신다는 것을 기억하라. 그들이 애굽에 있었을 때 하나님께서는 구원자를 약속하심으로 그들에게 말씀하셨다. 그들의 첫 번째 도전에 그들은 모세가 이끌 수 없다고 판단을 내렸고, 새로운 구원자를 원했다. 물론, 그들은 하나님께서 새로운 리더를 제공해주시는 것을 통해 그들의 기도에 응답하실 것이라 생각했다. 하지만 그들의 변화의 시기에 하나님은 다르게 말씀하셨다. 하나님께서는 기적을 통하여 그분 자신을 증명하시기를 원하셨다. 하나님은 모세에게 나무 조각을 쓴 물 속으로 던져서 그 물을 달게 만드셨다.

> 모세가 홍해에서 이스라엘을 인도하매 그들이 나와서 수르 광야로 들어가서 거기서 사흘 길을 행하였으나 물을 얻지 못하고 마라에 이르렀더니 그곳 물이 써서 마시지 못하겠으므로 그 이름을 마라라 하였더라 백성이 모세를 대하여 원망하여 가로되 우리가 무엇을 마실까 하매 모세가 여호와께 부르짖었더니 여호와께서 그에게 한 나무를 지시하시니 그가 물에 던지매 물이 달아졌더라 거

기서 여호와께서 그들을 위하여 법도와 율례를 정하시고 그들을 시험하실새(출 15:22-25)

이스라엘 백성이 하나님께서 어떻게 말씀하셔야 하는가에 대한 고정관념을 가지고 있었던 것을 보라. 그들은 하나님께서 지난 시절에 그들을 어떻게 돌보셨는지에 따라 그분을 제한시켰다. 하나님은 그들이 신뢰할 수 있는 기적의 하나님으로서 자신을 증명하기 원하셨다. 그분의 자녀들이 온 마음을 다해 그분을 따르고, 그분께서 무엇을 약속하셨든지 그것을 능히 행하실 수 있다는 것을 믿기 원하셨다.

사가랴와 이스라엘 백성은 패러다임의 전환과 관련된 도전을 받았다. 하나님은 그분의 온전한 뜻을 행하시는 것과 관련하여 그들이 지니고 있던 오래되고 제한하는 사고방식을 바꾸어줄 새로운 패러다임을 소개하셨다. 하나님은 천국의 목적을 이 땅에 가져오셔서 그분의 자녀들을 축복하고 싶어 하신다. 그분은 우리를 위해서도 이와 똑같은 일을 하고 싶어 하신다. 만약 우리가 올바로 응답하고 위대한 믿음 속으로 들어간다면 하나님은 분명 그렇게 하실 것이다. 하나님은 오직 우리가 그분과 함께 기꺼이 변화로 나아가려 할 때에만 천국의 계획과 그분의 온전한 뜻이 이 땅에 이루어지게 하실 것이다.

사랑하는 자들이여, 하나님께서는 우리를 오래된 의심과 반복되는 불신으로부터 끌어내고 싶어 하신다. 열매 맺지 못하는 상황으로부터 우리를 구출하고 싶어 하신다!

패러다임의 정의

우리는 패러다임이라는 말을 써왔다. 하지만 정확하게 패러다임이 무엇인가?

패러다임은 우리를 제한시키는 정신 구조다. 이것은 매우 단단하고, 뻣뻣하고, 형식에 구애되는 생각의 방식일 수 있다. 패러다임은 우리의 사고방식, 동기, 생각하는 방법과 관련이 있다. 이것은 인간적인 동기와 오래된 행동 방식에 기초하는 마음가짐이다. 많은 경우 패러다임은 부정적이고, 그렇기 때문에 어떤 것들이 다를 수 있다는 사실을 믿지 못하도록 제한시킨다. 우리 중 많은 사람이 변화를 거부하는 이유가 바로 이것 때문이다. 무언가 새로운 것이 제공될 때, 우리는 부정적으로 반응한다. 왜냐하면 삶의 방식과 믿음의 구조의 변화를 두려워하기 때문이다. 종교적인 패러다임은 우리를 오래된 믿음과 행동 방식을 추구하는 특정한 종교적 시스템 안에 가둬둔다. 종교적인 패러다임 안에서 살아갈 때, 우리는 상자를 벗어나 생각하지 못하게 되며, 결국 하나님을 제한시키게 된다.

오래된 종교 구조 속에 머물면, 우리의 믿음과 소망이 제한을 받게 된다. 예를 들어, 하나님께서 어떤 사람을 치유하기 원하실 때에, 하나님께서 어떻게 치유하셔야 한다고 우리가 믿는 방식 속에 우리를 가둘 수 있을 것이다. 그러면 하나님께서 우리가 그 사람의 치유를 위해 어떻게 기도하고, 또한 어떻게 사역하기 원하시는지를 놓치게 될 것이다. 만일 하나님께서 의사의 기술을 통하여 어떤 사람을 치유하기 원하신다면 어떻게 할 것인가? 만약 우리가 하나님은 의사를 통하여 치유하지 않으신다고 믿는다면, 우리는 그분의 계획을 놓칠 수도 있다. 누군가가 기적을 믿는다면 수술을 하면 안 되는 것인가? 수술은 기적과 반대되는 것인가? 치료자는 하나님이시고, 의사는 자연적인 기술을 가지고 있을 뿐이다. 하지만 여호와 라파, 우리의 치료자는 치유를 행하시는 주님이시다.

요한복음 5장은 패러다임의 변화에 도전을 받은 사람의 완벽한 예를 보여주고 있다. 질병의 영으로 고통받던 남자는 누군가가 치유의 물속에 자기를 넣어줄 것을 바라면서 삼십팔 년 동안 벳세다 연못 옆에 누워 있었다. 예수님께서 그 앞에 멈추어 물으셨다. "네가 낫고자 하느냐?"(6절) 그 남자의 즉각적인 응답은 왜 그가 나을 수 없었는지를 포함해서 변명으로 가득 차 있었다. 병자가 대답하되, "주여 물이 동할 때에 나를 못에 넣어줄 사람이 없어 내가 가는 동안에 다른 사람이 먼저 내려가나이다"(7절). 예수께서 가라사대 "일어나 네 자리를 들고 걸어가라"(8절). 예수님께서는 그 순간에 그를 고쳐주실 준비가 되어 있었다. 하지만 그 남자는 고정관념을 지니고 있었다. 그는 먼저 천사가 와서 물을 동하여야 한다고 믿었다. 그리고 그가 나을 수 있는 유일한 길은 다른 사람이 들어가기 전에 누군가가 자신을 들어서 물속에 넣어주어야 한다고 생각했다. 그의 고정관념이 예수님의 능력을 제한했다. 예수님은 치유의 한 부분으로 그 못을 사용하실 계획이 없었다. 그러나 이 남자는 물속으로 들어가는 것이 그의 유일한 희망이라고 믿고 있었던 것이다.

우리 중 얼마나 많은 사람이 어떻게 해야 완전해질 수 있는지에 관해 고정관념을 가지고 있는가? 우리는 무엇을 기다리고 있는가? 당신이 천사의 방문이 필요하다고 믿기 때문에 치유받지 못하고 있는 것은 아닌가? 당신은 그분의 치유의 능력이 당신의 삶을 변화시키기 전에, 예수님과 얼굴을 맞대고 봐야 한다고 믿고 있는가? 치유하고 회복시키시는 하나님의 능력을 당신이 제한하고 있지는 않은가? 지금처럼 믿음이 증가되는 새로운 계절을 잘 통과하기 위해서는 절대로 하나님을 제한해서는 안 된다.

우리의 사고 과정 안에 들어 있는 패러다임은 어떤 종류의 변화든지 일단 거부한다. 그러므로 하나님의 "새로운 것"으로 나아가기 위해서는 먼저 우리 안에서 변화가 일어나야 한다.

패러다임의 전환을 선포한 세례 요한

신약의 첫 번째 책이 우리에게 패러다임의 변화를 보여준다. 새로운 메시지가 세례 요한을 통해 선포되었다. 당신은 아마 세례 요한을 새로운 믿음의 시스템을 소개한 선구자로 보지 않을 수도 있을 것이다. 하지만 그는 선구자였다.

구약의 마지막 책인 말라기 이후에 신약이 시작되었는데, 사실 이것은 극단적인 변화였다. 이것은 "오래된" 것을 떠나 "새로운" 것을 받아들이는 사건의 주된 예다. 우리는 갑자기 새로운 언약, 새로운 방법과 하나님과의 관계에 대한 새로운 이해를 품을 것을 지시받았다. 하나님 나라의 사고방식을 지니기 위해서는 과거를 뒤로한 채 상자 밖으로 나와서, 하나님께 다가가는 새로운 방법에 마음을 열어야 한다.

광야에서 외친 세례 요한의 목소리는 우리에게 새로운 메시지-하나님 나라의 메시지-를 소개해주었다. 그는 불(fire)과 회개에 관한 메시지를 선포했다. 그의 신학은 모두에게 도전을 주었고, 특히 종교 지도자들에게 그들의 종교적 전통과 고정관념을 회개하고 새로운 삶의 방식을 품는 것에 대해 도전을 주었다. 그는 헤롯 왕과 바리새인들의 교만과 거만의 죄에 대하여 직접적이고 극단적으로 이야기했다. 세례 요한은 그리스도의 복음을 반대하는 형식적인 종교 구조를 드러냈다. 요한의 메시지는 그 당시의 종교 문화에 직접적으로 도전했다.

요한은 종교적인 행위, 가족의 유산 혹은 종교적 전통을 통해 하늘나라를 경험할 수 있는 것이 아니라고 설명했다. 많은 사람, 특히 종교 지도자들은, 이 신학에 반대하였고 그의 가르침에 질문하였다. 요한의 새로운 가르침은 그들의 믿음과 생활 방식에 직접적으로 부딪혔다. 이것은 매우 새로운 사고 방식이어서 바리새인들을 어리둥절케 하였다. 그들은 그들의 자연적인 마음보다 하나님의 영으로부터 계시를 받도록 도전받았다. 바리새인들은 평생 율법을 연구했고, 그들의 종교적 행위를 통한 하나님과의 관계에 대해 자부심을 가지고 있었다. 이미 모든 것을 밝혀내어 알고 있는 그들이 왜 오래된 것들에서 벗어나고 싶겠는가?

예수님은 세례 요한처럼 종교적 구조에 강하게 도전하셨다. 예수님은 하나님 나라의 메시지를 소개하는 과정에서, 바리새인들에게 담대하게 선포하셨다. 그의 여정 속에서 율법에 직접적으로 반하는 기적과 표적과 이사 들을 행하셨다. 예수님은 그때의 종교적 구조가 그분을 거부할 것을 아시면서도 일부러 안식일에 치유를 행하셨다. 안식일에 일하는 것, 죽은 자들을 살리는 것, 귀신을 쫓아내는 것—이와 같은 일들이 구약 시대에는 일어나지 않았다는 것을 기억하라!—그리고 죄를 용서하는 일은 인자의 아들 그리고 하나님의 아들로서 그분의 신빙성을 보여주는 약간의 실례들이었다. 그분께서는 한때 "부정하다"라고 불렸던 것들을 "깨끗하다"라고 선포하시면서 거룩함의 패러다임을 흔드셨다. 그분께서는 죄인들과 함께 먹고, 세리를 제자 삼으시면서 그들의 종교라는 보트를 흔들어놓으셨다(그것은 마치 신실하지 못한 국세청 직원을 우리 교회에서 사역하도록 요구하는 것과 같다). 그분께서는 율법의 기록들에도 불구하고 간음한 여자를 돌로 치는 것을 거절하셨다. 행위에 구애받지 않으셨고, 죄인들을 위한 긍휼한 마음을 가지고 계셨다. 예수님께서는 계속해서 아버지의 뜻을 행하셨지만, 사람들이 고집하는 종교적인 시스템과 율법은 거부하셨다.

예수님은 오래된 종교적 구조와는 맞지 않으셨다. 그분께서는 반복적으로 그리고 고의적으로 다른 사람들을 일깨우셔서 다르게 생각하는 것에 도전을 가하셨다. 새로운 사고방식-패러다임의 전환-과 이 땅에 드러나는 하나님 나라에 대한 새로운 이해를 소개하셨다.

모든 새로운 계시는 패러다임을 거부한다

모든 새로운 계시는 오래된 패러다임을 거부한다. 현대의 예언 사역은

1980년에 시작되었는데, 그때에는 종교 구조를 완전히 흔들어놓는 일이었다. 나는 예언 운동이 탄생되었을 때, 크리스천 국제 컨퍼런스(Christian International Conference)에 참여하고 있었다. 그곳에서의 경험은 내가 그때까지 참여했던 예배 중 가장 강력한 것이었다. 그 시간 이후로 하나님께서는 많은 사람에게 예언적인 통찰력을 나누어주셨고, 그들은 강한 예언적 계시를 가지고 앞으로 나아가고 있다.

많은 교회의 리더는 이 움직임을 이단으로 규정지었고, 예언 사역의 중요성을 무시했다. 성경 말씀에 예언의 은사를 사모하라고 쓰여 있는데도(고전 14:39을 보라), 많은 이가 이 가르침과 사역에 반대했다. 성령님께서 그분의 음성을 예언자들의 입을 통해 풀어놓으셨을 때, 핍박은 점점 더 심해졌다.

우리의 구원자도 같은 반대에 부딪혔다. 그분은 아버지께서 요구하신 모든 것에 순종하셨다. 예수님은 아버지의 뜻을 이 땅에 가져오신 것처럼, 또한 천국을 이 땅으로 가져오셨다. 하지만 사람들은 그를 반대했다.

인정하고 싶지 않겠지만 많은 사람이 고정관념 때문에 성령님의 새로운 역사를 거부하고 있다. 성령님께서는 그분의 새로운 포도주, 즉 능력의 신선한 강을 소개하고 계시지만 그분께서 어떻게 역사하셔야 한다는 우리의 고정관념 때문에 마음을 열지 못하고 있다. 우리는 그리스도의 사역을 무시한 바리새인들과 똑같은 실수를 범하고 있다.

오늘날 우리는 예수님께서 제자들에게 가르쳐주신 기도를 드려야 한다. 우리의 기도는 아버지의 뜻-천국이 이 땅에 임하는 것-이 이 땅에 이루어지는 것이다! 하늘나라의 메시지가 마태복음 6장에 나온 예수님의 기도를 통해 그분에 의해 주어진다. "하늘에 계신 우리 아버지여 이름이 거룩히 여김을 받으시오며 나라이 임하옵시며 뜻이 하늘에서 이룬 것같이 땅에서도 이루어지이다"(마 6:9-10).

하나님께서 모든 육체에게 그의 영을 부어주시는 이 시기에, 우리는 자신을 신뢰할 수 없다. 아버지께서 그의 나라를 이 땅에 임하게 하고 있는 이때에, 우리는 성령님의 음성을 온전히 의지하면서 영적인 눈으로 보아야 한다.

급진적인 행동이 필요하다!

패러다임을 거부하는 것은 급진적인 행동을 필요로 한다! 이것은 우리가 불안정하거나 혹은 "이상"해져야 한다는 뜻이 아니다. 하지만 오래된 패러다임에서 벗어나기 위해서는 용감하고 담대해져야 하며 주님을 위한 섬김에 있어서 확고부동해야 한다. 우리는 새로운 급진적인 행동과 함께 모든 책임을 던져버리지는 않을 것이다. 사실 더욱 책임감을 가지고, 경건한 권위와 그분의 말씀에 순복하게 될 것이다.

예수님께서는 급진적이셨기 때문에 이단 혹은 거짓 선지자라는 꼬리표가 붙었다. 그분은 혁명을 이끈 혁명적인 분이셨다. 예수님은 어디서 가르치시든지 새로운 패러다임을 소개하셨다. 그분은 핍박당하고 거절당하셨다-그리고 그와 똑같은 핍박이 우리 각자에게도 일어날 수 있다. 하지만 나는 그분을 제한하는 종교적 구조를 추구하지 않고 그분을 따를 것이다.

조종을 포기하라

하나님께서 내 종교의 영의 뿌리에 도끼를 대신 꿈을 꾼 후에, 우리 교회에서는 많은 것이 변화되었다. 남편과 내가 하나님께서 원하시는 방법이라고 생각했던 것들에서 물러나, 대신 그분께서 원하시는 대로 온전히 움직이실 수 있도록 했을 때에 우리는 엄청난 돌파를 보기 시작했다.

처음에는 우리가 조종하는 것을 그만두기가 매우 힘들었다. 비록 우리는 우리 자신을 조종하는 자들로 보지 않았지만 우리는 정말 그랬었다. 사람들이 이상해지고 조각이 날 것 마냥 우리가 조종할 수 없게 되는 것을 두려워했기 때문이다. 그것보다 잘못된 일을 할까 봐 더 두려웠다. 남편과 나는 정말로 회중을 잘못된 방향으로 이끌기를 원하지 않았다. 우리는 "안전"과 "보호"의 장소를 제공하기를 원했다. 우리 예배를 "새로운" 것들에게 개방하는 것은 우리가 더 쉽게 공격받을 수 있음을 의미했고, 우리는 하나님께서 돌보라고 주신 양들을 보호해야 한다는 참된 책임감을 느꼈다.

그럼에도 불구하고 우리가 물러나고 성령님께서 예배마다 우리를 이끌어 주실 것을 믿었을 때는 항상 힘이 있었다! 우리는 이전에 경험하지 못했던 기름 부으심의 강으로 발을 내딛었다. 기적과 기사, 치유와 새로운 단계의 예언 사역을 목격했다. 때때로 설교도 없이 성령님께서 지시하시는 대로 단순히 치유, 예언 그리고 축사 사역만을 하기도 했다. 가끔은 강단에 걸어갈 수조차 없어서 바닥에 얼굴을 대고 엎드렸다. 하지만 하나님은 항상 모든 것을 다스리고 계셨고, 그 결과 아무도 이상해지지 않았으며, 예배를 좌지우지하려 하지도 않았다.

나의 육체는 완전히 통제 불능의 상태라고 느꼈다. 그러나 나의 영은 더욱 풍성해졌다. 내가 다시 조종하려고 시도할 때마다 기름 부으심은 가라앉았다. 나는 그분을 신뢰하는 것과 고정관념을 내려놓고 성령이 역사하시도록 하는 것을 배웠다. 성령님에 대한 경외심을 유지했을 때는 항상 적당한 질서-권위에 순복하는 것-가 있었다. 만일 이 경험을 하나님의 일곱 가지 특성 중의 하나를 받는 것으로 표현하자면, 주님을 경외하는 영을 끌어안았다고 볼 수 있다. 성령님을 근심시켜드리는 것이 너무 두려워서 우리의 방식보다 그분의 방식을 선호했다.

신앙의 선조들조차도 패러다임을 가지고 있었다

어떤 사람이 종교적 패러다임, 사고방식 혹은 제한된 생각을 가지고 있으면 그것은 명확히 표현되는데, 하나님의 말씀에 대한 그들의 반응에서 드러난다. 예를 들어, 만약 하나님께서 어떤 사람이 나을 수 있다고 하시면, 종교적 고정관념이 있는 사람은 "하지만 의사가 난 몇 개월밖에 살 수 없다고 했는데!"라고 대답한다. 혹은 "당신은 새로운 차를 사게 될 것입니다!"라는 예언과 선포를 받는다면, 그 사람의 패러다임은 "하지만 나는 집세도 못 내고 있는데!"라고 말할 것이다.

심지어 성경 속의 조상들도 패러다임을 가지고 있었다. 우리는 이미 사가랴 이야기를 나눴다. 아브라함은 제한된 생각의 또 다른 예를 보여준다. 환상을 통해 하나님께서는 그에게 "너의 상이 클 것이다"라고 말씀하셨지만 아브라함의 사고방식은 "하지만 나는 자식이 없는 사람입니다"라고 대답했다(창 15:1-2을 보라). 사라도 똑같은 사고방식을 가지고 있었으며, 그들은 예언을 듣고 웃었다.

하지만 기드온은 어떠한가? 우리는 처음부터 하나님에 관한 기드온의 패러다임-그의 사고방식-을 알아차릴 수 있다. 천사가 그에게 나타나 "하나님이 너와 함께하신다!"라고 말했다. 기드온의 패러다임은 즉시 그와 이스라엘 백성을 보호해주실 수 있는 하나님의 능력을 언급하면서, "어떻게 하나님이 우리와 함께하실 수 있습니까? 그건 그렇고 기적은 어디에 있습니까?"라고 말했다. 하나님에 대한 믿음과 관련된 응답은 그와 자기 민족의 적인 미디안으로부터 받았던 심각한 핍박에서 나왔다(삿 6:13을 보라).

기드온은 그의 곡식을 미디안으로부터 숨겼다. 식량을 숨겼다는 것은 그가 적이 그의 것을 훔칠 것을 두려워했음을 암시한다. 우리 중 많은 사람도 우리의 재정을 놓고 그와 똑같은 일을 한다. 우리는 부족함에 대한 두려움 때문에 저축을 한다. 기드온은 가난에 대해 그가 지니고 있는 고정관념 때문에 그의 안전과 식량에 대해 하나님을 신뢰할 수 없었다.

오늘날의 교회도 기드온과 같은 패러다임 신앙에 직면하고 있는 것처럼 보인다. 우리는 부족함, 질병, 억압, 절망감으로 인해 고통당하고 있을 수 있다. 그리고 우리가 지닌 부정적인 패러다임으로 인해 하나님의 능력에 대한 믿음을 말하는 대신에 그러한 부정적인 것들을 말하고 있을 수 있다.

삶의 문제로 고통받는 어떤 사람이 교회에 갔을 때에 "기뻐하십시오! 하나님께서 당신과 함께하십니다!"라는 예언의 말씀을 듣는다면, 그 사람이 어떠한 반응을 보이겠는가? 분명 그 사람의 종교적 패러다임은 즉시 반대로 말할 것이다. "하지만 내가 지금과 같이 어려운 일들을 경험하고 있는데, 어떻게 그분께서 나와 함께하실 수 있죠?" 성경의 선조들처럼-그리고 성경 속의 어머니들처럼-우리는 오래된 신앙 체계들과 씨름한다. 우리의 믿음을 방해하는 오래된 패러다임을 깨부수고 자유로워지기 위해서는 새로운 신앙 체계를 가져야 한다. 하나님의 말씀을 믿고 우리에게 돌파를 주시는 하나님을 신뢰해야 한다.

우리 자신에 관한 패러다임

기드온은 하나님에 관한 잘못된 신앙 체계만을 가진 것이 아니었다. 그 자신에 관한 패러다임 또한 마찬가지였다. 하나님께서는 그를 "큰 용사여!" 하고 부르셨다. 기드온의 신앙 체계-그의 생각을 제한하는 그의 패러다임-는 즉시 "나는 내 아비 집에서 가장 작은 자입니다!"라고 대답했다(삿 6:15을 보라).

우리 대부분은 기드온처럼 대답한다. 하나님께서 우리의 사명을 말씀하실 때, 우리의 응답은, "누구요? 저요? 하지만 하나님, 제가 말을 잘 못하는 거 아시잖아요? 나는 아직 어려요. 저는 신학교에 다닌 적이 없고, 학교에서 공부도 잘 못했어요"이다.

나의 패러다임은 다음과 같은 말들을 내뱉게 했었다.

"하나님, 저는 더 많은 책임을 감당할 시간이 없어요."
"하나님, 저는 당신께서 필요로 하시는 일들을 해낼 힘이 없어요."
"하나님, 제가 교회를 돌볼 수 있을지 확신이 안 서네요."
"하나님, 저는 말을 잘 못해요."
"하나님, 제가 어떻게 또 하나의 도전을 받아들이겠습니까?"
"하나님, 저보고 뭘 하라고요?"
"누구요? 저요?"

이들 중 어떤 패러다임은 극복했지만, 꽤 시간이 많이 걸렸다. 또 어떤 패러다임은 아직도 극복되지 않았고, 승리하기 위해 분투하고 있다. 하지만 나는 하나님께서 나의 의심과 불신앙을 너그럽게 봐주신 것에 대해 감사드린다. 하나님은 그분이 말씀하시는 진리에 내 자신을 맞출 때까지 한 번도 사용하지 못한 나의 잠재력을 계속 말씀하셨다.

하나님께서 당신의 패러다임에 도전하실 시기가 있을 것이다. 하나님은 당신 안에서 그분이 보시는 모든 것을 가지고 당신에게 도전하실 것이다. 하나님은 당신의 잠재력을 향해 말씀하실 것이고, 사명을 이루는 것을 제한했던 오래된 패러다임에서 당신이 빠져나올 것을 기대하실 것이다.

우상들을 무너뜨리라

기드온의 주된 사명은 뒷마당에 있는 우상들을 파괴하는 것이었다. 이스라엘 백성을 전투로 이끌 수 있는 충분한 능력을 얻기 전에, 먼저 그 조상들의 우상들을 무너뜨려야 했다.

우리는 하나님께서 우상 숭배를 얼마나 싫어하시는지 기억해야 한다. 우상 숭배는 불상이나 어떤 이미지에 절을 하는 것에 국한되지 않는다. 하나님의 말씀보다 적의 말을 더 높이고 신뢰한다면, 바로 그것도 우상 숭배다. 하나님과 그분의 말씀은 하나이고, 그래서 분리될 수 없다. 우리에 관한 사탄의 말(쓸모없음, 성공할 수 없음, 소망 없음, 실패, 거절, 버려짐, 수치스러움과 같은 말들)을 하나님의 말씀(우리는 머리이지 꼬리가 아니며, 축복받았고, 치유되었고, 구원받았고, 성공적이고, 기름 부음 받았고, 사랑받았고, 인정받았다는 말씀) 위에 둔다면 바로 그것이 우상을 숭배하는 것이다! 사탄의 거짓말을 믿고 있다면, 바로 지금이 기드온이 했던 것처럼 우리의 뒷마당을 다시 정리해야 할 때다. 거짓된 신앙 체계를 무너뜨리는 일은, 우리 생각의 지배적인 패러다임이었던 오래된 구조물까지도 무너뜨리는 것이다.

이전에 말했듯이, 패러다임은 변화를 거부한다. 하지만 앞으로 나아가기 위해서, 하나님은 패러다임의 전환을 요구하신다. 이것은 거짓된 우상들을 무너뜨리고, 우리에 관한 하나님의 말씀을 온전히 받아들임으로써 마음을 새롭게 하는 것을 의미한다.

패러다임을 무너뜨리고 하나님의 진리를 다시 세우는 것은 영적 전쟁이다. 그러나 새롭고 멋진 승리의 장소로 나아간다는 것을 생각할 때에 이것은 시간과 노력을 투자할 충분한 가치가 있는 것이다!

새 패러다임을 위한 세 가지 필수 요소

이제 하나님의 영광의 새로운 차원으로 옮겨갈 준비가 되었는가? 당신은 천국이 이 땅에 임하는 것을 생각할 때 전율을 느끼는가?

하나님의 새로운 것 안으로 큰 도약을 하기 위해서는 세 가지가 필요하다.

1. 하나님께서 원하시는 시간에 언제든지 간섭하실 수 있도록 하라.
2. 하나님께서 당신의 비전을 바꾸시는 것을 허락하라.
3. 하나님께서 당신의 비전을 계속해서 확장시키시도록 그리고 당신이 영광에서 더 높은 영광으로 나아갈 수 있는 힘을 주시도록 기도하라.

먼저, 항상 우리의 생각과 행동 속에 하나님께서 간섭하실 수 있도록-특별히 우리의 사역 시간에-허락해드려야 한다. 이전에 목회를 했던 나는 하나님께서 나의 오래된 패러다임에 도전을 가하시기 전까지는 내가 잘하고 있는 줄 알았다. 나는 성령님의 역사를 문제 삼지 않았다. 문제는 그분의 역사의 결과로서 일어난 핍박이었다! 많은 사람이 하나님께서 자유롭게 역사하셨으면 좋겠다고 말은 하지만 사실 그분께서 그렇게 하시면 종교적 사고방식에 도전을 받는다. 하나님께서 그분의 강을 풀어놓고 계신다. 그렇다면 우리는 이 강의 흐름을 제한해서는 안 된다. 하나님께서는 그분의 홍수를 일으키심으로 새로운 일을 하실 것이다. 우리는 그분이 어떻게 사역하기 원하시는지를 성령을 통해서만 들어야 하고, 우리가 사역을 해온 방식으로 그분을 제한해서는 안 된다.

당신이 성령님께 자유로운 사역의 기회를 허락한 것으로 인해 핍박이 올 때, 멈추고 싶은 유혹이 들것이다. 멈추지 마라. 그리고 뒤돌아보지 마라. 핍박에 대한 해답은 도망가는 것이 아니라 불덩어리를 끌어안는 것이다. 극도의 열정에 중독되라. 그러면 시험의 반대편까지 건너갈 수 있을 것이다.

둘째로, 하나님께서 당신의 비전을 확장시키시는 것을 허락해드리라. 비전은 그 자체 안에서 패러다임이 될 수 있다. 이것을 잠깐 생각해보자. 우리는 종종 본래의 비전을 유지해야만 한다고 믿는다. 그리고 비전을 명확하게 한다. 그것을 프린트해서 게시판에 붙여두고, 그것을 놓고 다른 성도들과 의논하기도 한다. 이것은 교회와 사역의 비전이 되고, 결국 우리와 동역하는 자가 모두 그 비전을 붙잡는다.

그러나 비전은 십계명처럼 돌판에 새겨진 것이 아니다! 심지어 십계명도 예수님께서 하나님 나라에 대한 메시지를 소개하셨을 때 다소 교정되었다. 따라서 성령님께서 간섭하실 때에 우리의 비전도 변할 수 있는 것이다.

만약 우리가 종교적인 패러다임을 가지고 있다면, 이 한 가지 필수 요소가 문제가 될 수 있을 것이다. 첫 번째 비전을 성취하지 못했다면, 그것이 확실히 성취될 때까지 오래된 방식에 머무르려 할 것이다.

우리는 자신에게 다음과 같은 질문을 해야 한다. 하나님께서 정말 그 본래 비전을 주셨는가, 아니면 그것의 일부분은 우리의 바람이었는가? 대부분의 경우에는 우리의 개인적인 소망이 비전에 표현되고, 나중에야 주님께서 그것을 바로잡아주신다. 그 결과, 그것이 그분의 비전이 되는 것이다. 그리고 우리는 그분께서 그것을 바꾸시고 구별해놓으실 때에, 단순히 성령님의 이끄심을 따르면 된다. 이 문구를 기억하라. 비전은 당신에 대한 것이 아니고 그분에 대한 것이다!

셋째로, 그분께서 비전을 확장시키실 때에 계속 확장시키실 수 있도록 하라! 방해하지 말라는 말이다. 첫 번째 변화 이후에 또 다른 패러다임 속에 갇히지 마라. 계속해서 움직이고 전진하라. 성경은 우리가 믿음에서 믿음으로, 능력에서 능력으로, 그리고 영광에서 영광으로 나아간다고 말한다. "우리가 다 수건을 벗은 얼굴로 거울을 보는 것 같이 주의 영광을 보매 저와 같은 형상으로 화하여 영광으로 영광에 이르니 곧 주의 영으로 말미암음이니라"(고후 3:18). 이것은 그분께서 새로운 단계의 믿음으로 도전을 주시고, 영광 그리고 더 많은 영광 심지어는 그분의 영광의 단계를 받아들이도록 능력을 주시고, 새로운 단계마다 우리에게 힘을 주실 것을 의미한다.

이제 오래된 패러다임으로부터 이동하고, 하나님께서 우리에게 주시는 새로운 것을 받아들이며, 영광에서 영광으로 나아가는 일에 전력을 기울이자.

고려할 사항들

1. 변화의 시기 동안에는 하나님께서 다르게 말씀하신다. 그분이 과거에 말씀하신 방법에 얽매이면 그분의 지시와 이끄심을 제한할 수도 있다.
2. 변화의 때에는, 새로운 지시를 따르지 않겠다고 말하는 것보다 새로운 수준의 믿음을 빨리 껴안는 것이 유익하다. 주님의 말씀의 성취를 위해서 하나님께서 사가랴의 입을 막으셨던 것을 기억하라.
3. (우리 안에) 충전해주신 그분의 능력을 지키고 보호하라. 이스라엘 백성은 위대한 믿음으로 채워졌지만, 삼 일째 되던 날에 바닥을 보이고 말았다.
4. 패러다임은 우리를 제한시키는 정신 구조다. 현재의 위치에 머무르기 위해 하나님의 "새로운 것"에 반대하는 것은 어떤 구조라도 허락하지 마라.
5. 당신이 패러다임의 전환에 대한 압박을 느끼고 있다면, 좋은 무리들 안에 속해 있는 것이다. 과거의 선조들도 당신처럼 승리자의 무리에 속해 있었다!
6. 이렇게 급진적인 변화의 시기에는 급진적인 행동이 필요하다.
7. 이것은 우리에 관한 것이 아니고, 모두 그분에 관한 것이다!

제5장 | The New Thing

새로운 것

너희는 이전 일을 기억하지 말며 옛적 일을 생각하지 말라 보라 내가 새 일을 행하리니 이제 나타낼 것이라 너희가 그것을 알지 못하겠느냐 정녕히 내가 광야에 길과 사막에 강을 내리니(사 43:18-19)

"새로운 것"이 무엇인가? 새로운 것은 물질적인 것이든지 아니면 계시와 은사 등과 같은 영적인 것이든지 이전에 소유한 적이 없는 것을 말한다. 이것은 또 이전에 방문한 적이 없는 장소, 취하지 않았던 행동, 구성한 적이 없는 생각을 의미할 수도 있다.

내가 새 차를 구입할 때 그것은 나에게 새로운 것이지만, 차를 파는 사람의 차고에 일 년이나 있었던 차일 수도 있다. 내가 그것을 구입하면 그것은 나의 "새 차"가 된다. 이와 비슷하게 하나님께서 새로운 일을 하실 거라고 말씀하실 때, 어제 유효하지 않았던 어떤 것을 오늘 유효하게 하실 계획이라는 말은 아니다. 그분은 "어제나 오늘이나 영원토록 동일하시다"(히 13:8). 오늘날 우리가 받고 있는 거룩한 계시는 항상 유효했다. 하나님은 단지 우리가 새로운 계시를 부여잡고 그것과 함께 달리기를 기다리셨던 것이다!

우리는 그분께서 새로운 일을 하고 계신다는 것을 인식해야 하는데, 사실 그 일은 이미 시작되었다. "그 후에 내가 내 신을 만민에게 부어주리니 너희 자녀들이 장래 일을 말할 것이며 너희 늙은이는 꿈을 꾸며 너희 젊은이는 이상을 볼 것이며"(욜 2:28). 그분께서는 모든 육체 위에 그분의 영을 부어주고 계시며, 우리는 초자연적인 것들의 엄청난 방출과 함께 요엘 2장 28절의 말씀이 성취되는 것을 목격하고 있다.

이 새로운 것을 받아들이는 데 필요한 것이 이사야 43장 18-19절에 언급되어 있다. "이전 일을 기억하지 말며 옛적 일을 생각하지 말라 보라 내가 새 일을 행하리니 이제 나타낼 것이라 너희가 그것을 알지 못하겠느냐 정녕히 내가 광야에 길과 사막에 강을 내리니." 이 구절들은 새로운 것을 받아들이기 위해 필요한 세 가지를 가르쳐준다.

1. 하나님께서 행하시는 새로운 일을 알아야 한다.
2. 광야에서 나와야 한다.
3. 우리를 광야로부터 이끌어내는 강물로 뛰어들어야 한다.

당신의 광야 생활은 "나오는" 과정을 포함한다

아가서 3장 6절은 광야에서 나오는 신부를 상징한다. "연기 기둥과도 같고 몰약과 유향과 장사의 여러 가지 향품으로 향기롭게도 하고 거친 들에서 오는 자가 누구인고?" 그 신부는 몰약의 향기로 준비되었고, 신랑과의 친밀함을 위해서 단장되었다. 이 역동적이고 실증적인 말씀은 과거의 광야 생활 방식으로부터 그리스도와의 언약 관계로 전환하는 과정을 상징한다.

나는 미키와 결혼하던 날을 기억한다. 그는 정말 멋지고, 하나님을 경외하는 남자였다. 그럼에도 불구하고 나는 알지 못하는 미지의 두려움으로 괴로웠다. 내 미래는 어떻게 될까? 결혼 생활은 어떨까? 좋은 아내가 될 수 있을까? 내가 "독신의 광야 생활"에서 나오고 있을 때, 이 모든 질문이 나를 괴롭혔다. 아마 이것이 "도망가는 신부 증후군"의 근원이 아닌가 생각된다.

영적으로 볼 때에, 우리가 하나님과 언약을 맺을 때에 이와 똑같은 시나리오가 각자에게도 발생한다. 신랑이 우리에게 언약과 변화의 제단 위로 올라오라고 손짓할 때–우리를 "새로운 것"으로 이끌며–그리스도의 신부인 우리는 광야의 생활 방식에서 "나오겠다"는 각오를 단단히 해야 한다. 미래에 관한 오래된 고정관념에서 빠져나오기를 시작해야 한다. 과거는 흘러가도록 두고, 그분의 "새로운 것"을 취함으로 새로운 미래를 받아들여야 한다.

광야 경험은 우리가 신랑과의 언약을 지키고 경험할 때에 끝난다. 오래된 종교적 패러다임은 약속의 파트너인 예수 그리스도와 함께 새로운 길을 걸어가기 시작할 때 떨어져나간다. 그분이 우리의 남편이 되시고 우리를 모든 진리로 이끌어주신다.

우리는 친숙한 영역에서 알지 못하는 미래로 옮겨가는 것이 두려운 일이라는 것을 잘 알고 있다. 반면에, 오래된 종교적 구조에 머무는 것은 우리를 제한시킨다. 비록 우리가 새로운 약속의 관계로 인한 도전들로부터 도망가고 싶은 유혹을 느끼더라도, 그분의 음성을 듣고 변화를 경험하기 위해서 더 가까이 나아가야만 한다.

결혼 없이 "생육하고 번성"할 수 없다. 영적인 세계에서, 만일 우리가 단단한 종교적 구조 안에 머무른다면, 제한되어서 열매를 맺지 못할 것이다.

종교적 문화를 이해하기

나는 대학을 졸업했을 때 네 과목을 가르칠 수 있는 학위를 받았다. 그중 하나는 사회와 그것의 기원 그리고 기초적인 법률을 공부하는 사회학이었다. 나는 사람들이 어떻게 커뮤니티를 구성하고, 무엇이 그들의 신앙 구조의 틀을 짜주고, 어떠한 행동 양식들이 그들의 관행과 문화를 지배하는지에 대해 항상 깊은 호기심을 지니고 있었다.

우리 대부분은 커뮤니티, 가정, 사업체, 교회, 그리고 사역 안에서 특정한 문화를 가지고 있다. 문화는 우리 삶 속에서 "계발된"(cultivated) 것이다. 우리가 어떤 신앙 체계를 매일 계발해나간다면, 견고한 진이 형성될 것이다. 견고한 진은 말 그대로 우리를 우리의 과거에 가두는 성 혹은 감옥과 같다. 견고한 진은 우리 삶의 큰 부분으로, 하나의 문화를 형성한다.

나는 하나님의 말씀을 가르치는 교사가 되었을 때에, "종교적 문화"–매일 강화되고, 특정한 스타일의 예배, 설교, 그리고 성경 해석에 의해 결정되는 신앙의 형태–가 있음을 깨달았다. 교회는 자기 교회만의 종교적 커뮤니티를 형성해주는, 이미 확립된 신앙 체계를 가지고 있다. 하지만 많은 신앙 체계가 종교적 패러다임이 되었다. 그리고 어떤 신앙 체계라도 계속 강화된다면 쉽게 견고한 진이 될 종교적 "전통"을 낳을 수 있다. 그 견고한 진은 "종교적 문화"가 된다. 그러면 우리는 하나님과 성령님께 종교적인 문화에 기초하여 반응할 것이다.

이러한 영적인 현상들을 쉽게 이해하려면 주변 환경을 살펴보라. 당신의 집을 자세히 살펴보라. 매일의 삶 속에서 무엇이 계발되고 있다고 말할 수 있는가? 당신의 집안 환경이 믿음과 긍정적인 삶의 태도를 신장시켜주는가? 영적인 가장이 영적 권위, 어른 공경 그리고 강한 도덕성을 고무시켜주는가? 이렇게 계발되는 것이 당신 집안에 세워진 문화가 된다.

당신 교회의 문화는 무엇인가? 당신은 성령 충만함을 받아들이는 분위기를 계발하고 있는가? 예배, 예언 사역, 치유, 그리고 깊은 가르침을 위한 시간들을 허락하는가? 당신의 교회에서 계발된 것이 당신 교회의 문화다.

불행히도 우리 중 너무나 많은 사람이 잘못된 곡식을 경작해왔다. 우리 문화는 부정적인 것, 제한된 패러다임, 구식의 행동들, 의심, 불신, 고정관념, 그리고 오래된 종교적 구조들에 기초하고 있다. 우리 문화 속에 이러한 것들이 가득 차 있다면, 우리가 어떻게 하나님의 새로운 것을 받아들일 수 있겠는가? 유일한 방법은 그 마르고 황량한 곳에서 나와 생명의 강으로 뛰어드는 것이다! 영적인 분위기에 영향을 주고 하나님의 새로운 것을 경험하기 위해서 우리의 오래된 종교적 문화에서 나와야만 한다.

바리새인들의 문화

오래된 신앙 체계가 하나님의 새로운 것을 막는다. 바리새인들이 이 실수를 범한 가장 좋은 성경적 실례일 것이다. 바리새인들은 겉으로는 거룩했지만 하나님의 사랑을 결코 이해하지 못했다. 그들은 율법을 공부했다. 오래되고, 끝도 없고, 생명이 없는 기도들을 계발해나갔다. 그들은 모세의 율법에 기초한 오래된 구조의 일부분으로서 법과 규칙과 기대감 들을 지니고 있었다. 그들의 신앙 체계가 그들의 문화가 되었기에, 새로운 것이 왔을 때 그 밖으로 나갈 수가 없었다.

바리새인들은 그들의 방식 속에 고착되어 있었다. 예수님조차도 그들의 종교적인 전통을 깨고 새로운 진리를 보여주실 수가 없었다. 그분은 바리새인들에게 하나님 나라의 순수한 메시지를 전하기 위해 종교성으로 둘러싸이지 않은 다른 열두 명을 세우셔야 했다.

예수님은 종교적 시스템에 평화를 주기 위해 오신 것이 아니었다. 그분은 그들의 세계를 흔드시기 위해 오셨다. 그분은 그들의 종교적 시스템을 뒤엎으셨다—사실 예수님은 오늘날 우리의 종교적 시스템도 뒤엎어놓고 계신다.

예수님 당시의 바리새인들과 같이 오늘날에도 많은 사람이 변화를 거부한다. 그들은 정말로 오래된 것이 더 낫다고 믿기 때문이다. 하지만 하나님께서는 새로운 포도주를 붓고 계신다. 지금 붓고 계신다는 말이다!

새 포도주는 새 부대에

> 새 포도주를 낡은 가죽 부대에 넣는 자가 없나니 만일 그렇게 하면 새 포도주가 부대를 터뜨려 포도주가 쏟아지고 부대도 버리게 되리라 새 포도주는 새 부대에 넣어야 할 것이니라 묵은 포도주를 마시고 새 것을 원하는 자가 없나니 이는 묵은 것이 좋다 함이니라
> (눅 5:37-39)

어떤 부대(wineskins)들은 잘 준비되지 않아서 쉽게 해어지고 찢어진다. 하나님께서 모든 사람이 준비될 때까지 기다리실 거라고 생각하지 마라. 그분은 우리가 그분에게 얼마나 준비되었는지에 제한받지 않으신다. 하나님은 통치하고 계시며, 성령 충만한 삶을 위해 준비되지 않은 우리 삶의 영역을 드러내기 위해서 우리가 찢겨지고 해어지는 것을 허락하신다.

우리 중 많은 사람은 그 해어짐과 찢어짐이 잔인하다고 느끼기도 한다. 그리고 어느 정도는 사실 그렇다. 하지만 그 해어짐과 찢어짐, 그리고 문제들은 분명 하나님의 새로운 것으로 준비되기 위해서 우리 안의 어떤 것들을 고쳐야 하는지 알려준다! 그래서 하나님께서 그러한 것을 허락하시는 것이다. 하나님께서 당신을 흔드시는 시간에 악한 영을 묶고 있다면 시간을 낭비하는 것이다.

당신의 신앙 체계의 어떤 부분이 새로운 성령님의 역사를 받아들이지 못하게 하는지 자신에게 물어보라. 하나님께서 교회 예배의 순서를 바꾸실 때 당신을 거슬리게 하는 것은 무엇인가? 당신은 성령님을 위한 공간이 없는 특정한 "순서" 혹은 "구조"에 만족하고 있지는 않은가?

남편과 내가 어느 지역 교회를 섬기고 있었을 때, 우리는 빠른 곡 세 곡과 느린 곡 세 곡을 부른 후에야 하나님께서 움직이실 거라고 생각했다. 그것은 하나님의 영이 회중에게 사역하게 하는 준비 전략이었다. 우리는 항상 빠른 곡부터 시작했다. 그러던 어느 날 주님께서 말씀하셨다. "무슨 곡을 부를지 내가 정할 수 있도록 해주겠니?" 처음에는 그 말씀이 나를 뒤흔들었다. 나는 여태껏 그분께서 이끄시도록 허락해드렸다고 생각했다. 따라야 할 어떤 "공식"이 없다는 사실을 인정했을 때에야 비로소 새로운 차원으로 온전히 나아갈 수 있었다.

계획을 세우는 것이 절대 필요하지 않다고 말하는 것은 아니다. 우리는 여전히 매 예배를 위해 찬양 인도자와 의논한다. 그러나 언제든지 성령님의 이끄심에 따라 다른 노래나 다른 방향으로 움직일 준비가 되어 있다. 그분의 지시에 온전히 순복함을 통해서 더 많은 기름 부으심과 전보다 훨씬 더 많은 돌파를 경험했다.

새로운 돌파의 자리에 쉽게 혹은 하루 만에 도달한 것은 아니다. 여기에 이르기 위해서는 많은 해어짐과 찢김이 있었다. 십칠 년이 넘게 사역을 해온 지금에야, 겨우 어떻게 성령님을 따르는지에 대한 지식을 조금 얻었다고 느낀다.

하지만 하나님은 우리가 알아차릴 즈음에 또 다시 변화하신다! 이는 우리가 어느 방향으로든지 나아갈 수 있도록 우리를 유연하게 하시려는 하나님의 의도라는 것을 확신한다. 하나님은 우리가 하나님께서 부어주시는 새로운 포도주를 항상 담을 수 있도록 계속 새로운 부대로 남아 있기를 원하신다.

영적인 분위기 바꾸기

새로운 것을 받아들이려면 우리의 영적 분위기가 바뀌어야 한다. 그리고 이것을 위해서는 종종 새로운 시작이 필요하다. 포도주 부대를 새롭게 해야 한다.

새로운 시작의 때라고 느꼈을 때, 나는 내가 진정 누구인지를 알기 위해 창세기로 돌아가기로 결심했다. 하나님께서 그분의 형상대로 나를 만드셨고, 이 땅을 다스리고 정복할 힘을 주셨다는 것을 다시 한 번 깨달았다. 정복과 권위에 관한 것들을 더 읽기 시작했다. 그러는 동안, 내가 미처 알아차리기도 전에 나는 이미 권위를 가지고 걷고 있었다. 갑자기 내가 다르게 말하고, 다르게 기도하며, 남편이 말했듯 "할렐루야, 다르게 행동한다!"라는 것을 인식했다. 그 후에는 나의 환경이 변하기 시작하는 것을 알아차렸다. 주변 사람들은 더 긍정적이 되었고, 그들 또한 권위를 갖기 시작했다. 당신도 이런 식으로 당신의 분위기를 바꿀 수 있을 것이다.

오래된 것들로부터 빠져나오기로 결심했다면, 당신이 이미 천상의 자리에 앉아 있다는 사실을 먼저 깨달으라. 영적 변화를 경험하기 위해서는 환경 위에 하나님께서 주신 권위를 행사하기 시작해야 한다. 우리는 영적 분별력을 사용하여 부정적인 영이 활동하는 것을 묶고, 어두움의 영 위에 권위를 행사하며, 필요하다면 악한 영들을 쫓아낼 수도 있다. 이러한 도전에서 물러서지 말아야 한다. 이것이 영적으로 분위기를 바꿀 수 있는 유일한 방법이기 때문이다.

부정적인 분위기가 새로운 것을 막는다

하나님의 새로운 것이 부정적인 분위기에 의해 방해를 받을 수 있다. 정탐꾼들이 가나안 땅에 갔던 것을 기억하는가? 그들은 악한 영이 압제하는 분위기 속으로 들어갔다. 그들은 의심과 불신으로 가득 찬 그 지역의 견고한 진들에 의해 영향을 받았다. 이러한 영적인 분위기를 가지고 이스라엘 진으로 돌아왔고, 이 부정적인 것이 그 나라 전체에 "영향을 끼쳤다." 그 정탐꾼들의 의심과 불신은 그들 안에 하나의 문화로 자리 잡았고, 도래하는 몇 년 동안 계속 장려되었다. 사실, 그것이 그들의 삶에 크게 차지했기 때문에, 하나님은 "오래된 문화"를 제거하기 위해 모든 세대가 광야에서 죽는 것을 허락하셔야 했다. 오직 유일하게 긍정적인 보고를 했던 여호수아와 갈렙만이 그들의 사명으로 건너갈 수 있는 힘을 얻었다.

오늘날에도 마찬가지다. 하나님께서 우리에게 새로운 것을 받아들일 것을 요구하실 때, 긍정적인 자세를 취해야 한다. 오래된 행동 방식이 우리의 약속을 훔쳐가게 해서는 안 된다. 약속된 땅으로 들어가기 위해 마음을 준비해야 한다. 만약 우리의 믿음이 종교적인 구조 안에 고착되어 있다면, 약속의 땅으로 들어가는 돌파를 놓치게 될 것이다. 지금이 종교적 패러다임, 제한된 생각, 그리고 전통에서 벗어나 하나님의 영광을 온전히 받아들일 때다.

당신의 감정을 믿지 마라

하나님의 새로운 것을 받아들이기 위해서 하나님의 말씀과 그분의 영에 집중해야 한다. 우리의 감정에 집중해서는 안 된다. 우리의 사고방식이 우리를 제한시키는 견고한 진이 되기 때문에 감정을 완전히 신뢰해서는 안 된다. 또한 오래된 신앙 체계와 오래된 구조도 신뢰할 수 없다. 앞에서 언급했듯이, 오래된 신앙 체계는 우리를 과거에 묶어놓고, 성령님의 온전하심을 받아들이는 것으로부터 우리를 막는 견고한 진이 된다.

우리의 감정이 방해꾼이 된다. 예수님께서 베드로에게 "너희는 나를 누구라 하느냐?" 하고 물으셨을 때, 베드로는 대단한 열정과 하나님의 계시를 가지고 말했다. "주는 그리스도시요 살아 계신 하나님의 아들이시니이다"(마 16:15-19을 보라). 예수님께서는 베드로의 대답에 감동하셨고 그의 모든 교회를 이 계시 위에 지으실 것이라고 선포하셨다. 하지만 이후에 예수님께서 자신의 죽음을 말씀하셨을 때, 베드로는 엄청난 계시 밖으로 나와 "그리 마옵소서!"라고 말했다. 예수님께서 어떻게 반응하셨는가? "사단아 내 뒤로 물러가라!"(마 16:23)

변화의 때에, 우리는 자신을 신뢰해서는 안 된다. 하나님의 말씀과 그분의 영에 집중하고 있어야 한다. 그렇지 않으면 감정이 승리하게 될 것이다. 계속 새로운 종교적 문화를 발전시킴으로, 우리의 사고 과정 속에 진리가 온전히 스며들게 해야 한다.

죽음의 구조를 타도하기

하나님의 새로운 것을 받아들이는 것은 죽음의 구조를 타도하는 것과 관련이 있다. 12장에서 이것을 더 자세하게 다룰 것이지만, 여기에서 죽음의 구조가 미치는 영향을 어느 정도 나누고 싶다.

생명을 풀어놓지 않는 것은 어떤 것이나 죽음을 풀어내는 것으로 인식되어야 한다. 그래서 이러한 것들을 "죽음의 구조"라고 부른다. 「웹스터 사전」은 구조(Structure)를 "빌딩이나 다리와 같이 어떤 것이 지어지는 방식을 의미함"[1]이라고 정의한다. 이것은 사실 몸의 기관과 장기들이 만들어지는 것을 의미한다. 구조는 의미상 뼈대(frame)라는 말과 비슷하다. 몸을 이야기할 때, 우리는 종종 "몸의 골격"(body frame)이라고 표현한다. 이 골격에는 몸의 구조(structure)와 뼈들(bones)이 포함된다. 뼈는 다른 모든 장기를 지탱해준다. 영적인 의미에서, 구조는 어떤 조직이나 신앙 체계 혹은 교리의 골격이라 할 수 있다.

성경은 율법주의가 있는 곳에는 죽음이 있다고 말한다. "저가 또 우리로 새 언약의 일꾼 되기에 만족케 하셨으니 의문으로 하지 아니하고 오직 영으로 함이니 의문은 죽이는 것이요 영은 살리는 것임이니라"(고후 3:6).

율법, 교리 혹은 종교적 구조에 이끌림을 받고 성령의 이끌림을 받지 않는다면, 생명이 아니라 죽음을 경험하게 될 것이 분명하다. 수많은 교회가 성령님께 생명을 사역하실 기회를 드리지 않음으로 인해 얼마나 많이 죽어 있는지를 보라. 이것은 정말 가슴 아픈 일이다.

현재 그리스도의 몸은 죽음의 구조를 타도해야 하는 시기에 있다. 하나님은 부활의 능력을 그리스도의 몸에 풀어놓을 수 있는 새로운 골격을 가지고 계신다. 우리는 하나님의 부활의 능력이 흐르게 함으로써 하나님께서 죽은 교회들을 다시 살리실 수 있도록 해야 한다. 하나님은 우리가 엘리사의 겉옷을 취할 수 있도록 그분의 교회를 재구성하실 것이다.

엘리사의 겉옷

엘리사는 그의 멘토였던 엘리야가 행한 것보다 두 배나 많은 기적을 행했다. 그는 엘리야를 끝까지 따라간 것으로 유명하다. 엘리야가 그를 놔두고 가버리려고 했을 때도 엘리야를 섬기는 데 신실했다! 주님께서 엘리야를 하늘로 데려가셨을 때에도 그는 요단 강 앞에 있었고, 엘리야의 망토를 취해서 그것으로 요단 강을 나누었다.

그는 물을 깨끗하게 했고, 저주를 선포하여 임하게 했고, 성공을 예견했고, 초자연적으로 과부를 먹였다. 또한 죽은 자를 살렸고, 음식에서 독을 빼내었으며, 적은 양으로 백 명을 먹였다. 문둥병 환자였던 나아만을 치료하였고, 도끼 자루를 물에 뜨게 하였고, 시리아 왕의 비밀 전쟁 계획을 밝혀냈다.

그는 그의 하인이 초자연적인 것을 보도록 기도했고, 전 군대를 눈멀게 했으며, 죽음과 승리를 예견했다. 죽은 사람의 시신이 엘리사의 뼈가 묻힌 무덤에 놓였을 때에, 그 죽은 사람이 살아나기까지 했다! 와!

오늘날 교회에는 그러한 엘리사의 뼈들이(구조) 필요하다. 생명을 주는 부활의 능력이 교회, 사역, 그리고 삶에 흐르게 해주는 구조가 필요하다. 이러한 종류의 능력을 가지기 위해서는 영적으로 변화해야 하고, 기적을 받아들이고, 기적 안에서 움직이고, 성령님께서 능력과 권능으로 역사하시도록 해야 한다. 하나님의 새로운 것을 받아들이기 위해서는 엘리사의 겉옷을 집어 들어야 한다.

그 뼈들, 그 뼈들, 그 마른 뼈들

에스겔 37장에 보면 에스겔은 골짜기에 놓인 마른 뼈의 군대에게 예언해야 했다. 그 군대는 죽어 있었다. 그는 예언적으로 오래되고 죽고 마른 구조 위에 예언하라는 부르심을 받았다.

나는 예언적인 계시로 볼 때에 죽은 군대가 하나님께서 불붙이시기를 원하는 모든 죽은 종교를 나타낸다고 믿는다. 이것을 상상해보라. 오늘날 엘리야의 무리들이라 할 수 있는 기름 부음 받은 예언자들이 이 죽은 뼈-생명이 없는 죽은 교회의 구조-들에게 다가간다. 그분께서 에스겔에게 하신 것처럼, 예언자들에게 물으신다. "이 죽은 구조들이 살아날 수 있겠니?" 예언자들은 자연적인 눈으로 바라본 후에 "오, 하나님. 당신만이 아십니다. 사실 우리한테는 그건 불가능해 보이는데요!"라고 말한다. 그때 소망과 생명과 돌파의 하나님이 에스겔에게 죽은 뼈들에게 말하라고 하셨던 것과 같이, 예언자들에게 오래되고 마르고 죽은 구조들에게 예언하라고 말씀하신다. "이 죽은 종교적 구조들에게 살아나라고 말해라! 이 죽은 구조들에게 연합하여 나의 생기를 받아들이고, 성령에 의해 움직이는, 새로운 생명이 있는, 살아 숨 쉬는 조직체가 되라고 말해라!"

하나님은 지금 우리를 부르셔서 죽은 뼈들에게 예언하라고 말씀하신다. 하나님은 우리로 하여금 그의 생명을 교회에 말하게 하심으로써 그분의 새로운 것이 교회 안에 흘러넘칠 수 있도록 우리를 부르신다.

더러운 영들은 "나를 내버려둬!" 하고 외칠 것이다

예수님께서 더러운 영들을 쫓아내시려 하셨을 때, 그들은 내버려두라고, 즉 쫓아내지 말라고 소리쳤다(막 1:24을 보라). 더러운 종교의 영들은 오래된 구조들을 떠나야 할 때에 항상 그런 식으로 소리친다.

이 악한 영들은 일어나서 말한다. "나를 내버려둬! 교회를 그냥 내버려둬. 우리는 오래된 구조를 좋아해. 우리는 바뀌고 싶지 않아!"

하나님께서 우리의 구조를 바꾸기 시작하실 때, 그러한 소리를 들을 수 있을 것이다. 그러나 우리가 진정 새로운 것을 받아들이고 있다면 이러한 악한 영의 음성이 들리지 않을 것이다. 우리는 죽음의 수의를 벗고 일어나 새로운 생명을 받아들일 것이다. 그러면 연합하여 위대하고 능력 있는 군대를 이루게 될 것이다. 할렐루야!

당신은 하나님의 새로운 것을 받아들일 준비가 되었는가?

당신은 신선한 생명의 생기를 받을 준비가 되었는가? 당신이 죽은 것 같고 메마른 것처럼 느낀 적이 있는가? 그 이유가 당신이 변화가 불가능하다고 결정을 내렸기 때문이라는 것도 알고 있는가? 우리에게 필요한 것은 회개한 후에 변화하겠다고 굳게 결심하는 것이다. 오늘 일어나서 생명을 받으라!

이제 당신은 광야에서 나오기 위해 몇 가지 행동을 취해야 한다.

- 당신의 삶 속에서 당신을 광야에 있도록 만드는 문제들을 적어보라.

- 이제 광야에서 나오기로 결심한 당신을 하나님께서 어떻게 사용하시기를 원하는지 그 목록을 적어보라.

- 광야에서 나오기 위해 발걸음을 내디딜 때, 당신에게 힘을 줄 수 있는 성경 말씀의 목록을 적어보라.

- 이제 사탄이 하나님의 말씀을 듣도록 그 성경 말씀을 크게 선포하라. 하나님께서 이미 당신의 소명을 계획해놓으셨으므로 악마에게 떠나라고 명령하라.

- 당신의 삶을 위해 당신이 바라는 새로운 구조를 묘사해보고, "새로운 것"으로 옮겨갈 수 있도록 하나님께서 힘을 주실 것을 감사하라.

- 이제 준비가 되었는가? 옮기라! 그리고 뒤돌아보지 마라!

제6장 | He Is Back from the Future

그분이 미래에서 오셨다

다 여호와의 이름을 찬양할지어다 그 이름이 홀로 높으시며 그 영광이 천지에 뛰어나심이로다(시 148:13)

몇 개의 이름과 별명을 지닌 우리들과는 달리, 하나님은 이름이 많으시다. 성경 말씀이 하나님의 이름을 지칭할 때에는 어떤 사람이 무엇으로 유명한지를 함축하는 히브리 단어 셈(shem)이 사용된다.[1] 정말 멋진 생각이 아닌가? 하나님의 이름들은 그분께서 무엇으로 유명하신지를 우리에게 알려준다. 하나님의 모든 이름은 그분께서 하셨던 일 그리고 여전히 우리를 위해 하실 수 있는 일들의 특성이다. 그분의 명성, 그분의 영광(그분이 어떤 존재로 영광받으시고 무엇을 하실 때 영광 받으시는지), 그리고 그분의 명예를 함축한다.

또한 이름이라는 말은 이름을 통해 세워짐이 일어난다는 뜻을 함축하는 또 다른 히브리 단어 숨(Suwm)에서 왔다.² 다른 말로 하자면, 하나님의 이름들은 거룩한 질서를 가져온다. 하나님은 많은 이름을 통해서 각각의 이름이 지닌 속성들을 풀어놓으심으로 우리의 환경에 거룩한 질서를 부여하신다.

성경 속에서 하나님은 여러 이름을 통해 자신을 드러내셨다. 첫 번째는 **엘로힘**(Elohim)으로서 "창조자 하나님"과 "삼위 일체 하나님"이었다(창 1:1을 보라). 아브라함의 적들을 그의 손에 붙이신 분은 **엘 엘리온**(El Elyon)으로 "가장 높으신 하나님"이었다(창 14:20을 보라). 창세기 22장은 하나님께서 어떻게 아브라함을 시험하셨는지, 그리고 시험 뒤에 아브라함이 그분을 **여호와 이레**라고 부른 것을 기록해놓았다. 이는 그분이 "공급하시는 하나님"이라는 의미다. 하나님은 자신의 명성과 평판, 그리고 영광의 특성들을 드러내기를 원하실 때마다 새로운 이름으로 자신을 나타내신다. 하나님은 자신의 이름을 계시하심으로 그분의 이름이 지닌 속성들이 성취될 수 있도록 우리 상황이나 삶 속에 거룩한 질서를 부여하신다.

하나님께서 자신을 **여호와 라파**(Jehovah Rapha) 즉, "우리의 치료자"라고 알리셨을 때, 자신이 우리를 치료하시는 하나님이라는 사실을 계시하신 것이다. **여호와 샬롬**(Jehovah Shalom)은 "평화의 하나님"이라는 뜻이다. 하나님은 오늘날 이 두 가지 이름을 우리에게 알리셔서 우리의 삶 속에 치유와 평화를 구축하신다. 우리가 재정적인 문제로 힘들어할 때, 그분이 **여호와 이레**, 즉 "우리의 공급자 하나님"이시기에 모든 필요를 공급해주실 수 있다는 것을 알게 된다. 우리의 유일한 책임은 믿음으로 그분의 이름 안에 있는 특성들을 받고 그분께서 공급해주실 수 있다는 것을 믿는 것이다.

그분의 이름이 선포하는 모든 것을 그분이 세우실 수 있다는 사실을 이해하는 것은 대단한 계시다. 그분의 이름을 아는 것 그리고 그분이 그분의 속성에 따라 우리를 축복하기 원하신다는 것을 아는 것은 우리가 앞으로 나아가고 우리의 거룩한 사명을 성취하는 데 큰 힘이 된다.

모세가 바로의 앞에 나아가기 전까지, 모세와 이스라엘 백성은 하나님을 오직 한 가지 이름으로만 알고 있었다. 그들은 하나님을 **엘 샤다이**(El Shaddai)와 연관시켰고 다른 이름으로는 그분을 온전히 이해하지 못했었다.

엘 샤다이(El Shaddai)는 "가슴이 많이 있는 자"라는 뜻으로 번역할 수 있는데, 이는 하나님의 모성을 나타낸다. 그 이름은 자기 새끼를 해치려는 적들과 물러서지 않고 싸우는 어미 곰을 연상시켜준다. **엘 샤다이**라는 이름 안에서 하나님의 전사와 같은 특성이 모성적 모습으로 표현되는 것을 인식할 수 있다. 그때까지 이스라엘 백성은 하나님의 이러한 속성만을 목격해왔다. 하나님께서 자신을 "어머니와 같이" 이스라엘을 돌보는-먹이고, 키우고, 그들을 보호하는-분으로 드러내셨기 때문이다.

그들이 애굽의 포로 생활에서 풀려나기 전까지는, 하나님께서 그분의 이름이 지닌 다른 속성들을 받아들이도록 도전하지 않으셨다. 하나님은 그분의 자녀들을 성숙하게 만들고 계셨다. 하나님은 그들이 이해하고 받아들이기를 원하는 다른 속성들도 지니셨다.

출애굽기 6장에서, 하나님께서는 모세에게 바로 앞으로 나아가 "내 백성으로 가게 하라!"라고 말하라고 지시하셨지만, 모세는 거부했다. 그는 하나님과 논쟁하였고, 이스라엘 백성이 그의 말을 듣지 않을 것이라고 단정했다. 그러자 하나님은 모세에게 자신이 **여호와**(Jehovah)이며, 과거의 세대들은 그분을 단지 "전능한 하나님"으로만 이해했다고 말씀하셨다.

> 하나님이 모세에게 말씀하여 가라사대 나는 여호와로라 내가 아브라함과 이삭과 야곱에게 전능의 하나님으로 나타났으나 나의 이름을 여호와로는 그들에게 알리지 아니하였고 가나안 땅 곧 그들의 우거하는 땅을 주기로 그들과 언약하였더니 (출 6:2-4)

여호와(Jehovah) 하나님께서 그분 자신을 그 백성에게 나타내셨다. **여호와**라는 이름은 우리 미래의 하나님이라는 뜻을 내포한다! "항상 존재하는 분", "이제도 계시고, 이전에도 계셨고, 영원하신 하나님"을 의미한다. 이스라엘 백성은 그분을 주님(Lord)로서는 온전히 이해하지 못했다. 그러나 하나님께서는 그들이 그분 본질의 이러한 속성을 이해하기를 원하셨다. 더 나아가서 모세에게 그 이름을 통하여 그분의 자녀들과 언약을 세우시고 그들을 구원하실 것이라 말씀하셨다.

그때는 이스라엘 백성이 속박에서 풀려나 약속된 미래의 땅으로 건너가는 때였다. 하나님께서는 자신을 그들의 미래의 하나님으로 드러내셨다. 그분은 시작부터 계셨고, 끝을 아시는 분이다. 그러므로 그분은 미래에서 오신 하나님이시다!

그분은 우리의 미래의 하나님이시다

우리는 여러 가지 많은 이름을 통하여 하나님을 알 수 있다. 특별히 여호와라는 이름은 우리에게 얼마나 위로가 되는가! 여호와, 하나님은 우리의 미래를 아시고 우리를 미래로 보내주시는 하나님이시다.

지금은 오래된 것들로부터 나와 새로운 것 안으로 들어가야 할 때다. 따라서 하나님에 대한 우리의 관점을 제한시키는 오래된 고정관념에서 뛰어나와야 한다. 하나님이 주님(Lord)이시라는 사실을 기억하라! 하나님은 우리의 미래를 알고 계시며 그분이 약속하셨던 것들을 이루실 수 있는 분이다.

> 나 여호와가 말하노라 보라 내가 이스라엘 집과 유다 집에 대하여 이른 선한 말을 성취할 날이 이르리라(렘 33:14)

스스로에게 온전히 정직하다면, 우리도 포로 생활에서 풀려나기 전 이스라엘 백성처럼 하나님을 제한시켰고 또한 약속하신 것을 성취하실 수 있다는 그분의 능력을 제한시켰다는 사실을 인정할 것이다. 우리는 천국의 계획을 이 땅에 가져오기를 원하시는 하나님의 소망을 의심했었다. 우리의 의심과 불신이 견고한 진들이 되어서, 우리의 삶을 위한 하나님의 최고의 것을 받는 데 필요한 믿음을 제한시켜왔다. 그러므로 고정관념과 종교적 패러다임에서 빠져나와야만 하는 것이다.

하나님을 과거에 제한시키기

이스라엘 백성은 하나님의 능력을 제한한 것뿐만 아니라, 그분께서 어떻게 말씀하실지 제한했다. 애굽에 있었을 때 그들은 바로에게 묶여 있었다. 그들은 사백 년이 넘도록 구원해달라고 울부짖었다. 하루하루를 구원을 위한 기도로 소비했다. 그러나 그들이 결국 구원받았을 때에는 광야에서 시험에 빠져서 다른 구원자를 달라고 울부짖었다! 하나님께서 과거에 구원자를 보내주심으로 그들의 기도에 응답하셨던 것처럼, 그들은 다시 그 환경에서 벗어나게 될 것을 기대했던 것이다. 그들은 쓴 물이 나오는 곳에서 첫 번째 시험을 받는 동안, 하나님이 제공해주실 것을 믿는 대신에 그 상황에서 구원해달라고 울부짖었다.

우리도 과거에 그분이 어떻게 말씀하셨는지에 따라 하나님을 제한시킨다. 예를 들어, 나는 어떤 사업가가 하나님께서 십 년 전에 하셨던 방법대로 역사해주실 것을 기대하는 것을 본 적이 있다. 그는 고용될 수 있는 기회, 투자, 그리고 경제적 예보의 오래된 패턴을 믿었다. 하나님께서 변화를 가져오기 시작하셨을 때 그는 상실과 혼란으로 괴로워했다. 주의하지 않는다면 우리도 그와 같이 행하게 될 것이다.

이 새로운 시기에 하나님께서는 우리가 단순히 그 상황으로부터 벗어나게 되는 것보다 돌파를 믿고, 그분의 영광이 드러나는 것을 믿도록 도전을 주신다. 우리는 더 이상 오래된 패턴을 신뢰할 수 없다. 성령님께서 주시는 새로운 지시를 들을 영적인 귀를 발달시켜야만 한다.

심지어 모세조차도 오래된 패턴을 가지고 하나님께 나아갔다. 민수기 20장을 보면 이스라엘 백성은 광야에 있었고 또 목말라했다. 보통 이스라엘 백성의 패턴은 그들의 문제들을 놓고 모세와 아론을 탓하는 것이었고, 이번에도 예외가 아니었다. 하나님께서는 모세에게, 바위에게 명하여 물이 터져 나오게 하라고 지시하셨다. 바위를 치라고 하셨을 때와는 다른 전략이었다.

모세는 불순종하여 바위에게 명하는 대신에 그것을 내리쳤다. 이스라엘 백성이 모세로 하여금 견딜 수 없을 만큼 화나게 한 것이다. 그러나 그것은 주님의 음성을 의지적으로 불순종한 것에 대해서는 그럴싸한 변명이 될 수 없다. 아마도 모세는 오래된 고정관념을 가지고 있었고, 이전의 패러다임을 버리고 오늘의 새로운 지시를 따르는 것이 쉽지 않았을 것이다. 과거에 하나님께서 그에게 말씀하셨기 때문에, 모세는 하나님의 음성을 알고 있었다. 이제 하나님께서는 모세를 위한 그분의 돌파 전략을 바꾸셨다. 모세는 '그건 분명히 하나님의 목소리가 아니야! 지난번에 말씀하셨을 때는 돌을 치라고 하셨잖아. 아마 내가 그분의 음성을 잘못 이해했나 봐'라고 생각했을 수도 있다. 오래된 패러다임으로 인하여 모세는 불순종으로 나아갔고, 온전히 순종하지 못한 것으로 인해 약속의 땅에 들어갈 수 없었다.

우리는 약속을 놓치고 싶지 않다. 정말 그렇지 않은가? 그렇다면 오래된 패러다임에서 빨리 나와야 한다. 그것이 주님의 음성을 받아들이는 것에 방해가 되기 때문이다.

하나님과 함께 새로운 장소로 옮겨가기

이스라엘 백성은 옮겨가지 못했다. 사실 모세 자신도 완전히 옮겨가지 못했다. 출애굽기 6장 7-8절에서 하나님은 모세에게 애굽의 멍에 아래 있는 이스라엘 백성을 구원해주시겠다고 말씀하셨다. 그러나 이스라엘 백성은 그들이 지니고 있던 과거의 노예적 사고방식이라는 패러다임에서 빠져나올 수 없었다. 그들은 믿음을 제한하는 구조의 노예가 되었고, 그래서 계속해서 자신들을 노예로 여겼다.

모세조차도 하나님께서 그를 보시는 대로 그 자신을 보지 못했다. 그는 계속 하나님께 그의 말이 얼마나 어눌한지 말씀드렸고, 자신이 생각하는 무능함에 기초해서 변명을 늘어놓았다. 이때 하나님은 모세를 바로에게는 신과 같은 존재로 만드셨다는 사실을 상기시켜주셨다.

당신은 마귀가 당신을 볼 때 예수를 본다는 사실을 깨닫는가? 거듭났다면 당신은 그리스도와 같은 사람이다. 그리고 모세와 같이, 당신의 삶 속에 있는 바로에게 가까이 갈 때에, 당신을 속박에서 풀어놓아 가게 하라고 명령할 수 있다—당신은 당신의 바로에게 신과 같은 존재다.

가장 높으신 하나님의 성도들인 여러분은 이와 같이 하나님과 함께 새로운 장소로 옮겨가기를 시작해야 한다. 당신은 그리스도 예수 안에서 당신이 누구인지를 깨달음으로 원수와 직면하여 싸우고, 또한 당신의 미래로 나아갈 수 있는 힘을 얻게 된다!

나는 대부분의 독자와 마찬가지로 여러 문제로 인해 도전을 받았다. 하나님께서 새로운 것들을 말씀하실 때마다, 오래된 패러다임은 즉각적으로 도전을 받는다. 나는 성령님께서 우리 교회에 웃음을 선사하셨을 때를 기억한다. 기쁨과 웃음이 터져 나온 사건은 놀랍고 신선한 것이었지만, 나는 여전히 이 새로운 포도주에 관한 고정관념 때문에 씨름하고 있었다. 나는 이것이 하나님의 영에 의한 거룩한 역사라는 사실을 알고 있었지만, 반면에 통제 불능인 것처럼 느껴졌고, 또한 다른 사람들이 이러한 하나님의 역사를 어떻게 볼 것인지 걱정스러웠다. 불행히도 이러한 하나님의 "새로운 것"은 잘못 이해되어, 깨지기 쉬운 것으로 간주되었다. 실제로 우리 교인 중 몇몇은 교회를 떠나기도 했다. 하나님께서 역사하시는 방법이 그들의 종교적 패러다임에 맞지 않았던 것이다. 우리의 성실함을 불신케 하기 위해 재빨리 들어온 종교의 영들과 싸우지 않아도 되었다면, 성령님의 새로운 역사를 받아들이는 것이 더 쉬웠을 것이다.

단지 종교적 패러다임과 고정관념들 때문에 지금까지 성령님의 많은 역사가 오해되고 잘못 판단되었다. 하나님께서 우리를 축복하고 싶어 하시고, 또한 성령님을 충만하게 부어주고 싶어 하신다는 점을 생각하면 정말 불행한 일이다. 그분을 신뢰하지 않는다면, 우리는 결코 천국이 실제로 이 땅에 임하게 하는 온전한 하나님 나라의 메시지 속으로 들어가지 못할 것이다.

그분의 불덩어리에 관한 환상

나는 오래된 나의 패러다임이 도전을 받았던 또 다른 때를 기억한다. 남편과 내가 지역 교회를 섬기는 것을 중단하고 순회 사역자로서의 새로운 책임을 받아들인 후에, 하나님께서는 하나님 나라 훈련 센터(Kingdom Training Center)에 관해 말씀하셨다. 갑자기 우리는 무언가 다른 것–우리가 사도적으로 감독하는 훈련 센터–으로 도전을 받고 있었던 것이다. 우리는 더 이상 목사가 아니었고, 사도가 되는 변화 과정에 있었다. 비록 이것이 분명히 새로운 과제였고 색다른 개념의 훈련이었지만, 나는 이 새로운 모험에 관하여 말씀하시는 분이 하나님이라는 사실을 알고 있었다. 그러나 나의 패러다임–내 능력을 제한하는–이 고개를 치켜들었다. "하나님, 무슨 말씀이세요. 하나님 나라 훈련 센터를 지으라고요? 그게 뭔데요? 우리는 할 수 없어요!"

그때 나는 하나님께서 우리를 위해 준비하신 새로운 것으로 옮겨가는 데 도움을 주었던 환상을 보았다. 분명히 불덩어리가 소리를 내며 나를 향해 날아오는 것을 보았다. 나는 즉시 그 불덩어리가 천국에서 왔다는 사실을 알아차렸다. 그것은 나에 대한 그분의 말씀에 의해 온 것이었다. 그것이 가까이 오자 주님께서 말씀하셨다. *"내가 거룩하다고 말한 것을 지켜라. 내가 말한 것을 구별하여 거룩하게 지켜라. 그것이 의심과 불신으로 더럽혀지지 않게 하고, 네 마음속에 잘 간직해라. 그것을 적이 훔쳐가지 못하게 하고, 내 앞에서 거룩하게 지켜라."*

하나님께서는 이 말씀을 하셨을 때에 매우 진지하셨다. 나는 두려움과 떨림 속에서 그 비전을 적으려고 종이와 펜을 찾았다. 몇 분 안에, 나는 이와 똑같은 지시를 받았던 모세를 연구하게 되었다.

거룩하게 지키기

모세는 그러한 하나님과의 만남에 내가 반응한 것과 같이 반응하였다. 모세가 하나님을 만났을 때, 하나님은 모세에게 그가 서 있는 땅이 거룩하니 신을 벗으라고 말씀하셨다. 사실 그때 땅의 분자 하나조차도 바뀌지 않았었다. 그러나 하나님께서 그것이 거룩하다라고 하셨기에 그 땅은 거룩한 땅이 되었다. 하지만 거룩한 것은 단지 그 지역의 흙만이 아니었다. 하나님께서는 또한 모세의 마음에 대해 말씀하셨다. 하나님께서 모세의 마음에 하신 말씀들은 거룩했고, 모세는 그 말씀을 그가 자신에 대하여 생각하는 것과 구별하여 그의 잠재력을 깨닫고 그의 삶에 대한 하나님의 뜻이 거룩함을 껴안으라는 지시를 받았다. 하나님께서 모세에게 선포하려고 하셨던 것은 거룩했고, 모세가 그의 부르심을 의심할 때마다 그는 머릿속에 있는 지식과 구별하여서 하나님께서 말씀하신 것을 거룩하게 지켜야 했다.

우리가 약속의 땅으로 건너갈 때 도둑은 우리의 사명을 훔치려 한다. 도둑을 경계해야 한다.[3] 불붙은 나무 앞에 서 있는 모세와 같이 되어야 한다. 하나님께서 말씀하시는 모든 것에 대하여 마치 우리가 불붙은 나무 앞에 서 있듯이 응답해야 한다. 우리는 그 땅을 "거룩하게" 다루어야 한다. 우리가 그 일에 부적절하다는 생각이 들지라도, 우리의 땅을 차지할 수 있을 것이라는 사실을 믿어야만 한다.

모세가 광야 여정의 끝에 다다랐을 때 얼마나 지쳐 있었을지 상상할 수 있는가? 나는 그가 광야에서 도전을 받았을 때마다 줄곧 그의 마음을 지켜야 했을 것이라 생각한다. 메마른 시기에 "거룩하게 지키는 것"은 어렵고, 특히 사탄이 경주를 끝내라고 유혹하면서 수건을 던져줄 때는 더욱 그렇다. 이스라엘 백성은 마실 물이 다시 필요했을 때 불평을 늘어놓았고, 결국 모세는 화가 나서 반석을 내리쳤다. 반석에게 명령하라는 하나님의 지시를 지키지 않았다. 그의 감정으로부터 분리되지 못했기 때문이다. 모세는 이 불순종의 행위로 말미암아 약속의 땅으로 건너갈 수 없었다.

당신의 미래로 뛰어들라!

집을 떠나는 것, 특히 부모님과 가깝게 지냈을 때 집을 떠나는 것은 쉽지 않다. 나의 부모님은 내가 그분들의 보호와 지혜, 돈을 의지하고 있었기 때문에 나를 둥지로부터 쫓아내야 했다!

심지어 내가 대학생이었을 때에도 부모님께서 학비와 기숙사 비용을 내주셔서 나는 아무런 염려 없이 기숙사 생활을 즐길 수 있었다. 나는 직업을 갖기로 결정했던 어느 여름을 기억한다. 나는 아파트로 이주하였고, 직장을 구했다. 학생이라는 사실이 고용주들에게 깊은 인상을 주지 못했고, 많은 봉

급을 주지도 않아서, 나는 최저 임금에 만족해야 했다. 그 여름은 정말 배고픈 여름이었다! 그 직장에서 삼 개월을 버틴 후 다시 대학으로 돌아와 쉬운 삶을 영위했다. 나는 언제가 좋은 시절이었는지를 잘 알고 있다.

집을 완전히 떠나야 할 시간이 왔다. 끔찍하게 두려웠다. 비록 언젠가 결혼을 하겠지만, 미래에 대한 불안감은 정말 나를 괴롭게 했다. '충분한 돈이 없으면 어떻게 하지? 괜찮은 직장을 찾지 못하면 어떻게 하지?' 이런 생각들이 결혼 전 수일 동안이나 나를 괴롭혔다. 마침내 어머니는 나를 앉혀놓고, "샌디야, 이제 떠날 때가 되었구나!"라고 말씀하셨다.

과거를 회상해볼 때, 나는 부모님의 "모성적 속성"에 의존하고 있었다. 집에 머무를 때 위로와 안전함 그리고 평화를 느꼈다.

우리가 안전한 곳인 "집"을 떠나야 할 때는 **엘 샤다이**(El Shaddai) 하나님을 놓아주고, 우리 미래의 하나님이신 **여호와**(Jehova) 하나님을 껴안아야 한다. 하나님께서 자녀들을 돌보는 어머니와 같이 여전히 위로자와 보호자가 되어주시겠지만, 적당한 때에 둥지 밖으로 나와야 한다. 그렇지 않으면 결코 자라지 못하고 앞으로 나아가지 못할 것이다.

엄마 독수리는 둥지의 부드러운 깃털들을 한 번에 조금씩 제거하면서 아기 독수리들에게 둥지를 떠날 준비를 시킨다. 며칠에 걸쳐 푹신한 바닥은 다 제거되고 남은 것이라고는 뾰족한 잔가지들과 가시들뿐이다. 아기 독수리들은 오래되고 정든 둥지를 떠나 날아가는 것밖에 다른 선택이 없다.

이것은 하나님께서 우리가 믿음의 큰 발걸음으로 오래된 장소에서 나오도록 만드실 때에 그대로 적용된다. 하나님께서는 우리의 삶을 불편하게 만드신다. 우리는 불만족스러워하며 메마르고 목마른 상태가 되어 변화가 필요함을 깨닫는다. 편안한 곳을 매우 불편한 곳으로 만드셨기 때문에 우리는 오래된 둥지를 떠날 수밖에 없다. 이때가 우리의 미래의 하나님이신 주 여호와께서 우리의 삶을 떠맡으시는 시간이다.

우리의 역할은 그분께서 우리에게 주신 천국의 전략들을 사용하는 것이다.

1. 당신이 변화하는 과정에 있을 때는 하나님의 음성이 이전과 같지 않다는 것을 기억하라.
2. 이 변화의 시기 동안 하나님께서 "거룩하다"라고 말씀하신 것을 기억하고 지키라.
3. 당신의 미래의 하나님께서 자신을 당신에게 드러내고 싶어 하신다는 사실을 기억하라.

그분의 말씀을 신뢰하라. 그분의 새로운 음성을 들으라. 그분께서 "거룩하다"라고 하신 것을 지키라. 그리고 새로운 방법으로 그분을 만나라.

나는 당신이 당신의 미래로 도약하기를 촉구한다. 미래의 하나님께서 당신의 도착을 기다리신다!

생각해볼 점

■ 하나님께서 무언가 "다른 것"을 당신에게 말씀하셨는가? 다른 말로 하자면, 당신은 "변화"의 중간에 있는가? 그렇다면 아마도 "그것을 거룩하게 지키는 것"이 요구될 것이다. 어떻게 그분의 계획을 구분하여 "거룩하게 지킬 것"인지를 아래에 적어보라.

■ 하나님께서 스스로를 당신의 미래의 하나님으로 계시하시는가? 새로운 곳으로 들어가는 것과 관련하여 어떤 예언의 말씀을 받았는가? 당신의 미래에 대한 계획을 적어보고 어떻게 변화하기로 결심했는지 적어보라.

■ 당신이 미래로 변화되어갈 때 껴안아야 할 "불덩어리"의 이름을 적어보라. 그리고 그 불덩어리를 껴안을 때 필요한 주님의 은혜를 구하는 기도문을 적어보라.

제7장 | Coming Out of the Wilderness

광야에서 나오기

> 모세가 홍해에서 이스라엘을 인도하매 그들이 나와서 수르 **광야**로 들어가서 **거기서** 사흘 길을 행하였으나 물을 얻지 못하고(출 15:22, 굵은 글씨는 저자 강조)

우리 대부분은 "여기"(Here)에서 떠나 "저기"(there)라 불리는 약속된 땅으로 가기 위해 모든 분량의 믿음과 에너지를 사용한다. "저기"로 여행하며 나아갈 때에 변화와 전환(transition)의 시기가 요구된다. 간단히 말해서 전환은 한 장소에서 다른 장소로 옮기는 것이다.

"저기"에 온전히 다다르기 위해서 우리의 오래된 습성을 버려야 한다. 하나님 안에서 우리의 사명을 성취하기 위해서는 오래된 장소에서 빠져나와 새로운 장소로 들어가야 한다.

우리 중 많은 사람이 "저기"로 가는 동안 광야를 경험해왔다. 「웹스터 사전」에 따르면 **광야**는 다음과 같은 의미다.

1. 사막(모래가 가득한 곳)
2. 경작되지 않고 사람이 살지 않는 영역, 야생, "야생"에서의 삶
3. 무질서의 상태[1]

출애굽기는 "광야"를 이스라엘 자녀들이 사십 년이 넘도록 헤맨 장소로 언급한다. 그들의 광야는 많은 시험과 도전으로 구성되어 있었고, 하나님은 그곳에서 그들의 믿음과 순종을 측정하셨다. 히브리어로 광야라는 말 속에는 고독한, 불모의, 그리고 외로운이라는 뜻이 담겨 있다.[2] 흥미롭지 않은가? 이 두 가지 정의를 비교해볼 때 광야의 경험을 다음과 같이 간략하게 요약할 수 있다.

1. 매우 외로운(사람이 살지 않는)
2. 열매가 없는 불모의(경작되지 않고 황폐한)
3. 메마른(물이 없거나 거의 없는, 목마른)
4. 야생의(황무지, 방랑하는, 헤매며, 길들여지지 않은)
5. 무질서로 가득한

이러한 묘사들과 비슷한 경험을 해본 적이 있는가? 외롭고, 무력하고, 열매 없는 것처럼 느낀 적이 있는가? 너무나 메마르고 목말라서 절망 속에서 하나님께 울부짖은 적이 있는가? 삶이 무질서 속에 있는가? 가끔 혼란스럽고 화가 나는가? 광야에 있는 동안 환경에 거친 행동으로 대응한 적이 있는가?

그렇다면, 계속해서 읽으라.

낙담한 채로 남아 있지 마라! 하나님께서는 분명히 당신의 광야에 대한 목적이 있으시지만, 당신을 그곳에 영원히 머물게 하시려는 계획은 없으시다.

노예적 사고방식

하나님께서 당신의 광야에 목적을 가지고 있으셨듯이, 이스라엘 백성의 광야를 위한 목적도 있으셨다. 이스라엘 백성을 출애굽 시키신 것은 단지 그들의 마음을 확인하기 위해서가 아니라, 그들이 노예적 사고방식에서 해방될 수 있는 기회를 주시기 위해서 그렇게 하셨다.

이스라엘 백성은 광야에 머무는 동안 믿음을 사용하여 돌파할 수 있는 많은 기회가 있었지만, 그 기회를 놓인 채로 과거의 노예적 사고방식에 머물렀다. 여러 번에 걸쳐서 하나님을 더 깊은 수준에서 신뢰하는 대신에 환경에 대해 모세를 원망하는 식으로 반응하였다. 광야는 그들을 해방하기 위한 길로서 하나님에 의해 선정되었지만, 그들의 잘못된 반응으로 인해 하나님께서 의도하셨던 것보다 그들은 더 오랫동안 광야에서 머무르게 되었다. 이스라엘 백성은 하나님에 대한 신뢰의 부족, 혹은 모세에 대한 신뢰의 부족을 깨뜨리지 못한 채 오래된 생각과 행동 방식에 완전히 굴복당한 채로 살아갔다. 그들이 과거의 노예적 사고방식을 깨뜨리고 광야를 떠나는 데는 사십 년이라는 시간이 걸렸다.

비록 당신이 당신의 삶 속에서 노예적인 행동들을 즉시 알아차릴 수 없을지 모르지만, **노예**라는 단어가 정말 무엇을 의미하는지 먼저 설명해보겠다. 영적 의미에서, 이것은 굴레 혹은 속박(bondage)으로 묘사되는데, 사람들은 그 안에서 일종의 감옥 혹은 포로 생활을 경험한다. 이것은 또한 한 사람의 자유를 억압하는 것이다. 노예는 자신에 대한 의지가 없고 완전히 타인의 통제 아래 있는 사람으로 묘사된다. 다른 정의로는, 어떤 종류의 힘 아래 자신을 굴복시키는 사람을 의미하기도 하는데, 예를 들면, 열정, 정욕, 혹은 야망에 대한 노예다.

이것이 당신에게 친숙하게 들리는가? 이곳이 지금 당신이 머물고 있는 곳일 수 있는가? 당신을 조종하는 어떤 죄가 있는가? 당신은 자유로워질 수 없는 어떤 종류의 묶임으로 인해 고통받고 있는가? 하나님은 당신을 자유롭게 해주고 싶어 하신다. 그리고 하나님은 때로 당신에게 광야를 허락하시어 그러한 상황에서 해방을 얻기 위해 당신의 믿음을 사용하도록 자극하신다.

오래된 사이클

이스라엘 백성이 광야에 머물렀던 이유는 그들이 노예적 사고방식이라는 사이클에서 빠져나오지 못했기 때문이었다. 이스라엘 백성은 여러 번에 걸쳐서 그들의 믿음과 동기에 대한 시험을 받았다. 그들은 하나님을 온전히 신뢰할 수 없었기에 광야에 머물렀고, 결국 그곳에서 죽음을 맞이하였다. 하나님께서는 옛 세대가 광야에서 죽는 것을 허락하셨고, 완전히 새로운 세대를 일으키셔서 약속된 땅으로 가게 하셨다. 그들의 오래된 사이클이 하나님께서 그들을 위해 계획하셨던 새로운 곳으로 나아가는 것을 막았다.

현대의 대부분의 선지자는 오늘날의 교회가 오래된 사이클로 구성된 영적 계절에 있다는 것에 동의한다. 당신은 "똑같은 산을 다시 맴돌고 있는 것"처럼 느낀 적이 있을 것이다. 이것은 과거의 같은 문제들을 계속 다시 마주치는 것을 의미한다. 이것들 중에 어떤 것들은 세대적인 행동 유형이다. 사실 **세대**라는 말은 계속되는 사이클 혹은 원(circle)이라는 뜻을 함축한다.

세대적인 유형이라는 말이 내포하는 또 다른 의미는 **항상**이라는 단어의 사용이다. 당신은 "글쎄, 난 **항상** 이런 식이었어. 난 바뀔 수 없어! **항상** 지금과 같을 거야"라는 생각을 하거나 아니면 이런 말을 내뱉은 적이 있는가?

하나님께서는 지금이 오래된 패턴과 과거 세대의 행동 사이클에서 빠져나올 때라고 말씀하신다. 나는 약속의 땅으로 들어가고 싶다. 당신은 그렇지 않은가? 그렇게 하기 위해서는 의심과 불신, 종교적 고정관념, 세대적인 견고한 진, 그리고 우리를 쉽게 괴롭히는 것들로부터 빠져나오기로 결심해야 한다.

우리의 믿음과 성품은 광야에서 시험을 받는다

아무도 광야의 경험을 자청하지는 않는다. 웬만해서는 광야로 보내달라고 기도하지도 않는다. 그런데 우리는 왜 광야에 있는가? 그리고 어떻게 그곳에서 빠져나올 수 있는가?

우리를 그곳에 보내신 이가 하나님이시라면 우리는 겸손과 믿음으로 그 시기를 받아들여야 한다. 광야에 있는 동안 그분이 우리를 시험하시고, 우리의 믿음이 더욱 자라도록 하시려는 그분의 목적에 순복해야 한다는 것이다.

많은 경우 우리를 메마르고 황량한 장소로 보내시는 분이 하나님이시라고 말할 때, 나는 이것이 어떤 이들의 신학에 도전이 될 수 있다는 사실을 알고 있다. 비록 사탄이 불법적으로 우리를 어둠으로 덮고 황량함과 절망감을 경험하게 하려고 시도하는 시기도 있지만, 광야의 경험에 대해 항상 사탄을 탓할 수만은 없다. 결국 예수님께서도 성령에 이끌림을 받아 사탄의 시험을 받기 위해 광야로 가시지 않았는가?(눅 4장을 보라). 그분을 이끈 것은 사탄이 아니었다. 메마른 땅으로 예수님을 이끄신 분은 하나님이었다. 왜 그런가? 예수님께서 기적적인 일을 할 수 있는 능력을 얻도록 도운 것은 사탄의 유혹에 대한 그분의 승리였다.

유혹받다(tempted)라는 말은 "시도하다, 증명하다, 그리고 조사하다"라는 말로 번역할 수 있다.[3] 또 예수님께서 실상 자신이 믿으셨던 것을 증명하기 위해 "시험을 받으셨다"는 의미로 해석할 수도 있다. 이때는 그분의 인격과 신실함을 증명하기 위해서 예수님의 믿음, 덕, 그리고 인격이 시험을 받던 때였다. 예수님은 광야 경험을 통해 믿음이 훨씬 더욱 강해졌고, 동시에 사탄에게 일격을 가하셨다.

이것은 우리에게도 마찬가지다. 광야의 시간을 지나갈 때, 우리의 덕, 믿음, 그리고 인격이 시험을 받는다. 우리의 반응들-믿음의 반응이든지 의심과 불신의 반응이든지-과 마음의 숨겨진 동기 그리고 숨겨진 태도들을 진정으로 인식할 수 있는 것은 바로 이 시험의 시간들을 통해서다. 숨겨진 이기적인 동기와 불경건한 믿음과 태도 혹은 불순한 반응들이 있다면, 다음 단계의 돌파를 이루기 위해서 그것들을 드러내어 처리해야 할 것이다.

이것을 분명히 알아두라: 유혹하는 자가 악한 것들로 유혹하기 위해 다가오겠지만, 우리가 올바로 반응하기만 한다면 유혹을 넘어설 것이고, 시험의 불을 견뎌낸 뒤에는 더욱 강해질 것이다.

"나오는 말"("Proceeding Word")

예수님은 광야에 계시는 동안에 내가 "나오는 말"이라고 부르는 것을 발전시키셨다. 나오는 말이란 우리가 사탄과 부정적인 동의를 하도록 유혹받을 때, 적에게 선포하는 하나님의 말씀이다. "나오는 말"의 실례는 예수님께서 사탄에게 "사람이 떡으로만 살 것이 아니요 하나님의 입으로 나오는 (proceeds) 모든 말씀으로 살 것이라"라고 선포하셨을 때다(마 4:4).

나오는 말은 우리의 가장 깊은 내면에서 흘러나오는 것으로서 하나님의 말씀에 기초한, 하나님께서 주신 선포다. 우리가 광야에 있고 적이 우리를 유혹할 때마다 하나님의 말씀이 우리의 입에서 거대한 강과 같이 쏟아져 나와야 한다. 하나님은 이렇게 "나오는 말"들을 사용할 수 있는 능력의 사람이 되기 위해 기꺼이 광야에 머물면서 성장을 꾀하는 사람들을 찾으신다.

우리는 메마른 곳을 경험할 때에 그러한 경험으로 인해 스스로를 불쌍하게 생각하는 대신에 하나님께 더 위대한 계획이 있으시다는 점을 깨달아야 한다. 하나님은 기적적인 일들과 "더 위대한 일들"을 위해서 우리를 능력으로 입혀주신다.

대부분의 선지자는 교회가 사도적인 기적과 이사가 일어나는 계절로 들어가고 있다고 선포한다. 우리 자신과 타인들을 위한 기적을 믿고 받기 위해서는 나오는 말을 발전시켜야 한다. 하나님의 말씀을 알고 이해해야 한다. 더욱이 기적에 대한 종교적인 고정관념을 제거해야 한다. 성령님을 따라 흘러가야 하고, 그분이 원하실 때 역사하실 수 있도록 해야 한다. 성령님을 따를 때에 타이밍을 맞추는 것이 매우 중요하다. 성령님은 그분의 시간대에 역사하신다. 그리고 성령님이 우리를 이끄시는 때를 인식하기 위해서 들을 수 있는 귀를 발달시켜야 한다. 하나님 나라의 메시지를 온전히 받아들이기 위해서는 영적 예민함을 개발하는 것이 매우 중요하다.

승진을 위한 시험들

나는 내 삶을 돌아보면서 하나님께서 나를 더 높은 영적인 단계로 옮기려 하실 때마다 내 앞에 광야가 놓여 있는 것을 발견하였다. 그때는 내가 마치 어두운 터널을 통과하고 있는 것처럼 느낀다. 제대로 볼 수가 없다. 나는 영적으로 메마르고, 그렇기 때문에 돌파를 위해 울부짖는다. 다른 말로 하자면, 하나님을 만나고 싶어 죽을 지경이 된다.

그러한 상황 가운데에서 하나님은 나의 모든 반응을 보고 들으신다. 그분은 나의 마음, 동기, 그리고 반응들을 시험하신다. 내가 "바르게" 반응하지 못할 때마다, 회개하고 있는 내 자신을 발견한다. 내가 "나오는 말"을 온전히 발전시킬 때에야 비로소 나는 광야에서 나오기 시작한다. 다른 말로 하자면, 하나님의 말씀이 내 영 안에서 확고해지고 견고해지면, 사탄에 대한 나의 반응은 하나님의 말씀과 나에 대한 예언적인 약속들을 인용하는 것이 된다. 놀라운 것은 나는 그것을 받을 만한 자격이 없다고 느끼지만 하나님께서는 나를 승진시켜주신다는 것이다(그분의 놀라우신 은혜에 감사드린다!). 광야에서 나와 다시 성령 안에서 흐르게 되면, 나는 뒤돌아보면서 영적 성숙을 위한 교훈을 주신 하나님께 감사를 드린다. 이것이 내가 통상 "성령 안에서의 승진"이라고 부르는 것이다.

나는 교회가 하나님께서 우리의 마음들, 동기들 그리고 반응들을 시험하시는 시기에 놓여 있다고 믿는다. 왜냐하면 하나님께서 우리를 승진시키기를 원하시기 때문이다. 우리가 성장하기를 갈망하고, 더 효과적인 사역을 원하고, 또한 하나님 나라를 확장시키기를 원할 때마다 승진 시험이 다가온다. 그 때는 우리가 마치 "성령님의 학교"에 있는 학생들인 것과 같고, 승진을 위한 시험은 통과하기 가장 어려운 시험들 중에 하나인 것처럼 보인다.

하지만 이것을 통과하여 시험의 반대편에 서게 되면, 승진되었다는 것을 알게 된다. 더 높은 영적 단계에 도착한 것이다. 예수님은 사십 일간의 금식과 그분께서 마주쳤던 어려운 유혹들을 통과하신 후에 힘과 권능을 가지고 승리의 개가를 부르며 광야에서 나오셨다. 이것은 우리를 향하여 품고 계신 하나님의 목표이기도 하다. 즉, 우리가 승리의 개가를 부르면서 광야를 나와, 성령의 능력과 권능으로 하나님 나라를 위해 전에 행하던 것보다 더 위대한 일들을 하는 것 말이다.

여러분 중 몇몇은 아직 광야에 머물고 있을 것이다. 하나님은 당신을 그 광야의 사이클에서 꺼내주고 싶어 하신다. 광야에서 빠져나오는 방법은 하나님께서 "나오는 말"을 찾고 계심을 깨닫는 것이다. 그 말을 드려라! 하나님은 당신을 승진시키고 싶어 하시며, 당신을 강력하게 사용하고 싶어 하신다. 당신은 이러한 하나님의 계획에 반드시 준비되어 있어야 한다. 잠시 동안 광야를 빠져나왔다가, 다시 또 다른 시험을 받을 수도 있다. 그렇다면 또 다른 "나오는 말"을 가지고 빠져나오면 된다. 우리는 광야에 있는 동안 자라고 성숙하게 되며, 그분의 말씀은 우리의 영에 깊이 새겨지고, 결국 힘과 권능을 가지고 앞으로 나아가게 된다.

노예의 사고방식에서 자유롭게 되기

노예적 사고방식의 사이클에서 빠져나올 수 있는 확실한 방법이 한 가지 있다. 하나님께서 당신에 대해 하시는 말씀들을 당신이 말하는 것이다. 당신의 모든 예언적인 약속을 기억하고, 하나님께서 말씀하셨던 것들을 선포하라. 시험을 받을 때마다 포로 된 상태에서 자유케 되기 위해서는 나오는 말을 사용해야 한다.

노예적 사고방식은 하나님께서 그분의 말씀을 성취하지 않으실 것이라고 단언한다. 그러나 나오는 말은 그분께서는 그분의 말씀을 행하시는 약속을 하셨다고 주장한다

노예적 사고방식은 사역에서 당신의 자리를 찾지 못할 것이라고 말한다. 나오는 말은 하나님께서 분명히 당신을 당신의 사명 속에 심어두셨고, 당신은 뽑혀나가지 않을 것이라고 말한다.

모든 경건하지 못한 믿음을 주의 깊게 살펴보고, 그것들을 하나님의 말씀으로 대체하라. 그러면 해방을 경험하게 될 것이다. 당신이 광야 시험들을 겪을 때 나오는 말로 응답하면, 곧 포로 됨의 주기에서 빠져나오게 될 것이다.

과거의 탯줄을 끊기

사명의 장소로 건너가기 위해서는 우리 편에서도 해야 할 것이 있다. 예수님께서 그분의 귀중한 피를 우리의 자유, 구원, 그리고 치유를 위하여 흘려주셨다. 우리는 과거로 연결되는 선들을 잘라버릴 확고한 결정을 함으로써 약속으로 건너가기 위한 힘을 얻어야 한다.

이스라엘 백성이 바로와 애굽의 묶임에서 자유롭게 되었을 때, 그들은 그들이 알아왔던 것들에서 잘려 나왔다. 그들이 경험했던 유일한 삶을 떠났지만, 믿음 구조는 여전히 과거 경험에 기초해 있었다. 그들은 과거로부터 완전히 자유로울 수 없었다.

> 인자야 예루살렘으로 그 가증한 일을 알게 하여 이르기를 주 여호와께서 예루살렘에 대하여 말씀하시되 네 근본과 난 땅은 가나안이요 네 아비는 아모리 사람이요 네 어미는 헷 사람이라 너의 난 것을 말하건대 네가 날 때에 네 배꼽 줄을 자르지 아니하였고 너를 물로 씻어 정결케 하지 아니하였고 네게 소금을 뿌리지 아니하였고 너를 강보로 싸지도 아니하였나니 너를 돌아보아 이 중에 한 가지라도 네게 행하여 너를 긍휼히 여긴 자가 없었으므로 네가 나던 날에 네 몸이 꺼린바 되어 네가 들에 버리웠었느니라(겔 16:2-5)

탯줄의 역할은 아이에게 영양분을 공급해주는 것이다. 음식물을 공급하여 태아를 살아 있도록 하는 줄이다. 그러나 아이가 태어난 후에는 그 줄을 끊어내야 한다. 이것은 생명과 영양 공급의 옛 구조가 단절되어졌다는 의미다. 아이는 스스로 살아 숨 쉬는 존재가 된다. 아이는 탯줄이 잘리지 않으면 온전히 자랄 수 없다.

영적인 세계에서도 잘려야만 하는 줄이 있다-그것은 과거로 가는 줄이다. 이는 우리가 더 이상 과거의 경험에 기초한 믿음의 구조에 의지해서는 안 되며, 대신에 하나님의 숨과 그분의 말씀을 통해서만 생명을 받아야 한다는 것을 의미한다.

이스라엘 백성이 애굽을 떠났을 때가 그들의 줄이 잘려야 할 적당한 시기였다. 하지만 이스라엘 백성은 과거로 연결되는 탯줄을 완전히 자를 수 없었고, 그 결과 약속의 땅에 들어갈 수 없었다. 오직 믿음의 두 사람, 여호수아와 갈렙만이 약속된 땅으로 건너갔다. 여호수아는 완전히 새 세대를 가나안으로 이끌고 들어갔고, 옛 세대는 광야에서 죽었다.

탯줄 안에 들어 있는 피가 "탯줄 혈액"(cord blood)이라고 알려진 사실을 알아두는 것도 중요하다. 새로운 의학 연구는 현재 이러한 혈액 세포들을 사용하여 골수이식을 한다. 이것은 매우 흥미롭다. 5장에서 다루었듯이 뼈는 구조를 나타내기 때문이다. 영적으로 그분께서 과거로 연결되는 줄을 끊으실 때, 하나님께서는 우리의 삶, 교회, 사업, 가정-우리에게 관련된 모든 것을-을 재구성하신다!

옛 세대의 혈통으로 연결된 줄을 끊는 것은 우리가 예수 보혈의 능력으로 앞으로 나아갈 수 있게 해주기 때문에 매우 중요하다. 언약의 식사를 하는 것-성찬-은 예수님께서 자신의 피로 사신 엄청난 희생과 이제 그분이 우리 생명의 탯줄이심을 상기시켜준다.

무엇이 당신을 포로로 잡고 있는가? 당신은 왜 믿음을 가지고 앞으로 나아갈 수 없는가? 당신은 과거로 연결된 줄을 쥐고 있는가? 이때가 그것들을 자르실 하나님의 때인가? 당신의 영은 과거로부터 벗어나 당신의 사명으로 건너가라고 도전받고 있는가?

사랑하는 자들이여, 지금은 과거로 연결되는 줄들을 자를 때다. 우리는 하나님께서 말씀하시는 것으로 들어가고, 그분의 말씀을 소화시키며, 약속된 땅으로 건너가야 한다!

아모리 족속과 헷 족속의 견고한 진

앞에서 인용했던 에스겔서 말씀에서 하나님이 이스라엘 백성의 아비를 아모리 족속으로 어미를 헷 족속으로 언급하신 것을 보라. 이것은 세대의 견고한 진과 패턴-끊겨야 하는 과거로 연결되는 탯줄-의 부정함을 나타내는 비유다.

아모리 족속이라는 이름은 히브리어로 "등산가, 말하는 사람 혹은 살인자"라는 뜻이다.[4] 우리 중 누구든지 사탄의 말을 하나님의 말씀 위에 둔다면, 사탄이 더 높은 자리에 앉게 된다. 그리고 사탄의 말들을 마음에 둔다면, 그는 우리를 쉽게 죽일 수 있을 것이다. 적이 당신에게 말하고 있는가? 당신은 듣고 있는가? 그 결과 적이 당신의 삶에서 높은 자리를 차지하고 있는가? 다른 말로 하자면, 사탄이 당신 위에 앉아 있는가? 이것은 단지 어떻게 한 사람이 과거로 연결된 탯줄에 여전히 묶여 있을 수 있는지를 보여주는 한 예다.

헷 족속이라는 이름은 히브리어로 "괴롭히는 자, 겁 혹은 두려움"을 의미한다.[5] 괴롭히다의 의미는 "성가신, 혹은 귀찮은"이라는 뜻이다.[6] 우리를 귀찮게 하고 두렵게 하기 위해서 두려움의 영이 시도하는 여러 가지 많은 표현 방식이 있다. 당신은 미래에 대하여 두려움이 있는가? 두려움이 당신의 삶 속에 자리 잡고 있는가? 실패에 대한 두려움, 버려짐에 대한 두려움, 죽음에 대한 두려움 혹은 거절에 대한 두려움으로 고통당하고 있는가? 무엇이 당신을 귀찮게 하고 계속 문제를 일으키는가? 과거의 두려움으로 연결되는 탯줄을 끊어야 한다.

우리가 이 시기를 통과할 때, 주님은 묶인 것들로부터 우리를 옮겨주시기를 원하신다. 이때가 부정함의 오래된 구조에서 나와야 할 때다. **부정함**은

"굽어짐"이라는 뜻이다.[7] 우리 중 많은 사람이 하나님과 우리를 이끄시는 그분의 능력에 대하여 "굽어진" 생각을 가지고 있다. 우리는 정말 하나님을 신뢰하는가? 그분께서 하시겠다고 약속하신 것을 정말 신뢰하는가?

당신의 과거에서 아모리 족속과 헷 족속으로 연결되는 줄을 잘라버리라. 하나님으로 하여금 당신을 이끄시도록 허락해드리고, 그분께서 당신을 위해 계획해두신 사명으로 당신을 이끄실 그분의 힘과 능력을 신뢰하라.

버려짐에 대한 두려움

에스겔서의 말씀은 또한 많은 사람이 버려짐에 관한 문제-과거로 연결된 오래된 "묶임"으로 인한 거절의 문제-들에 직면하고 있음을 분명히 보여준다. 하나님께서 아이의 탯줄이 잘리지 않았고, 씻겨지지 않았고, 강보에 싸여 있지 않았다고 말씀하시는 것을 보라. 또 그 아이가 긍휼히 여김을 받지 못했다(아무도 그를 상관하지 않는 것처럼 느꼈다)고 말씀하신 것을 보라. 이것이 깊은 상처로 가는 문을 열어주었고, 아이는 버려짐에 관한 문제들을 쉽게 받아들이게 되었다-사랑받고, 양육받고, 보호받는 것처럼 느끼지 못했다. 아이가 이러한 감정들과 함께 자라게 될 때, 수치가 하나의 견고한 진이 된다.

우리는 버려짐을 두려워한다. 버림받는 것의 문제는 세대적 부정함의 패턴, 세대적 혈통, 그리고 우리를 실패로 이끄는 오래된 종교적 믿음의 구조로 인해 드러난다. 감사하게도, 우리가 하나님의 가족에 접붙여졌다는 사실을 아는 것은 우리가 하나님께 속해 있다는 것을 확실히 해준다.

종교의 영

종교는 우리가 새로운 것 속으로 들어가는 것을 방해한다.[8] 종교는 우리가 계속해서 우리 자신의 가치를 "증명"해야 한다고 말하지만, 이것은 성경적이지 않다. 종교의 영은 우리를 성장하지 못하게 한다. 종교의 영과 어떤 관계를 유지하는 것은 과거로 연결되는 탯줄을 붙들고 있는 것과 같다. 이것 또한 우리가 광야에서 나오는 것을 막는 것이다.

우리는 종교적인 일을 통해서 우리 자신을 증명하지 않아도 된다. 우리는 값을 치르고 구속되었다. 그리스도의 피가 우리의 탯줄이며 그분께서 우리를 사셨기 때문에 우리는 그분께 속한다.

과거로 연결된 선을 잘라버리고 광야에서 나오라!

오래된 탯줄-과거로부터의 양식-이 연결되어 있는 한, 우리는 광야를 떠나 건너갈 힘을 얻지 못한다. 건너가는 것의 일부는 하나님의 영의 새로운 역사를 받아들이고, 그분께서 우리를 새롭고 친숙하지 않은 길로 이끌어 가시도록 허락해드리는 것과 관련이 있다. 당신은 하나님께서 당신을 새로운 포도주 부대로 만드시는 것을 허락할 것인가? 그분께서 과거로 연결되는 탯줄을 자르시는 것을 허락할 것인가? 온전히 그분을 따라 건너갈 준비가 되어 있는가?

애굽과 단절할 준비가 되어 있다면, 주님께서 당신께 말씀하실 수 있도록 시간을 두고 회개하라. 일어나라. 당신 자신에게 기름을 부으라. 마음의 문에 기름을 부으라. 그리고 당신이 하나님과 함께 새로운 장소로 나아갈 것을 선포하라.

아래의 것들은 당신이 과거로 연결되는 선들을 자르고 광야에서 벗어나는 것을 돕는 몇 가지 단계들이다.

- 눈을 감고 당신이 이제 막 스스로 첫 걸음을 내딛는 아이라고 상상해

보라. 한 걸음, 두 걸음, 세 걸음… 이제 앞으로 나아간다. 당신은 해냈다! 비록 당신이 가까이에 있는 커피 테이블이나, 아니면 누군가의 손을 의지하여 걷더라도 당신은 이제 과거의 줄을 끊었다. 알지 못하는 것으로 인한 두려움을 정복했다. 걸어가는 동안 당신이 누군가의 손을 잡고 있는 것이 보이는가? 이 과정을 통과하는 것을 도와주시기 위해 예수님께서 그곳에 계신다! 당신이 과거를 떠나면서 마주치게 될 두려움들을 아래에 적어보라.

- ■ 두려움, 의심, 그리고 불신의 오래된 장소에서 빠져나올 때, 당신은 어떠한 승리들을 얻을 것인가? 그것들을 아래에 적어보라.

- ■ 당신을 붙잡고 있는 관계들이 있는가? 그것들은 당신이 오래된 행동 방식에 머무르도록 어떤 영향을 주는가? "버리기 위한" 당신의 계획은 무엇인가? 그것들을 아래에 적어보라.

- ■ 당신이 완전히 버릴 때 일어날 최고의 일들을 적어보면 당신은 미래에 대한 비전을 얻게 될 것이다. 최고를 위한 미래의 발걸음들을 나열해보라.

■ 시간을 내서 누가복음 18장 28-30절을 읽어보라. 기도하면서, 예수님께서는 버리는 것에 관하여 뭐라고 말씀하시는지 묵상해보라.

과거로부터 풀려나는 기도

아버지, 이제 제가 앞으로 나아가야 할 때라는 것을 깨달았습니다. 제가 여전히 과거에 묶여 있다는 것을 알아차렸습니다. 제가 당신의 성령을 통하여 충분히 먹지 못했던 것을 고백합니다. 적으로부터 온 거짓말들을 믿었던 것을 회개합니다. 저와 제 가족 그리고 제 삶의 다른 것들(이름, 사업, 사역 등을 말하라)에 대하여 말씀하시는 것을 믿을 것을 선택합니다. 저는 오직 당신의 말씀만을 소화시킬 것을 선택합니다. 그리고 앞으로 당신의 생명의 말씀을 마음껏 즐길 것입니다. 저는 예수 그리스도께서 사탄의 일들을 파괴하시기 위해 태어나셨고, 그래서 저의 죄를 위해 십자가에서 죽으시고 당신의 오른편에 앉아 계신다는 사실을 믿고, 그래서 제가 당신 앞에 똑바로 서 있다는 사실도 알고 있습니다. 오늘 제 생명의 새로운 분량을 받아들입니다. 눈과 같이 희게 나를 씻어주옵소서. 과거의 실수와 모든 불의에서 씻겨주신 예수님의 보혈을 감사드립니다. 오늘 제가 당신과 연결된 것을 감사드립니다. 저는 매일 당신과 당신의 말씀을 통해 먹겠습니다. 예수님의 위대하신 이름으로 기도드립니다. 아멘!

제8장 | Stirring Up Trouble

문제를 일으키는 것

> 아합이 엘리야를 만나려 하여 가다가 엘리야를 볼 때에 저에게 이르되 이스라엘을 **괴롭게** 하는 자여 네냐 저가 대답하되 내가 이스라엘을 괴롭게 한 것이 아니라 당신과 당신의 아비의 집이 괴롭게 하였으니 이는 여호와의 명령을 버렸고 당신이 바알들을 좇았음이라(왕상 18:16-18, 굵은 글씨는 저자 강조)

이 사람은 어느 날 갑자기 그 장면에 나타난 것처럼 보인다. 그는 길리앗이라고 불리는 마을에서 온 디셉 사람(Tishbite) 엘리야다.

어떻게 "디셉" 출신의 사람이 실제로 악마에게 어떤 "문제"를 일으킬 수 있었을까? "디셉"이라는 말은 권위의 겉옷을 입은 사람보다는, 전염성 곤충의 침(sting)처럼 들린다. 하지만 이 이상한 이름의 남자는 이스라엘 안에 커다란 각성을 일으켰고, 성경 역사상 가장 강력한 기적들을 일으켰다.

엘리야

엘리야라는 이름은 "하나님은 여호와이시다"로 번역된다.[1] 언급했듯이, 여호와는 "우리 미래의 하나님"을 나타낸다. 엘리야의 이름은 사실 엘리야의 행위들을 통해 나타난 하나님의 예언적 역사로 간주될 수 있다. 엘리야는 선지자로서 그리고 여호와의 계획과 목적을 잘 알고 있었기에, 그 미래를 풀어 놓는 예언과 함께 미래의 돌파를 감지할 수 있었다.

엘리야는 선지자 중 최고의 사람으로 꼽힌다. 그는 내가 하나님의 "용감한 마음을 가진 자들"이라고 부르는 사람 중에 한 명이다. 그는 구약시대의 선지자로서, 천국이 이 땅에 내려오는 것을 진실로 보기 원했던 사람이었다. 사실 그가 죽을 때, 정말로 천국이 이 땅에 내려왔다. 불의 병거가 천국에서 내려와 엘리야를 태우고 회오리바람 속으로 데려갔다.

엘리야는 하나님의 위대하심을 경험하기 위한 마음을 가지고 있었으며, 또한 담대함과 용기로 앞으로 나아갔다. 용감하고 용맹스러워지는 것이 두려움의 부재를 의미하는 것은 아니다. 그렇지 않다! 사실 두려운 상황은 실제로 우리의 믿음을 더욱더 담대해지도록 한다. 담대함은 두려움의 눈을 보고 이야기한다. "옆으로 비켜라. 나는 하나님을 위하여 차지할 땅이 있다!"

열왕기상 17장 1절은 엘리야와 그의 초기 사역에 대하여 언급한다.

> 길르앗에 우거하는 자 중에 디셉 사람 엘리야가 아합에게 고하되 나의 섬기는 이스라엘 하나님 여호와의 사심을 가리켜 맹세하노니 **내** 말이 없으면 수년 동안 우로가 있지 아니하리라 하니라(왕상 17:1, 굵은 글씨는 저자 강조)

이 장에서만 해도 엘리야는 가뭄을 예언하고, 초자연적으로 까마귀들을 통해 음식을 공궤받으며, 거룩한 계시를 위해 어디로 가야 할지에 대하여 하나님의 음성을 듣는다. 엘리야는 사역의 승리를 얻는 과정 속에서 수많은 방해물에 부딪혔다. 그는 수많은 도전과 마주쳤다-자연적인 상황에서의 도전들, 사람들에게서 오는 도전들. 가장 큰 도전 중 하나는 그가 예언한 것들이 실제로 일어나는 것을 믿는 믿음을 가지는 것이었다고 생각된다. 그가 말하기 전까지 비가 오지 않을 것이라고 예언한 사실을 생각해보라. 그것은 아주 큰 믿음의 발언이었다. 이 선지자는 정말 용기를 지닌 자였다!

엘리야는 자연적인 환경들에만 도전한 것이 아니라, 다른 사람들의 믿음에도 도전했다. 그는 실제로 가난한 과부에게 그녀의 마지막 남은 식사를 자신에게 먼저 달라고 요구했다. 그는 사르밧(Zarephath)에 가서 성문에 멈추어 과부에게 물을 달라고 했다. 그녀는 물을 주었다! 이것은 정말로 대단한 일이었다. 왜냐하면 그녀는 당시에 그가 누구인지조차 알지 못했기 때문이다.

그녀는 물을 주었을 뿐 아니라, 그가 명령했을 때 자신의 마지막 식사까지도 제공했다. 이 가난하고 굶주린 과부는 자신과 아들의 배고픔은 무시한 채로 마지막 빵을 선지자에게 주었다. 그녀는 죽을 각오를 하고 하나님의 사람을 돌보았다. 나는 이것을 통해 더 높은 목적을 위해 당신의 삶을 내려놓는 것을 이야기하고 있는 것이다! 선지자의 명령에 대한 순종으로 말미암아 그 과부에게 넘치도록 먹을 것이 주어졌다.

후에, 그 과부의 아들이 아파서 죽었을 때 그녀의 믿음과 엘리야의 순종이 그 아들을 죽은 자 가운데서 살렸다. 엘리야는 하나님의 뜻에 순종함으로, 하나님께서 기적을 행하시는 데 있어서 초자연적으로 쓰임 받았다. 이 기적이 얼마나 멋있었는지 생각해보라. 천국의 숨이 이 땅에 내려와 죽은 아이에게 생명을 가져다주었다. 바로 이것이 내가 천국이 이 땅에 닿는다고 말하는 것이다! 하나님의 생기가 선지자의 순종을 통하여 그 아들의 폐를 채웠다. 나는 우리가 모두 그분의 영광을 위해서 이러한 차원에서 쓰임 받기를 기도한다.

엘리야의 용감한 마음을 축복하라!

우리 중 많은 사람에게 이 모든 것은 하나님께 대한 우리의 헌신과 의무를 증명하기에 그리고 길에 놓인 장애물들을 넘기 위한 용기를 주기에 충분할 수 있다. 하지만 엘리야는 용기에 대한 사명을 맡고 있었다. 그는 하나님의 사람들을 죄와 배신으로 빠지도록 유혹하는 강력한 어둠의 능력들과 마주치기 직전이었다.

열왕기상 18장에 보면 엘리야는 아합을 만났다. 비가 오지 않은 지 삼 년째였다. 아합은 물을 찾기 위해 탐색 중이었고, 하나님을 두려워하는 사람인 오바댜를 불러 자신을 돕게 했다. 아합의 부인이었던 이세벨은 하나님의 선지자를 백 명이나 죽였고, 오바댜가 굴속에 오십 명의 선지자를 숨기지 않았다면 그들도 모두 죽였을 것이다. 그래서 하나님께서 엘리야에게 아합 왕에게 가서 자신을 보이라고 하셨을 때, 그것은 마치 우리 중 한 사람에게 사탄에게 가라고 하는 것과 같았다(왕상 18:1-6을 보라). 사랑하는 형제들이여, 그 일을 하는 것은 정말 용기가 필요한 것이었다!

아합이 엘리야를 만나 "네가 이렇게 문제를 일으키는 자냐?"(왕상 18:17을 보라)라고 물었다. 아합은 자신의 죄가 이스라엘 위에 하나님의 심판을 가져왔다는 사실을 인정하기는커녕, 그 가뭄을 하나님의 선지자 탓으로 돌렸다. 사람들로 하여금 죄에 대해 눈멀게 하고, 그 결과를 선지자들의 탓으로 돌리는 것이야말로 정말 악마의 짓이 아닌가?

엘리야는 그런 문제를 일으키는 자가 자신이 아니라는 것을 아합에게 상기시키면서 담대하게 응답했다. 그 문제는 아합과 아합의 아버지의 죄와 관련된 것이었다. 그들은 하나님의 계명을 버리고 바알을 따랐다. 아합은 하나님의 계명들을 어겼을 뿐 아니라 그 아내의 헛된 신들을 받아들였다. 이세벨은 그녀의 거짓 선지자들과 함께 우상 숭배를 이스라엘에 가져왔다.

> 오바댜가 가서 아합을 만나 고하매 아합이 엘리야를 만나려 하여 가다가 엘리야를 볼 때에 저에게 이르되 이스라엘을 괴롭게 하는 자여 네냐 저가 대답하되 내가 이스라엘을 괴롭게 한 것이 아니라 당신과 당신의 아비의 집이 괴롭게 하였으니 이는 여호와의 명령을 버렸고 당신들이 바알들을 좇았음이라 그런즉 보내어 온 이스라엘과 이세벨의 상에서 먹는 바알의 선지자 사백오십 인과 아세라의 선지자 사백 인을 갈멜 산으로 모아 내게로 나오게 하소서 아합이 이에 이스라엘 모든 자손에게로 보내어 선지자들을 갈멜 산으로 모으니라(왕상 18:16-20)

그때에 엘리야는 이스라엘 백성과 마주쳤고, 진정 한 분이신 하나님을 따르도록 요구했다. 백성이 대답하지 않자 사백오십 명의 거짓 선지자를 갈멜 산으로 불러오라고 도전했다. 그는 하나님의 능력과 신실하심을 증명하기 위해서 하늘로부터 불을 불러 내렸다. 그 후에 그는 사백오십 명의 거짓 선지자를 기손 시내에서 죽였고, 일어나서 비가 다시 내리도록 예언했으며, 무엇보다도 그는 허리를 동여매고 이스라엘로 들어가는 곳까지 아합의 병거를 앞서 갔다.

복된 그의 마음! 나는 그가 자기의 예언적인 부르심이 정말 많은 것을 요구했다는 사실을 깨달았는지가 궁금하다.

악마의 암살자 리스트

진실로 천국이 이 땅에 닿았고, 기적이 일어났으며, 엘리야는 그의 이름을 세상에 확연하게 드러내었다. 엘리야가 성취한 것은 진정 자신을 죽음으로 이끄는 임무였다. 하지만 대결은 아직 끝나지 않았다.

엘리야는 곧 그의 이름이 악마의 암살자 명단에 올라가 있는 것을 발견했다. 어떤 사람이 오래된 것에서 빠져나와 하나님 나라의 메시지를 받아들일 때, 그리고 하나님의 뜻이 이 땅에 이루어지도록 기도할 때, 악마는 매를 맞은 강아지처럼 누워서 뒹굴지 않는다. 하나님 나라를 이 땅에 이루는 것을 심각하게 여기면 악마들도 우리를 심각하게 생각한다.

엘리야는 헛된 신들과 거짓 선지자들과 대결했지만, 아직 이세벨과는 마주치지 않았다! 이제 엘리야는 다시 한 번 그의 용맹을 시험받아야 했다. 이세벨은 이스라엘을 너무나 더럽혔기 때문에 하나님께서는 그녀의 가르침에 자리를 내어준 자들은 누구든지 책망하셨다(나의 책 『사명의 도둑』(Destiny Thieves)에서, 이세벨의 영과 유혹하는 이러한 견고한 진이 우리의 사명을 어떻게 훔쳐갈 수 있는지에 대해 나누었다).

엘리야는 이세벨의 협박과 그를 죽이겠다는 그녀의 위협을 받았을 때(왕상 19:1-2을 보라), 비전을 잃고 두려움에 떨며 도망갔다. "저가 **이 형편을 보고** 일어나 그 생명을 위하여 도망하여 유다에 속한 브엘세바에 이르러 자기의 사환을 그곳에 머물게 하고"(왕상 19:3, 굵은 글씨는 저자 강조). 엘리야는 마음속에서 자신의 죽음을 "보았기" 때문에 도망갔다.

이세벨의 위협을 받은 엘리야는 그의 권위의 위치를 버려두고 도망쳤다. 하나님께서는 이미 엘리야의 권위를 그 땅에 세워두셨다. 하지만 심한 핍박에 마주치자 엘리야는 그의 돌파를 옆에 던져버리고, 광야로 뛰어들어 가서 동굴 속에 숨었다. 그는 너무나 낙담하여서 심지어 죽기를 원했다.

엘리야는 그 장소를 떠나서는 안 되었다. 엘리야는 이세벨을 패배시키기 위하여 남아 있어야 했다. 그러나 그는 정반대로 도망치고 말았다. 그의 담대함에 무슨 일이 일어났는가? 그의 삶을 향한 하나님의 계획을 성취하는 데 필요한 그의 마음에 무엇이 영향을 미쳤는가?

이세벨의 영이 이토록 강력하다는 것이 놀랍지 않은가? 점과 주술과 관련된 그 악한 영의 능력은 실상 우리를 심하게 핍박하며, 그 결과 우리는 내면에 패배에 대한 비전을 발전시키고, 광야로 도망가서 우리의 부르심과 사명으로부터 숨으며, 심지어 죽기를 원한다.

하나님은 숨어 있는 엘리야를 불러내어 새로 임명하셔야 했다. 하나님은 그에게 돌아가서 이세벨을 마주하여 그의 사명을 이루라고 말씀하셨다.

"이 동굴에서 무얼 하고 있느냐?"

하나님께서 당신이 상상할 수도 없을 만큼 어려운 어떤 일을 시키신 적이 있는가? 당신은 단 한번이라도 하나님께서 요구하시는 것들을 결코 이룰 수 없을 것이라고 느낀 적이 있는가? 이는 혹시 당신이 비전을 잃어버렸기 때문은 아닌가? 비전을 갖는 것뿐만 아니라, 비전을 지키는 것이 얼마나 중요한지 모른다. 우리의 비전은 너무 자주 도난을 당한다. 사실 많은 경우 우리의 비전을 훔쳐가는 것은 이세벨의 영이다.[2]

엘리야처럼 나도 예언적 분별력이 쉽게 무너진다. 집회를 인도하고 다니면서 종종 교회와 지역과 개인에 부정적으로 영향을 미치는 견고한 진들을 설명하는데 그 결과, 악한 영들은 자극을 받고 현상을 나타내기 시작한다. 내가 경험하는 영적인 공격들 때문에, 나는 자주 두 배로 힘든 상황에 처한 것처럼 느낀다. 두려움에 사로잡혀 위협과 불안함을 느끼며, 다음 사명으로부터 도망가고 싶어 한다. 나는 내가 인정하고 싶은 것보다 더 여러 번에 걸쳐 도망을 가서 숨은 적이 있었다. 도전들을 상대하고 나를 방어하느라 거짓 고소자들을 만나는 일은 때때로 정말 너무도 힘든 것이었다. 나는 일어나서 앞으로 나아가는 것 대신에, 가끔씩 뒤로 빠져나와 자기만족을 선택하며, "영적 상태의 유지"라는 쉬운 길을 선택한다. 이러한 대로는 덜 위협적인 것 같지만, 그것은 새로운 계시와 돌파로의 문을 열어주지는 못한다. 나는 얼마 지나지 않아 영적으로 메마름과 배고픔을 느끼며, 그분의 영광을 얻기 위해 울부짖게 된다.

그러면 하나님께서 "샌디야, 너 이 동굴에서 뭘 하고 있니? 내 앞에서 네가 숨을 수 있다고 생각하니?"라고 말씀하신다.

"아니에요, 하나님." 나는 말한다. "당신으로부터 숨은 것이 아니고, 핍박으로부터 숨은 거예요!"

그러면 그분은 말씀하신다. "아니다. 너는 나로부터 숨었다. 그리고 내가 너에게 하라고 한 일로부터 숨었어. 이제 일어나서 네가 잃어버린 땅을 되찾기 위해서 돌아가라. 그곳에서는 아직 할 일이 많다."

핍박의 힘

우리가 핍박으로부터 도망칠 때, 우리는 사탄으로부터 도망친다고 생각한다. 그러나 실제로는 하나님으로부터 도망치는 것이다.

핍박은 적이 우리의 믿음과 결심을 약화시키기 위해서 사용하는 도구이다. 우리가 강한 기름 부으심 아래 있을 때에는 천국이 이 땅에 닿는 것에 대해 이야기하는 것이 쉽다. 사람들 위에 하나님의 말씀을 예언하고, 천국의 말씀이 우리의 미래를 관통하도록 하는 것은 정말 멋진 일이다! 하지만 모든 예언은 시도하고 시험받아야 하며, 그 말씀을 주는 자들도 그렇게 해야 한다.

다니엘서 7장은 적들이 어떻게 핍박으로 우리를 망가뜨리는지 가르쳐준다.

> 그가 장차 말로 지극히 높으신 자를 대적하며 또 지극히 높으신 자
> 의 성도를 **괴롭게** 할 것이며 그가 또 때와 법을 변개코자 할 것이
> 며 성도는 그의 손에 붙인 바 되어 한 때와 두 때와 반 때를 지내리
> 라(단 7:25, 굵은 글씨는 저자 강조)

아람어로 "괴롭게 하다"(핍박하다)는 벨라(belah)인데, "마음을 약화시키다"라는 뜻이다.[3] 적이 우리의 마음을 공격하여 두려움, 의심, 그리고 불신을 일으킨다면, 우리는 쉽게 용기와 믿음을 잃고, 거룩한 성취의 반대 방향으로 달려간다.

엘리야가 마주쳐야 했던 심한 압박과 심리전들을 상상해보라! 사탄은 핍박을 통해 엘리야의 때와 시절을 바꿔서 엘리야의 사명을 파괴하려고 했다. 다니엘서 2장 21절에서는 "그는(하나님께서는) 때와 기한을 변하시며"라고 말한다. 하지만 사탄은 "지극히 높으신 자의 성도를 괴롭게 할 것이며 그가 또 때와 법을 변개코자" 한다(단 7:25). 그는 우리를 괴롭게 해서 돌파할 수 있는 때가 되기 전에 우리를 그만두게 하려 하며, 이미 예정된 우리의 돌파-우리의 사명-를 뒤로 굴려버리려고 한다. 그는 우리를 축복의 원천에서 도망가게 만든다. 하나님께서는 엘리야가 서 있는 바로 그곳에서 그를 축복하기 원하셨다. 단지 이세벨이 일어나 엘리야를 죽이려 했다는 사실이 하나님께서 그녀의 머리 위에-그녀가 있는 그 자리에서-불을 내리도록 하는 데 엘리야를 사용하려 하지 않으셨다는 것을 의미하지는 않는다. 하지만 엘리야는 하나님께 무엇을 할지 묻기 전에 두려움에 빠져 도망가버렸다.

해결책: 생각을 새롭게 하기

핍박에 대한 해결책은 생각을 새롭게 하는 것이다. 핍박은 우리의 생각을 약하게 하는 것과 관련이 있으므로 약해지지 않기 위해 생각을 새롭게 해야만 한다.

> 그러므로 형제들아 내가 하나님의 모든 자비하심으로 너희를 권하노니 너희 몸을 하나님이 기뻐하시는 거룩한 산 제사로 드리라 이는 너희의 드릴 영적 예배니라 너희는 이 세대를 본받지 말고 오직 마음을 새롭게 함으로 변화를 받아 하나님의 선하시고 기뻐하시고 온전하신 뜻이 무엇인지 분별하도록 하라(롬 12:1-2)

로마서 12장 2절에 "변화를 받아"라고 쓰여 있는 것을 보라. 변화는 애벌레가 변화의 과정을 견뎌 나비가 되는 변형의 경험이다. 온전히 마음을 새롭게 하고, 핍박의 능력을 무효화시키기 위해서 우리는 변화를 받아들여야 한다. 생각하는 방식을 바꾸어 하나님께서 원하시는 일들에 마음을 열어야 한다.

도망가서 숨고 싶은 상황에 놓였을 때, 마음을 새롭게 하고 하나님께서 내 마음을 바꾸어주실 것을 허락해드려야 한다. 비전을 새로 얻어야 하고, 하나님 앞에 내 마음을 바르게 해야 하며, 나의 삶에 대한 그분의 계획에 다시 순복해야 한다. 이를 위해서, 나는 두려움에 대응하여 용기를 가지고 일어서야 하고, 새로운 사명의 성취를 위해 다시 경주에 참여해야 한다.

만약 당신이 나와 같이 있어야 할 자리가 아니라 그 반대 방향으로 달려가고 있었다면, 당신은 좋은 친구를 만난 것이다! 엘리야는 성경에서 가장 능력 있는 선지자 중에 한 명이였지만, 그도 하나님께서 "이 동굴에서 무엇을 하고 있니?"라고 하시는 음성을 들었다.

　소중한 성도들이여, 영적 전쟁이 없이는 천국의 계획이 이 땅에 닿아 변화시키는 것을 볼 수 없을 것이다. 악마는 자기 위치의 권위를 쉽게 포기하지 않는다. 그러나 우리가 집중하고 우리에게 힘을 주시는 하나님의 능력을 제한하는 오래된 패러다임을 밀어낸다면, 중요한 돌파를 경험하게 될 것이고, 그분의 나라가 임하는 것을 목격할 것이다. 일어나서 우리가 있어야 할 자리로 돌아가자. 그리고 우리가 잃어버린 것들을 다시 찾자. 더 빠른 발걸음으로 경주에 임하자!

용사가 될 것인가?

　엘리야의 첫 번째 응답은 두려움이었지만, 그는 마음을 새롭게 함으로 변화를 받아들였고, 믿음으로 응답했다―그는 진정한 승리의 용사가 되었다.
　당신은 오늘 마음을 새롭게 해야 할 필요가 있는가? 나는 당신이 당신의 약한 부분들을 정면으로 대하고, 당신의 어떤 반응에 변화가 필요한지 하나님께 묻기를 원한다. 아래의 목록들은 천국의 보좌로부터 온 전략들로서, 당신이 마음을 새롭게 하고, 앞으로 나아가는 일에 힘을 부어줄 것이며, 또한 변화가 일어날 수 있도록 천국의 문을 열어줄 것이다.

　■ 당신이 하나님 말씀의 진리를 온전히 받아들인다면 앞으로만이 나아갈 수 있다. 성경 말씀은 "너의 안에 이 마음을 품으라 곧 그리스도 예수의 마음이니"(빌 2:5)라고 권면한다. 그리스도의 마음을 구하라. 당신의 마음이 부정적인 영향을 받는 목록들(영화, 책, 포르노, 잘못된 관계들 등)을 적어보고 악한 영이 들어오도록 입구를 제공한 것에 대해 용서를 구하라.
　■ 로마서 12장 1-2절은 마음을 새롭게 하는 것에 관한 중심 말씀이다.

새롭게 하는 과정은 우리의 몸을 산 제사로 드릴 때 시작된다. 시간을 내어 기도하고 당신 자신을 주님께 드리라. 그리고 그분의 명령을 거룩하고 구별되게 지킬 수 있는 힘을 달라고 기도하라. 마지막으로 부정함을 가져오는 상황에서 당신을 구별하라.

■ 하나님께 솔직히 터놓으라. 주님 앞에서 당신이 마음을 새롭게 할 필요가 있음을 인정하라. 그분께 당신의 생각들을 말하라-어쨌든 그분은 당신의 생각을 아신다. 그리고 회개하고 변화하라.

■ 이 기도를 나와 함께하자.

아버지 하나님, 귀하신 예수님의 이름 안에서 저는 변화를 향한 당신의 초대를 받아들이기로 선택합니다. 저는 과거의 두려움을 버리고 미래를 받아들일 것을 결정했습니다. 제 마음이 새롭게 될 필요가 있음을 그리고 제가 그동안 악한 생각들을 숨겨왔음을 고백합니다. 또 미래에 대한 두려움이 저를 부르심과 사명으로부터 도망가도록 허락한 것을 고백합니다. 저는 당신을 섬기는 기쁨을 포함하여, 당신께서 저를 위해 예비한 모든 기쁨을 경험하기를 원합니다. 저는 모든 부분에서 앞으로 나아갈 수 있게 해주는, 당신의 변화의 능력을 경험하고 싶습니다. 제 마음, 제 뜻, 제 사역, 그리고 제 삶을 변화시키기 원하시는 당신의 갈망 앞에 저를 내어드립니다. 핍박을 당할지라도 그 모든 것을 기쁨으로 여기겠습니다. 저의 힘이 당신 안에 있기 때문입니다. 예수님의 이름으로 기도드립니다. 아멘.

제9장 | Jumping into the River

강으로 뛰어들기

> 또 저가 수정같이 맑은 생명수의 강을 내게 보이니 하나님과 및 어린양의 보좌로부터 나서(계 22:1)

당신은 자동차를 몰고 목적지에 도착했을 때 어떻게 그곳에 도착했는지 기억할 수 없었던 적이 있는가? 운전하는 동안 내 마음이 어디에 가 있었지? 사고가 날 수도 있었겠다! 나는 우리가 지혜를 사용하고 있지 않을 때에도 우리를 보호하시는 주님이 얼마나 신실하신지에 대해 놀라곤 한다.

어느 금요일 밤, "첫 번째 금요일의 불" 예배를 드리러 운전하여 가고 있었다. 그러는 중 나는 완전히 열린 환상에 "사로잡혔다." 나는 자연 세계의 모든 감각을 잃어버렸지만 주님의 보호 아래 운전대를 잡고 있었다. 성령님께서 운전하셨는지도 모르겠다. 내가 아는 것은 무사히 그 예배에 도착했다는 것이다.

나는 예배를 드리러 가면서 간단한 기도를 드렸다. 모든 모임 가운데에서 온전히 성령님께 이끌릴 수 있기를 기도했다. 의논해야 할 모든 사항, 마음가짐, 그리고 종교적인 패러다임을 다 내려놓고, 그분의 지시에 귀를 열어둘 것을 약속드렸다. *하나님, 저는 당신만을 원합니다. 그러니 저를 당신의 일곱 가지 영으로 준비시켜주시고, 제가 당신을 슬프게 하지 않도록 해주세요.* 나는 오직 그분의 영으로 준비되어야 약속의 땅으로 건너갈 수 있음을 알고 있다. 그분을 온전히 의지할 때만이 그분의 음성을 제대로 들을 수 있다. 지시와 전략을 받기 위해 먼저 보좌의 방에 가지 않으면 오래된 음성-하나님을 제한하는 마음가짐에서 나오는 소리-에 쉽게 영향을 받을 것이다.

그날 밤 하나님께서 주신 비전은 내 기도의 직접적인 응답이었다.

하나님의 강에 대한 환상

환상 속에서 하나님의 강을 보았는데, 믿을 수 없을 만큼 넓었다. 나는 강이 얼마나 깊은지에는 관심이 없었고, 단지 그 넓이로 인해 놀랐다. 정말 너무나 넓어서 그 강이 그분의 강이라는 사실을 단번에 알 수 있었다.

이제 나는 하나님께서 왜 그토록 넓은 강을 보여주셨는지 이해한다. 나는 하나님의 교회에 대하여 좁은 마음을 가지고 있었다. 환상 속에서, 나는 어째서 내가 그분의 강의 넓이를 제한했는지 의아해하면서 독백을 하고 있었다!

그분의 교회는 많은 믿는 자로 구성된 몸이고 어떤 교파나 종교적인 장소 혹은 인종에 제한되지 않는다. 그분의 나라는 예수 그리스도가 하나님의 아들인 것을 믿고, 그분이 우리의 죄를 용서하기 위해 피를 흘렸다는 것을 믿는 모든 자를 포함한다. 우리의 좁은 마음이 종교적인 교만함과 하나님 나라의 메시지의 온전함을 부정하는 편견을 일으켰다. 하나님 나라는 "누구든지"를 위한 나라다. "누구든지 주의 이름을 부르는 자는 구원을 얻으리라"(행 2:21). 이 "누구든지"의 사람들은 그리스도 예수와의 개인적인 관계를 통해 하나님을 따르는 자들이다. 그들은 자기를 부인하고 그분을 따르기로 선택하는 믿는 자들이다(막 8:34-35을 보라).

환상 속에서 하나님의 강은 활동적이었고 지속적으로 흐르고 있었다. 신선하고 깨끗하고 맑았다. 정말 대단한 광경이었다. 나는 정말 뛰어들고 싶었고 그것이 담고 있는 생명을 경험하고 싶었다. 하지만 환상 속에서는 강의 장엄한 광경을 바라보는 것만이 허락되었다. 그 강은 마치 그 자체의 정체성을 소유하고 있는 듯이 자신의 진가를 나타내며 서 있는 하나의 간증과도 같았다. 그 강은 자체의 목소리가 있었고, 영원토록 말하는 듯이 계속 소리를 내었다. 그 소리는 계속해서 앞으로 퍼져 나갔다. 동시에 그 소리는 하나님의 충만하심을 나타내면서 그분 안에 있는 모든 것을 방산해내었다. 넘치는 사랑과 기쁨을 풀어주고, 또한 정화시키는 생명의 강이었다. 나는 그때 하나님 자신이 강이라는 사실을 알아차렸다!

갑자기 그 물을 더 가까이 볼 수 있었는데, 금과 같은 물질이 물 밖으로 반짝였다. 강의 어귀를 바라보니, 모든 소리가 그곳에서 흘러나오고 있었다. 그 강의 어귀가 하나님의 보좌임을 깨달았다. 보좌는 하나님의 강의 입(어귀)이었고, 또한 머리(시작)였다. 보좌의 색깔은 타오르는 듯한 금빛이었고, 그 빛의 강렬한 밝기는 금빛 액체 물질이 강을 따라 흐르게 하면서 강의 흐름을 완전히 무색하게 하는 것처럼 보였다.

금빛 보좌는 불타는 듯한 빛과 함께 강으로 녹아들어 강과 하나가 되는 것처럼 보였다. 그러나 그것은 녹아서 무(nothing)가 되어버린 것이 아니었다. 왜냐하면 그 보좌는 여전히 살아 있고 능력과 활동력이 충만했기 때문이었다. 그 빛은 한 번도 꺼진 적이 없는 강렬한 불로부터 나오는 것 같았는데, 이 불이 그 금빛 물질을 녹여 물속으로 흘러들어 가게 했다.

그때 또 다른 빛이 내 눈을 사로잡았다. 나는 더 가까이 가서 그 물에 손을 넣었다. 매우 투명하게 반짝이는 것이 보였다. 다이아몬드처럼 보이는 것을 집기 위해 몸을 구부렸다. 그것을 집어 올리지는 않았지만, 그것이 다이아몬드라는 것은 분명했다.

이것이 무엇을 의미하는지 주님께 물었다. 주님은 그것(다이아몬드)이 결혼과 언약을 상징하는 것이라고 말씀하셨다. 그분은 우리가 그분과 더욱 친밀해질수록, 우리가 그 강 안에서 수영을 할 수 있게 된다고 설명해주셨다.

그리고 환상이 끝났다. 이 환상은 내 영 안에 예언적인 메시지를 낳게 해주었다.

요한계시록 22장이 묘사하는 생명의 강

요한계시록 22장은 하나님의 생명의 강을 설명한다. 이 강은 한때 에덴동산에서 흘렀지만, 우리의 죄 때문에 더 이상 그것에 접근할 수 없게 되었다. 창세기에 에덴동산을 가로질러 흐르던 강의 이야기가 나온다. 그것을 이야기하기 전에, 요한계시록 22장에 나오는 생명의 강을 조심스럽게 살펴보자. 이 말씀을 읽으면서 강조된 단어들을 유의 깊게 살펴보라. 또한 생명나무가 여러 번에 걸쳐 언급된 것에 주목하라. 이 단어는 우리 연구에서 중요한 의미다.

> 또 저가 수정같이 **맑은 생명수의 강**을 내게 보이니 하나님과 및 어린양의 보좌로부터 나서 길 가운데로 흐르더라 강 좌우에 **생명나무**가 있어 열두 가지 실과를 맺히되 달마다 그 실과를 맺히고 그 나무 잎사귀들은 **만국을 소성하기 위하여** 있더라 다시 **저주가 없으며** 하나님과 그 어린양의 보좌가 그 가운데 있으리니 그의 종들

이 그를 섬기며 **그의 얼굴을 볼 터이요** 그의 이름도 저희 이마에 있으리라 다시 밤이 없겠고 등불과 햇빛이 쓸데없으니 이는 **주 하나님이 저희에게 비춰심이라** 저희가 **세세토록 왕 노릇 하리로다** 또 그가 내게 말하기를 이 말은 신실하고 참된지라 주 곧 선지자들의 영의 하나님이 그의 종들에게 결코 속히 될 일을 보이시려고 그의 천사를 보내셨도다 보라 내가 속히 오리니 이 책의 예언의 말씀을 지키는 자가 복이 있으리라 하더라 이것들을 보고 들은 자는 나 요한이니 내가 듣고 볼 때에 이 일을 내게 보이던 천사의 발 앞에 경배하려고 엎드렸더니 저가 내게 말하기를 나는 너와 네 형제 선지자들과 또 이 책의 말을 지키는 자들과 함께 된 종이니 그리하지 말고 오직 하나님께 경배하라 하더라 또 내게 말하되 이 책의 예언의 말씀을 인봉하지 말라 때가 가까우니라 불의를 하는 자는 그대로 불의를 하고 더러운 자는 그대로 더럽고 의로운 자는 그대로 의를 행하고 거룩한 자는 그대로 거룩되게 하라 보라 내가 속히 오리니 내가 줄 상이 내게 있어 각 사람에게 그의 일한 대로 갚아 주리라 나는 알파와 오메가요 처음과 나중이요 시작과 끝이라 그 두루마기를 빠는 자들은 복이 있으니 **이는 저희가 생명나무에 나아가며 문들을 통하여 성에 들어갈 권세를 얻으려 함이로다**(계 22:1-14, 굵은 글씨는 저자 강조)

성경은 우리가 그분의 강 안에 그리고 그분의 보좌 앞에 머문다면, 이러한 언약의 약속들이 우리 삶 속에서 성취될 것이라 확신을 준다.

1. 우리는 생명을 얻는다.
2. 우리는 이 땅의 열매를 먹는다(우리는 그 강 안에 있음으로 인해 성취된 약속

의 장소에 있는 것이다).
3. 우리는 치유를 경험할 수 있다.
4. 우리는 어떠한 저주에서든지 구원받는다(죽음, 열매 맺지 못함, 질병, 고통, 가난의 저주-그리고 모든 저주에서).
5. 우리는 그분을 볼 수 있는 위치에 놓였다.
6. 우리는 빛을 경험한다. 하나님께서 우리에게 빛을 주시기 때문에 더 이상 어두움은 없다.
7. 우리는 우리의 환경을 장악하여 다스리고 왕 노릇할 권위가 있다.
8. 우리는 문으로 들어갈 입구가 있다(새로운 돌파의 시기로 이끌어주는 모든 문을 통과할 수 있는 능력).

이 구절에 따르면, 우리가 기록된 말씀들을 믿으면서(7-9절) 합당한 자리에 있으면, 이 모든 언약의 축복과 약속이 우리의 것이 될 것이다. 알파와 오메가, 시작과 끝이신 분이 이 계시를 요한에게 말씀하셨고, 이것은 주님 앞에서 "거룩하게" 지켜져야 한다. 다시 말하자면, 하나님께는 이 계시가 거룩한 땅이다. 따라서 이 계시를 마음 깊은 곳에 잘 간직하고, 합당한 위치에 서 있어라.

하나님의 강의 사도적 차원

하나님의 강에 관한 온전한 계시를 받기 위해서는 시작으로 돌아가야 한다. 처음 와야 할 것이 처음 와야 한다.

사도들은 사도의 권위가 이 땅에 회복되는 사도적 개혁을 통해 하나님의 진리를 회복한다. 이것은 하나님의 진리가 멈추어진 적이 있다는 것을 말하는 것이 아니라, "그 위에 짓는" 과정이 있다는 사실을 말하는 것이다. 개혁은 과거의 계시 위에 지어야 한다는 것을 의미한다. 오래된 기초를 던져버리는 것이 아니라, 앞선 계시와 이해 위에 더해가는 것이다. 나는 이 과정을 "영광에서 영광으로"라고 표현한다(고후 3:18을 보라). 우리가 보좌 앞에-그분의 강에- 자리 잡고 있을 때, 새로운 계시를 받아들이고 그대로 살아갈 수 있는 더 위대한 믿음과 더불어 더 위대한 단계의 영광을 경험하게 된다. 본질적으로 우리의 믿음을 이전의 믿음 위에 짓고 있는 것이다. 우리의 믿음은 팽창된 계시를 통하여 더 위대한 차원으로 나아간다.

신나지 않은가? 당신은 또 다른 출발을 할 준비가 되어 있는가? 꽉 잡으라. 이제 간다!

알파, 시작

창세기 1장은 하나님의 알파 부분, 즉 시작 부분에 관한 문서다. 이 장에서 창조자는 그 모든 창조물을 말을 통해 존재하게 한다. 천국, 땅, 모든 생물과 동물, 그리고 물이 하나님의 아름다움과 생명의 팔레트가 된다.

알파이신 하나님으로부터 시작된 이 창조 과정은 땅의 진흙으로 사람을 만드시고 동무를 만드시고, 그 둘에게 생기를 넣어주신 창세기 2장으로 흘러간다. 하나님의 형상대로 지어진 아담과 하와에게는 이 땅을 온전히 정복할 수 있는 권세가 주어졌다. 그리고 그분은 그들에게 복 주시고 생육하고 번성하라고 명령하셨다. 이것이 우리 각자에게 주신 하나님의 언약의 시작이다.

우리도 그분의 형상대로 지어졌고 능력과 권위가 주어졌다. 우리는 생육하고 번성하라는 명령을 받았으며, 언약의 축복을 함께 상속할 자다.

이 시작의 책을 통해, 에덴동산에 생명나무가 있음을 알 수 있다. 성경의 마지막 책인 요한계시록에도 생명나무가 언급되었다는 사실을 기억하라. 시간의 시작부터 생명나무가 우리에게 주어졌다. 하지만 인류가 죄를 지어 생명나무에 접근할 수 없게 되었다. 그렇기 때문에 그리스도께서 우리를 위하여 생명을 구속해주셔야 했다. 우리는 하나님의 보좌로부터 흐르는 강에서 수영함으로 풍성한 생명과 그분의 약속을 경험할 수 있다.

에덴동산 안의 강

에덴동산 안에 한 강이 있었다는 언급이 나온다. 이 강은 하나님의 보좌로부터 흐르는 강의 그림자이고 표상이었다(계 22장을 보라). 인류는 절대 그 본향 집을 떠나서는 안 되었다. 에덴동산은 모든 축복이 있는 곳이었다. 모든 것이 살아 있었다. 번성, 축복, 그리고 생명이 그 강이 흐르던 동산 안에 충만하게 자라고 있었다! 비록 인류가 동산 밖으로 그리고 그 강으로부터 쫓겨났지만, 이 생기를 주는 물은 그리스도의 보혈을 통하여 다시 회복되었다. 예수님은 우리에게 생명을 주시기 위하여 죽으셨다(요 10:10을 보라). 그러므로 우리는 생명의 강에서 헤엄칠 수 있는 충분한 권리가 있다. 할렐루야!

이 강은 동산을 통하여 흘러서 네 근원으로 나뉘었다. 그 강은 요한계시록 22장에 나온 강이 열매와 생명을 맺었던 것과 같이 열매를 잘 맺는 지역으로 들어갔다. 우리는 지난 계시 위에 짓고 있으므로 더 많은 이해를 위해 동산 안에 있는 강의 네 근원을 자세히 살펴보자.

> 강이 에덴에서 발원하여 동산을 적시고 거기서부터 갈라져 네 근원이 되었으니 첫째의 이름은 비손이라 금이 있는 하윌라 온 땅에 둘렸으며 그 땅의 금은 정금이요 그곳에는 베델리엄과 호마노도 있으며 둘째 강의 이름은 기혼이라 구스 온 땅에 둘렸고 셋째 강의 이름은 힛데겔이라 앗수르 동편으로 흐르며 넷째 강은 유브라데더라(창 2:10-14)

첫 번째 강의 근원은 **비손**이었는데, 그것은 금이 있었던 하윌라 온 땅을 둘렀다. 그 땅의 금은 훌륭했고, 그곳에는 베델리엄과 호마노도 있었다. 비손이라는 이름의 뜻은 "흐르고 증가하다"[1]인데, 다산과 확장, 계속적인 축복과 생명의 흐름을 의미한다. 이 물들은 메마름과 절망과 열매를 맺지 못하게 하는 것들을 모두 씻어냈다. 죄와 가난의 보좌를 엎어버리는 치유의 물이었다. 내가 본 하나님의 강의 환상처럼, 이 흐름에 금이 있다는 사실을 보라. 금은 하나님의 영광은 물론 번성도 나타낸다. 강의 이 부분에서 헤엄치는 것은 모든 부족함과 가난함의 저주에서 우리를 자유케 해줄 것이다.

두 번째 근원의 이름은 **기혼**으로, "앞으로 부수며 나아가다"라는 뜻이다.[2] 다시 한 번, 깨뜨리는 자―우리의 온전한 승리를 확실히 하시기 위해 우리보다 먼저 문을 통과하신 그리스도 예수―가 봉쇄된 것들을 깨뜨리고 우리를 이끌어내시어, 우리를 다음 수준의 축복과 성취의 분량으로 들어가게 하신다. 하나님의 강의 흐름은 우리로 하여금 과거를 깨고 나오게 하며, 분발하여 미래로 나아가게 한다. 우리는 더 이상 애굽과 애굽이 가져다주는 죽음에 속박되어 있지 않다. 강의 이 부분을 따라 흐를 때, 우리는 미래의 약속의 땅으로 나아가게 된다.

세 번째 수원은 **힛데겔로**, "신속하고 빠르다"라는 뜻이다.[3] 이것은 빨리 달리는 말을 함축하며, 말들과 함께 달릴 때라는 뜻이다! 당신이 강의 이 부분에서 헤엄친다면 더 이상 느린 시냇물에 있는 것이 아니다. 당신은 빠르게 달릴 수 있는 자유를 얻었다.

네 번째 근원은 **유브라데로**, 그 뜻은 "비옥하고 열매를 많이 맺는"다는 뜻이다.[4] 다시 말하지만, 하나님은 우리 각자를 축복하고 싶어 하는 갈망이 있으시다. 그분은 우리에게 생명의 물을 주셨다. 그분 자신이 생명의 강이고, 우리가 그분과 올바른 관계를 유지하고 있다면 이 모든 축복이 우리의 것이 될 수 있다.

> 명절 끝 날 곧 큰 날에 예수께서 서서 외쳐 가라사대 누구든지 목
> 마르거든 내게로 와서 마시라 나를 믿는 자는 성경에 이름과 같이
> 그 배에서 생수의 강이 흘러나오리라 하시니(요 7:37-38)

우리는 열매를 잘 맺는 땅에 살면서 번성과 확장을 경험하기 위해 창조되었다. 이것은 명령이다(창 1:28을 보라). 믿는 자로서, 우리는 사명을 이루어 번성해야 한다. 번성하지 못하는 것은 우리에게 주어진 명령과 반대되는 것이다. 예수님은 열매 맺지 못하는 무화과나무를 저주하셨는데(막 11:14-20을 보라), 단지 배가 고프셨기 때문이 아니라, 그 나무가 생육하고 번성하라는 하나님의 명령과 반대되는 상태에 있었기 때문이었다. 하나님은 우리 삶 속에서 열매 맺지 못하는 모든 부분을 찾아내어, 열매 맺고 성취하는 삶으로 돌아서라고 명령하신다.

세상에, 이해할 수 있는가? 주님은 우리 삶 속에서 열매 맺지 못하는 모든 부분을 세심히 관찰하신다. 최근에 열매 맺지 못하는 상황에 관하여 예언적인 말씀을 받았다면 이것을 기억하라. 하나님은 당신이 열매 맺지 못하는 그러한 부분들을 저주하고, 열매 맺는 삶을 살기 원하신다는 것을. 예수님께서 열매 맺지 못하는 무화과나무를 저주하셨을 때, 그것은 곧 말라죽었다. 우리 또한 열매 맺지 못하는 부분들을 저주하여 오래된 것들을 제거해야 한다. 그래야 하나님께서 주시는 새로운 것들을 경험할 수 있다. 모든 개개인, 모든 식물, 모든 나무가 하나님의 법에 의해 성장하라는 명령을 받았다.

이 네 강의 근원은 흐르고 있는 돌파의 물줄기를 의지한다. "깨뜨리는 자"이신 하나님은 당신보다 앞서 가셔서 열매 맺지 못하는 정체된 곳으로부터 당신을 빼내고 싶어 하신다.

그분의 보좌 앞에서

하나님께서 내게 주신 강의 환상은 우리가 생명, 번성, 증가, 그리고 풍요로움을 경험하며 살기 위해서는 하나님의 강 속에서 흘러야 한다는 것뿐만 아니라, 그분의 보좌 앞에 머물러야 한다는 사실을 가르쳐주었다. 우리가 보좌 앞에 머무르지 않는다면, 아무 강 앞에나 머물기도 할 것이다. 하나님의 강 안에 있음을 확실히 하기 위해서는 오직 그분의 보좌 앞에 머물러야 하고, 그분의 음성만을 들어야 하고, 그분의 지시만을 경험해야 한다. 모든 강은 우리를 어느 곳으로든지 이끌 것이다. 하지만 오직 하나님의 강만이 우리에게 생명과 언약의 돌파가 일어나게 한다. 하나님의 강은 보좌로부터 흐르기 때문에, 그분 앞에 구별되어 머물러야만 그분의 흐름과 맞추어 흐르고 있음을 확신할 수 있을 것이다.

환상 속에서 하나님과 강은 하나였다. 그분이 바로 강이셨다! 그것이 우리가 반드시 강 안에 머물러야 하는 이유다-우리는 그분 안에 머물러야 한다. 그리고 그분 안에 머무르기 위해서는 그분의 보좌 앞에 있어야 한다.

여러분 중 몇몇은 "그분의 보좌 앞에 어떻게 머무를 수 있죠?"라고 물을 수 있다. 첫째로, 모든 도전이 당신으로 하여금 그분의 옷자락을 만질 수 있는 기회를 줄 것이라는 사실을 깨달아야 한다. 많은 이가 열두 해 동안 혈루증을 앓던 여인과 같이 절박한 상황에서 하나님을 만지기 위해 밀고 들어갔었던 경험을 해보았을 것이다. 우리가 그분을 만지기에 충분히 가까이 간다면, 그분의 얼굴을 쉽게 볼 수 있을 것이다. 그 강에서 우리는 그분의 얼굴을 보고(계 22:4을 보라), 또한 치유하는 물 안에서 헤엄칠 수 있을 것이다. 당신이 팔을 뻗어 그분의 옷자락을 만지고 있다면, 당신은 올바른 위치에 있는 것이다.

또한, 그분의 보좌 앞에 머무르기 위해서 죽음의 시기에 들어가야 할지도 모른다. 자아의 죽음과 이기적인 야망의 죽음 말이다. 비록 우리가 그분을 더 구하며 울부짖을지라도, 결심을 꾸준히 이어가는 것이 쉽지 않다. 그렇기 때문에 우리는 계속해서 우리를 죽여야 한다. 무엇인가 죽어야만, 보좌의 방에서 이루어지는 사역을 경험할 수 있는 올바른 위치에 설 수 있을 것이다.

이사야 6장에서, 이사야 선지자는 하나님의 보좌에 대한 환상에 사로잡혔다. 하지만 그 선지자가 주님을 볼 수 있기 전에, 웃시야 왕이 죽어야 했던 것을 보라. 다른 말로 하자면, 진정으로 모든 영광을 지니신 그분을 볼 수 있기 전에 오래된 것들, 오래된 관계들, 그리고 오래된 마음가짐이 죽어야 한다는 것이다.

> 웃시야 왕의 죽던 해에 내가 본즉 주께서 높이 들린 보좌에 앉으셨는데 그 옷자락은 성전에 가득하였고 스랍들은 모셔 섰는데 각기 여섯 날개가 있어 그 둘로는 그 얼굴을 가리었고 그 둘로는 그 발을 가리었고 그 둘로는 날며(사 6:1-2)

좁은 장소

우리가 과거로부터 빠져나오지 못한다면 그 강에서 헤엄치지 못할 것이고, 또한 그분의 영광의 풍성함을 경험할 수 없을 것이다. 이것은 우리가 애굽에서 떠나 약속의 땅으로 건너가기로 결심해야 한다는 것을 의미한다. 애굽이라는 이름의 뜻은 "검정"[5](어두움을 나타내는 단어), "압제자"(압제), 그리고 "두 배의 곤경"(두 배로 좁은 통로)이다. 누가 압제되었던 그 어두운 곳으로 돌아가고 싶어 하겠는가? 하지만 우리는 두 배의 기름 부음의 겉옷을 입고 살 수 있으면서도, 광야의 이스라엘 백성과 같이 단지 그 오래된 곳에서는 무슨 일이 일어날지 예상할 수 있다는 이유만으로 다시 어두움으로 돌아가고 싶어 한다.

산도(産道)에 있는 아기를 생각해보자. 그 아기는 어둠 속에 고립되어 있다. 바깥으로 나오기 위해서는 먼저 좁은 장소인 산도를 통과해야 한다. 좁은 통로를 경험하는 것은 얼마나 불편한 일인가? 오래된 장소에서 편안함을 누리던 아기가 갑자기 바깥 넓은 곳으로 옮겨가는 것은 참으로 두려운 일일 것이다. 아마 아기는 수축을 통해 숨 막힐 것 같은 공간으로 들어갈 때에 두려움과 공포를 경험할 것이다. 나는 과연 몇 명의 아기가(만약 그렇게 할 수 있다면) 다시 "돌아가려 할지" 궁금하다. 실제로 아기들이 그렇게 하려 한다면 분만 시에 문제가 발생할 것이다.

이것은 우리에게도 마찬가지다. 확장된 영역으로 옮겨가게 될 때에 항상 좁은 통로를 지나가야 한다. 우리의 원수는 입구에서 우리를 멈추게 하려 한다. 그리고 악한 영들의 임무는 우리가 생명의 강에서 헤엄치는 것을 막는 것이다.

파이톤의 영

우리의 돌파를 방해하려는 악한 세력들 중의 하나가 파이톤의 영이다. 처음 파이톤의 영에 대한 지식을 접했을 때, 나는 끊임없는 혼란의 시기를 통과하고 있었다. 하루에 걸친 일이 아니었고, 정말 몇 주 동안 계속 이어졌다. 때로 정신을 잃을 것만 같았다. 혼란스러움 위에 피곤함이 가중되었고, 얼마를 쉬더라도 힘을 다시 회복하기에는 충분치 않았다. 나는 또 영적으로 "고착되어" 있었고, 그곳에서 빠져나와 증가의 장소로 들어갈 수 없을 것 같았다. 그러던 중 수일 동안 기도하고 있던 어느 날, 결국 주님께서 꿈을 통해 나에게 말씀하셨다.

꿈속에서 한 남자가 그림을 그리고 있었다. 나는 좀 떨어진 거리에서 그 남자가 한 겹의 색 위에 또 다른 색을 덧칠하는 것을 보고 있었다. 한 겹이 더해질 때마다 "마녀"의 모습이 더 선명하게 드러났다. 마치 그림 속에 마녀가 숨어 있었던 것 같았으며, 그가 그림을 마칠 무렵에는 숨겨져 있었던 마녀를 온전히 볼 수 있었다. 화가가 돌아서서 내 눈을 보며 말했다. "너에게서 숨겨졌던 것이 이제 드러났다. 그 마녀가 너에게 저주를 걸어놓았다. 그리고 그것은 점(占)의 저주였다."

나는 숨을 헐떡이며 꿈에서 깨었다. 마치 누군가가 내 목을 꽉 조여서 나의 생명을 쥐어짜는 것처럼 숨이 조여 오는 것을 느꼈다. 갑자기 **파이톤의 영**이라는 말이 들렸다. 나는 그때 주님께서 내가 씨름하던 견고한 진에 관하여 말씀하고 있으시다는 것을 깨달았다.

불현듯 사도 바울이 사도행전 16장 16절에서 점하는 귀신을 이야기했던 것이 떠올랐다. 그 구절에는 바울과 실라와 함께 여행하던 어떤 여인에 관한 매우 흥미로운 이야기가 나온다. 처음에 그녀는 하나님의 사람들을 아첨하는 말로 추켜세우는 것처럼 보였다. 그러나 동시에 그녀는 자신에게 더 많은 관심을 기울였다. 바울은 점하는 귀신을 정확히 분별한 후에 그녀에게서 악한 영을 쫓아내었다.

> 우리가 기도하는 곳에 가다가 점하는 귀신들린 여종 하나를 만나니 점으로 그 주인들을 크게 이하게 하는 자라 바울과 우리를 좇아와서 소리 질러 가로되 이 사람들은 지극히 높은 하나님의 종으로 구원의 길을 너희에게 전하는 자라 하며 이같이 여러 날을 하는지라 바울이 심히 괴로워하여 돌이켜 그 귀신에게 이르되 예수 그리스도의 이름으로 내가 네게 명하노니 그에게서 나오라 하니 귀신이 즉시 나오니라 (행 16:16-18)

점하는 귀신들린 소녀가 "여종"이었다는 사실을 알고 있는가? 흥미롭지 않은가? 점하는 귀신은 "주술"이라고도 알려져 있으며, 그 귀신은 자기에게 절하는 자들을 노예로 만든다. 다른 말로 하자면, 주술의 영과 비슷한 것은 어떤 것이라도 우리 안에 들어오는 것을 허락해서는 안 된다. 그 영이 우리를 옥에 가둘 것이기 때문이다. 이러한 이유로 하나님의 말씀은 익숙한 영들과 점쟁이들과 같은 것들에게 우리 삶을 열어주지 말라고 지시하시는 것이다(미 5:12을 보라).

점은 푸토(putho)라는 말에서 비롯된 파이토스(pythos)라는 단어와 연관이 있다. 푸토는 악한 사제(악한 영의 영향을 받아 어떤 상황들에 대한 통찰력을 주는 사람)가 있던 지역의 이름이다. 그리스 신화에 의하면, 파이토 지역에 살고 있던 용이나 파이톤은 델포이(Delphi)에 있던 그 사제를 보호하다가 아폴로에 의해 죽임을 당했다고 한다.[6]

다시 사람이 태어나는 경험으로 돌아가보자. 아기는 태어날 때 산도라는 매우 좁은 통로를 지나며, 산도 밖으로 나오기 위해서 단단히 "압박"되어야 한다. 일단 그 좁은 도전의 반대편에 다다르면 큰 공간이 열리게 된다. 다른 말로 하자면, 아이는 "문이 있는 입구" 혹은 "문지방"을 통과한다.

영적으로 환상이나 사역 혹은 기회들이 주어질 때는 넓은 곳에 다다르기 전에 좁은 입구가 있다는 것을 알아야 한다. 파이톤이 희생자의 생명과 호흡을 죄는 것과 같이, 파이톤의 영은 넓은 곳으로 나아가는 문지방에 앉아서 그 환상의 숨을 조임으로 결국 비전이 탄생하는 것을 멈추려고 한다. 환상이나 사역이 성취되고 확장되는 것을 막는 것 또한 주술의 영의 역사이며 전략이다.

문지방이라는 히브리어들 중의 하나가 카프(caph)인데[7], "대문, 문, 기둥, 혹은 문지방"이라는 뜻이다. "채가다" 혹은 "끝내다"라는 의미를 지닌 어원에서 비롯되었다. 문지방을 나타내는 또 다른 히브리어는 페텐(pethen)으로,

"뱀과 같이 비틀다"라는 뜻이다. 이 단어는 철자나 발음이 파이톤과 매우 비슷하다. 성경 말씀에서 뱀은 사술과 연결되어 있는데, 이것은 또한 주술이기도 하다. 우리가 미래와 연결된 문들을 지날 때, 그리고 문지방을 넘어설 때, 그곳에는 우리의 미래를 앗아가기 위해 주술이 기다리고 있다.

하지만 소망이 있다! 영광의 왕께서 우리보다 앞서 가시기로 약속하셨다. 그분이 우리보다 앞서 그 문을 통과하셔서 우리를 오래된 장소로부터 구해내시고 미래로 들어가게 하실 것이다.

> 문들아 너희 머리를 들지어다 영원한 문들아 들릴지어다 영광의 왕이 들어가시리로다 영광의 왕이 뉘시뇨 강하고 능한 여호와시요 전쟁에 능한 여호와시로다 문들아 너희 머리를 들지어다 영원한 문들아 들릴지어다 영광의 왕이 들어가시리로다 영광의 왕이 뉘시뇨 만군의 여호와께서 곧 영광의 왕이시로다(시 24:7-10)

넓은 곳으로 나아가기

우리의 길을 인도하셔서 모든 입구를 통과케 하시며, 특별히 넓은 지경으로 인도하시는 분이 깨트리는 분이신 그리스도이시다. 미가서 2장 13절은 "길을 여는 자가 그들보다 앞서 올라가고 그들은 달려서 성문에 이르러서는 그리로 좇아 나갈 것이며(태어날 것이며) 그들의 왕이 앞서 행하며 여호와께서 선두로 행하시리라"라고 기록하고 있다. 다른 말로 하자면, 그들의 미래의 하나님, 곧 여호와께서 모든 입구, 모든 문으로 들어가도록 이끄셨고, 그들을 얽매이게 했던 모든 악한 것을 부수고 나아가게 하셨다는 것이다.

바바라 요더(Barbara Yoder)는 『부서트리고 무너트리는 기름 부으심』(The Breaker Anointing)이라는 책에서 다음과 같이 말했다.

히브리어로 "깨고 나오다"는 말은 파라츠(parats)다. 이 뜻은 "깨고 나오다, 터지다, 자라다, 증가하다, 열리게 되다"라는 뜻이다. 이것이 함축하는 의미는 어떤 것이 닫혀 있었고, 잠겨 있었고, 권위가 떨어져 있었고, 성장이 정지되어 있었고, 제한되어 있었고, 갇혀 있었다는 것이다… 파라츠는 감옥과 같은 구조에서 깨고 나오는 것, 어떤 것이 자라는 것, 어떤 장소에서 증가하는 것, 그리고 닫혔던 것이 열리는 것과 관련이 있다.[8]

그녀는 덧붙여서 말한다. "사무엘상 3장 1절에 헤치고 나아가는 것의 예가 나온다. 이 말씀은 오래된 구조에서 새로운 것으로 나아가는 변화에 관한 것이다."[9] 바바라 요더는 엘리가 제사장으로서 타협하는 삶을 살았을 때에 "열린 환상"이 없었다고 간주한다. 히브리어로 "열린" 환상은 파라츠(Parats)인데, 간단히 말해서 엘리가 타협하며 살았을 때에는 돌파가 없었다는 것이다.[10]

우리의 목표는 오래된 종교적 패러다임을 무너뜨리고 나와서 하나님께서 주시는 새로운 것들을 받아들이기 위해 좁은 곳들로 돌진해나가는 것이다. 지금은 우리가 태어나는 시기다. 지금은 열린 환상의 시기며 갇혀 있던 곳으로부터 탈출하는 시기다. 우리는 계시를 "숨겨두는" 사술의 구조와 어두움의 구조를 깨트리고 좌우로 나와서 크고 넓은 곳으로 나아갈 수 있다.

> 네 장막 터를 넓히며 네 처소의 휘장을 아끼지 말고 널리 펴되 너의 줄을 길게 하며 너의 말뚝을 견고히 할지어다 이는 네가 좌우로 퍼지며 네 자손은 열방을 얻으며 황폐한 성읍들로 사람 살 곳이 되게 할 것임이니라(사 54:2-3)

전쟁을 위한 옷으로 갈아입으라

그 강과 하나님의 보좌 앞에 계속 머무르기 위해서는 두 가지가 필요하다. 첫째는 도래하는 영적 전쟁을 위해 우리를 그분의 능력으로 채워주는 전투복(warfare mantle)이다. 악한 영의 공격과 마주치지 않고 하나님의 생명의 강에 머무를 수 있을 것이라고 착각하지 마라. 악마는 우리를 죽이고 싶어 한다. 우리가 기름 부음을 받았기 때문에 우리를 증오한다! 우리는 하나님께서 주신 권위의 겉옷을 입어야 한다. 적들이 우리를 패배시키기 위한 죽음의 구조를 이미 계획해두었기 때문이다.

전투복(warfare mantle)에서 망토(mantle)라는 단어는 "신체를 가리기 위해 던져진 혹은 둘러진 것"을 의미하며, 그것은 외투 혹은 긴 겉옷과 같은 옷을 의미한다.[11] 망토는 헐렁하다. 그 이유는 우리가 성장하여 그 옷에 맞도록 자랄 수 있기 때문이다.

하나님에게는 우리에게 주실 새 옷이 있다! 그분은 이 새로운 시기에 우리에게 입혀주기 원하시는 망토를 가지셨다. 지금은 옷을 갈아입을 때다. 우리는 오래된 것을 벗어버리고, 새로운 것을 입어야 한다. 한 단계의 영광에서 다음 단계로 옮겨가기 위해서는 성장과 성숙이 필요하다. 그 결과 하나님께서 주신 권위의 망토가 우리에게 딱 맞게 될 것이다.

적은 우리를 중단시키고, 생명을 짜내려고 하며, 숨을 거두어가려고 시도한다. 그러나 우리가 팔을 뻗어 예수님께 닿을 수 있다면, 그래서 그분의 옷자락을 만질 수 있다면, 예수님은 그분의 능력으로 우리를 치료해주실 것이며 우리는 그분의 강에서 자유롭게 헤엄칠 수 있게 될 것이다.

깨끗함을 입으라

그분의 보좌 앞에 머무르기 위해서 필요한 두 번째는 깨끗함을 입는 것이다. 보좌의 방은 거룩한 곳이다. 천사들은 계속 "거룩, 거룩, 거룩, 만군의 여호와"라고 소리친다.

이사야는 환상에 사로잡혀 하나님의 영광스러운 임재와 하나님의 거룩하심을 선포하는 천사들을 보았다. 그는 자신이 깨끗하지 못하고 부족한 것을 깨닫고는 "화로다 나여 망하게 되었도다 나는 입술이 부정한 사람이요 입술이 부정한 백성 중에 거하면서 만군의 여호와이신 왕을 뵈었음이로다"(사 6:5)라고 고백했다.

이사야가 보좌의 방에 머무르고 하나님의 영광을 목격하도록 천사들은 그의 부정함과 죄를 씻어내야 했다. 그래서 그의 입에 뜨거운 숯불을 갖다 대었다. 이사야는 깨끗함을 입은 후에야 그의 사명을 성취하도록 보냄을 받았다.

이것은 우리에게도 마찬가지다. 깨끗함과 정결함을 입는 계절을 통과해야 한다. 그래야 이 땅에서 우리의 사명을 성취하도록 파송될 수 있다.

기회를 붙잡으라

사도라는 말의 의미는 "보냄을 받다"라는 뜻이다. 사도들이 파송되는 지금과 같은 시기에, 우리가 생명의 강과 그분의 보좌 앞에 머무른다면 성령께서 부어주시는 능력을 받을 기회를 더욱 많이 붙잡게 될 것이다. 올바른 자리에 머무르기 위해 치러야 할 값이 있을지라도, 이것은 생명을 주는 것이기 때문에 그러한 압박을 견뎌낸 것을 기뻐하게 될 것이다.

핍박을 이겨냈을 때 오는 축복들을 자세히 읽어보라. "이기는 그에게는 **내가 내 보좌에 함께 앉게 하여주기를** 내가 이기고 아버지 보좌에 함께 앉은 것과 같이 하리라"(계 3:21, 굵은 글씨는 저자 강조).

당신은 그분의 보좌에 앉을 준비가 되었는가? 이제 이 기도를 하면서 올바른 자리를 찾아 앉아라.

아버지 하나님, 저는 당신의 영광을 보기 원합니다. 모세와 같이 당신의 얼굴을 구하고 당신의 영광을 구합니다. 나는 당신의 강에서 헤엄치고 싶고 당신을 알고 그리고 당신의 임재 안에 거함으로 인해 풍성한 생명을 경험하고 싶습니다. 내 마음의 모든 부정한 것을 씻어주시고 내 죄를 용서해주실 것을 구합니다. 아버지, 제가 당신의 강에 머무를 수 있도록 새로운 거룩함의 망토로 옷 입혀주시고, 영적 전쟁을 위한 새로운 갑옷을 주옵소서. 비록 적들이 입구에서 나를 기다리고 있을지라도, 나는 나를 가로막는 모든 것을 뚫고 나와 그들을 이겨낼 수 있는 능력을 지니고 있습니다. 주님, 제 모든 미래를 걸고 당신을 신뢰합니다. 내가 승리하였다고 선포하시는 당신의 말씀과 약속에 감사드립니다. 예수님의 능력의 이름으로 기도드립니다. 아멘!

자, 승리자들이여, 천국의 보좌로부터 온 더 많은 전략이 당신을 기다리고 있다. 계속 나아가자!

제10장 | Crossing Over into the Promised Land

약속의 땅으로 건너가기

내가 내려와서 그들을 애굽인의 손에서 건져내고 그들을 그 땅에서 인도하여 아름답고 광대한 땅 젖과 꿀이 흐르는 땅…에 이르려 하노라(출 3:8)

앞으로 나아가는 것은 단지 "그곳"이라 불리는 장소를 찾는 것 이상이다. 하나님은 자기 백성을 포로 된 상태에서 구해주셨고, 쉴 수 있는 장소를 제공해주셨다. 하지만 그들은 그들의 약속을 추수하기 위해 건너편으로 "건너가야" 했다. 하나님은 우리에게도 쉴 장소를 제공하셨다. 그러나 약속된 땅으로 건너가기 위해서는 자발적인 순종의 행위가 필요하다.

때때로 건너가기로 결정을 내릴 때 예언적인 사명에 온전히 순복해야 한다. 건너가기 위해 필요한 단계들을 밟도록 우리를 이끄는 것은 우리의 순종을 축복하고자 하시는 하나님의 의도다.

신명기 28장은 순종의 대가로 하나님께서 베푸시는 많은 축복을 묘사한다.

> 네가 네 하나님 여호와의 말씀을 삼가 듣고 내가 오늘날 네게 명하는 그 모든 명령을 지켜 행하면 네 하나님 여호와께서 너를 세계 모든 민족 위에 뛰어나게 하실 것이라 네가 네 하나님 여호와의 말씀을 순종하면 이 모든 복이 네게 임하며 네게 미치리니 성읍에서도 복을 받고 들에서도 복을 받을 것이며 네 몸의 소생과 네 토지의 소산과 네 짐승의 새끼와 우양의 새끼가 복을 받을 것이며 네 광주리와 떡 반죽 그릇이 복을 받을 것이며 네가 들어와도 복을 받고 나가도 복을 받을 것이니라 네 대적들이 일어나 너를 치려하면 여호와께서 그들을 네 앞에서 패하게 하시리니 그들이 한 길로 너를 치러 들어왔으나 네 앞에서 일곱 길로 도망하리라 여호와께서 명하사 네 창고와 네 손으로 하는 모든 일에 복을 내리시고 네 하나님 여호와께서 네게 주시는 땅에서 네게 복을 주실 것이며(신 28:1-8)

우리가 주님의 말씀에 순종한다면 어떻게 실패할 수 있겠는가? 이 시기에 하나님은 우리에게 그분의 새 포도주를 받아들이라고 말씀하신다. 또 각자 과거를 뒤로하고 오래된 옷들을 벗어버리며 권위의 망토를 입으라고 지시하신다. 우리는 변화를 받아들여야 한다.

하나님은 우리를 위해 좋은 것들을 계획해두셨다. 신나지 않는가? 승리가 이미 약속되었으며, 숨겨진 많은 보물을 추수하게 될 것이다. 여기에 젖과 꿀이 흐르는 땅을 충분히 경험하는 축복이 덧붙여졌다.

어떻게 생겼는가?

당신은 미팅(blind date)에 나가본 적이 있는가? 남편과 나는 미팅에서 만났다. 나에게는 그 끔찍하리만큼 놀라운 경험을 즐겼다는 것이 얼마나 다행인지 모른다! 그 사람에 대해 아무것도 모른다는 것 때문에 그 미팅을 하찮게 여겼다면 어떻게 되었겠는가?

물론 미팅을 하기에 앞서 사진이 한 장이라도 있었다면 더 좋았을지도 모른다. 그러나 상대방이 사진이 잘 나오지 않는 사람이고, 눈으로 보는 것만으로 판단한다면 어떻게 되겠는가? 하나님께서 당신을 위해 준비해두신 최고의 것을 놓칠 수도 있을 것이다! 알려지지 않은 일에 전념하는 것과 이전에 본 적이 없는 사람과 데이트를 하는 것은 약속들이 가득 찬 땅으로 돌진하는 것과 같다.

나는 이스라엘 백성이 약속의 땅이 어떻게 생겼는지 궁금해했을 것이라고 확신한다. 그 땅에 들어가려 했을 때에, 오직 여호수아와 갈렙만이 그 땅을 보고 왔다. 나머지 백성은 약속을 믿고 앞으로 가야 했다. 그들은 들어가서 그 땅을 차지하기 위해서 순종해야 한다는 것을 알고 있었지만, "젖과 꿀이 흐르는 땅"이 도대체 어떤 모습일지 궁금했을 것이다. 그들은 사진도 없었고, 그들을 부추기기 위한 '내셔널 지오그래픽'(National Geographic) 특별 방송도 없었다. 그들은 온전히 하나님을 신뢰해야 했다.

압제된, 그리고 죄악 때문에 "굽어진"

주님을 신뢰하는 것은 먼저 우리에 대한 그분의 마음을 아는 것을 의미한다. 하나님의 마음은 과거에 우리를 지배하던 자들의 압제에서 우리를 구원하기를 원하신다. 하나님께서는 "애굽"이 우리 삶에 일으킨 고통을 알고 계신다. 그래서 우리에게 자유와 약속의 땅으로 건너갈 수 있는 초자연적인 임무를 주신 것이다. "여호와께서 가라사대 내가 애굽에 있는 내 백성의 고통을 정녕히 보고 그들이 그 간역자로 인하여 부르짖음을 듣고 그 우고를 알고"(출 3:7). 하나님께서는 그들의 우고를 이해하신다고 말씀하셨다. 우고(sorrows)는 신체적·정신적 비탄과 고통이다. 이전에 언급했듯이, 애굽은 어두움과 두 배로 좁은 공간을 나타내며, 압제하는 자에 의한 압박을 상징한다. 그때에 "압제자"는 애굽의 배후에 있던 영이었다. 오늘날 우리는 "애굽"을 "세상"으로 보고 있다. 우리는 세상에 있어야 하지만 세상과 세상의 영에 속해서는 안 된다(요 17:16을 보라).

성경은 하나님께서 그들의 "고통"을 봐오셨다고 말한다. 고통은 히브리어로 "압제"를 뜻하는 단어에서 비롯되었지만, 그 외에도 "절을 하게 된, 아래를 보는, 문제 있는, 약해진, 굽어진, 수치스럽게 된, 그리고 약해진 상태에 있는" 과 같은 의미도 있다.[1] 당신 안에 이러한 상태들이 존재하는가? 당신이 애굽의 영과 바로(악의 견고한 진을 상징함)에 의해 압박을 당했다고 느낀 적이 있다면, 나는 적이 당신을 완전히 수치스럽게 하고 약하게 하여 당신이 위를 볼 수조차 없게 만들려 했을 것이라고 확신한다. 사실, 적의 계획은 우리를 "굽어지게 하여 아래를 보게 하는 것"이다. 그렇게 함으로 우리가 어디로 나아가고 있는 지를 볼 수 없게 하는 것이다. 땅만 바라보면서 살아간다면 누가 미래의 목적지에 다다를 수 있겠는가?

고통은 **부정함**이라는 단어와 가깝게 연결되어 있는데, 부정함은 여러 흥미로운 의미가 있다. 이것은 "정도를 벗어난, 굽어진, 굽다, 꼬다, 그리고 뒤틀다"라는 말로 번역된다.[2] 사탄의 계획은 우리의 마음을 뒤트는 것이다. 그는 거짓을 말하고 하나님의 말씀이 정도를 벗어나도록 하여 우리가 삶에 관한 하나님의 진리를 믿지 못하도록 만든다. 사탄이 우리를 괴롭게 하고 핍박할 때, 우리의 행위와 생각하는 방식이 "굽어"질 수 있다. 적으로부터 오는 시험과 시련과 압박의 결과는 종종 "굽어진" 사고방식이다.

이 굽어진 사고방식과 굽어진 행동들은 종종 눈에 띄지 않는다. 이것은 우리 삶의 방식의 한 부분이 되며, 심지어 세대(generation)를 타고 내려간다. 나뭇가지들이 햇빛을 받기 위해 햇빛을 차단하는 방해물을 피하여 휘어져 자라는 것과 같이, 우리는 방해물들과 저항들을 피하려 하기 때문에 굽어진다. 이후로 이어지는 부정한 방식들은 우리가 온전히 성장하는 것과 빛 되신 주님을 찾으려는 시도에 방해가 된다. 그 결과 우리의 행동과 신앙 체계는 영구히 "굽어진" 상태로 남아 있게 된다.

부정함은 우리를 잘못된 방향으로 자라게 한다. 우리는 굽은 곳에서 구원을 받기보다 다른 길들과 생활방식들을 찾으려 하는 성향이 있다. 어쩌면 여러분 중 몇몇은 굽어진 방식으로 너무나 오랫동안 살아왔기 때문에 구원에 대한 소망을 포기해버렸을 수도 있다—어쩌면 구원이 필요하다는 사실조차 알지 못할 수도 있다. 하나님께서 이스라엘 백성의 울음소리를 들으셨고, 그분의 마음이 그들을 향하여 움직이셨으며, 압제에서 그들을 구원하신 것을 기억하라.

약속의 땅으로 건너가기 위한 단계들

우리는 이스라엘 백성처럼 어두움의 영들에게 눌려 있었고, 수치와 슬픔 그리고 연약함 때문에 슬퍼하고 고통받아왔다. 이런 것들로부터 빠져나가는 길이 있다! 하나님께서는 우리에게 구원자이신 그리스도 예수를 보내주셨다! 그분은 우리를 압제자로부터 자유케 하시기 위하여 오셨다. 그러나 우리도 해야 할 일을 해야 한다. 그렇다. 사랑하는 자들이여, 우리가 구출되는 것과 관련하여 우리 편에서도 해야 할 역할이 있다. 아래의 것들은 우리가 약속된 땅으로 건너가 그 땅을 차지하기 위해 우리가 떼어야 하는 걸음들이다.

1. 새사람을 입으라

먼저 우리는 우리의 위치를 결정해주는 상황을 살펴보아야 한다. 스스로 자신의 영적 상태를 물어보라. 당신의 고통은 무엇인가? 당신이 지닌 사고방식 중에서 영구히 "굽은 혹은 왜곡된" 부분은 없는가? 의심과 불신으로 고통받고 있는가? 하나님을 정말 신뢰하는가? 이러한 영적 상태들이 당신의 위치를 결정할 것이다. 당신은 과거를 뒤로하고 떠날 위치에 서 있는가? 당신은 옛 성품의 유형들을 벗어버리고 새사람을 입을 준비가 되었는가? 부패한 옛사람을 벗어버리고, 진리로 당신의 마음을 새롭게 하며(하나님께서 당신에 대하여 말씀하시는 사실을 믿으며), 새사람을 입어야 한다. 건너가서 당신의 적들을 몰아낼 힘을 충분히 얻으려면 먼저 올바른 자리에 위치하고 있어야 하며, 그리스도의 의로움과 거룩하심으로 옷 입어야 한다.

> 너희는 유혹의 욕심을 따라 썩어져 가는 구습을 좇는 옛사람을 벗어버리고 오직 심령으로 새롭게 되어 하나님을 따라 의와 진리의 거룩함으로 지으심을 받은 새사람을 입으라(엡 4:22-24)

2. 건너기로 결정하라

이제 새사람을 입기로 했으니 "오래된 곳"에서 나오는 출구는 반대편으로 건너가려는 결정이라는 사실을 인식하라. 하나님께서는 당신을 위한 젖과 꿀을 분명히 가지고 있으시다!

> 내가 내려와서 그들을 애굽인의 손에서 건져내고 그들을 그 땅에서 인도하여 아름답고 광대한 땅 젖과 꿀이 흐르는 땅…에 이르려

하노라(출 3:8)

반대편으로 건너가는 것은 요단 강을 건너는 것 이상의 일이다. 요단 강은 소유하는 과정에서 매우 중요하지만, 우리가 건너야 할 장소는 단지 그 한 곳만이 아니다. 주어진 약속들을 추구하면서 여러 번 건너야 할 곳을 마주쳤던 이스라엘 백성이나 아브라함처럼, 우리도 건너야 할 수많은 장소를 마주칠 것이다. 우리는 사는 동안에 홍해, 즉 두려움과 걱정에서 하나님을 완전히 신뢰함으로 건너야 하고, 요단 강을 건너야 하며, 또 다른 많은 것을 건너야 한다.

3. 기적과 확장을 기대하라

마태복음 14장 13절에 보면, 예수님께서 갈릴리 바다를 건너가 아픈 사람을 치유하신 기록이 나온다. 성경은 예수님께서 광야에 계셨지만 사람들이 그분의 사역을 보기 위해 수 마일을 달려왔고, 주님은 그들을 긍휼히 여기셔서 치료해주셨다고 밝힌다. 저녁이 될 때까지 광야에 머무셨던 예수님은 빵 다섯 조각과 물고기 두 마리로 수많은 사람을 먹이셨다. 와! 이것이 그분께서 사막에 강이 흐르고 길이 나게 하실 것이라 했던 것임에 틀림없다. 우리는 반대편으로 "건너가기" 시작할 때 이와 똑같은 기적적인 현상들을 기대할 수 있을 것이다.

예수님께서는 "둘러싸고, 구르고, 맴도는 의미로서의 순환 혹은 주기" (circuit)를 뜻하는 갈릴리로 건너가셨다.[3] 순환이라는 단어는 "온전한 한 바퀴, 혹은 계속 일어나는 시리즈"라는 의미의 사이클(cycle)과 유사하다.[4] 어떤 것의 둘레를 돈다는 것은 똑같은 방식으로 돌고 도는 것과 같이 "원"을 그린다는 의미다. 우리는 얼마나 자주 똑같은 행동 유형의 둘레를 돌고 돌았는가? 지금이 바로 그 오래된 회전에서 빠져나와야 할 때다! 우리는 과거의 장소에서 나와 새로운 땅으로 건너갈 때(순환에서 빠져나올 때), 확장을 경험할 수 있다.

예수님은 아픈 사람들을 치료하셨을 때, 축사하시고 떡을 떼어 제자들과 수많은 사람에게 건네주셨을 때 더 커다란 확장으로 건너가셨다(마 14:19을 보라). 예수님께서 건너가셨기 때문에, 즉 또 다른 장소에서 빠져나오신 덕분에 오천 명도 더 되는 사람이 먹고 축복을 받았다.

우리가 하나님으로 하여금 우리를 깨뜨리도록 할 때, 이와 똑같은 일이 일어날 수 있다. 일단 우리가 깨어지고 나면, 그분은 우리를 그리스도의 몸에 유익하게 하실 수 있다. 그 결과 우리는 위대한 확장을 목격하게 될 것이다.

4. 두려움의 반대편으로 건너가기

두려움은 오늘날 우리가 마주치는 가장 강한 견고한 진 중 하나다. 두려움은 불안을 일으키고 불안은 불신을 낳는다. 두려움이 활동할 때, 우리는 하나님의 위엄에 집중하고 모든 것이 가능하다고 믿는 대신에, 자신을 작고 보잘것없는 사람으로 간주한다. 미래로 나아갈 준비가 되면, 두려움의 영은 우리를 대항하여 활발하게 활동하며, 두려움과 의심을 가져와 우리를 마비시키려 할 것이다.

심지어 예수님의 제자들까지도 두려움의 반대편으로 건너가야 했다. 수많은 사람을 먹인 후에 예수님은 제자들에게 배를 타고 다시 건너가라고 말씀하셨다. 예수님께서는 기도하시기 위해 산으로 가셨지만, 제자들은 배를 타고 반대편으로 건너가려 했다. 갑자기 폭풍이 왔고, 제자들은 두려워했다. 예수님께서 물 위를 걸어 그들에게 오셨다. 제자들은 예수님이 악한 영인 줄 알고 두려워했다. 나는 그들이 주님의 말씀을 의심했기 때문에, 두려움의 영이 그들에게 보냄을 받았다고 생각한다.

예수님께서 당신을 반대편으로 보내실 때는 이미 당신을 그곳에 보낼 작정을 하신 것이다! 그분의 말씀은 우리에게 분명하기 때문에 두려워할 필요가 없다. 건너는 동안 폭풍이 올 때는 사탄이 우리를 두렵게 하고 주님의 말씀을 의심하게 하려는 것임을 깨달아야 한다.

예수님께서는 제자들에게 두려워하지 말라고 지시하셨다. 오직 베드로만이 믿음으로 응답하였고, 예수님을 향해 물 위를 걸었다. 바람이 더 거칠게 불자, 그는 다시 두려워했고 급기야 물속으로 가라앉았다. 예수님께서 손을 뻗어 베드로를 잡으시면서 그에게 말씀하셨다. "믿음이 적은 자여 왜 의심하였느냐?"(마 14:31)

이와 비슷한 일들이 우리 삶에서 일어나고 있지 않은가? 우리는 하나님으로부터 풍성함의 땅으로 건너가라는 말씀을 받아서 믿음의 배를 타고 약속의 땅으로 머리를 향한다. 그때, 사탄이 와서 우리의 배를 불어 날려버리려고 한다. 두려움으로 반응한다면 우리는 고통의 영에게 문을 열어주는 것이 된다.

사랑하는 자들이여, 우리가 이런 상황에 있을 때, 두려움에서 벗어나는 유일한 방법은 배에서 내려 믿음으로 물 위를 걷는 것이다. 또 다른 선택 사항은 두려움으로 마비되어 그 배 안에서 죽는 것이다. 그러니 함께 배에서 내려 물 위를 걸어보자! 우리가 가라앉기 시작하면, 그분께서 우리를 구원하실 것이다. 그분은 우리와 함께하신다. 그리고 우리는 계속해서 반대편으로 건너가야 한다.

5. 보좌 앞에 머무르기

약속으로 건너가기 위해서는 보좌의 방에 머물러야 한다. 오직 여기에서

만 얼굴을 마주 대하고 하나님을 만날 수 있다. 오직 보좌의 방만이 우리가 주님을 볼 수 있는 곳이고, 그분의 말씀을 듣고, 그분에 이끌림을 받아 승리로 나아갈 수 있는 곳이다.

이사야는 "오래된 것들"을 뒤로 했을 때 하나님을 대할 수 있었다(사 6:1을 보라). 그는 하나님의 영광을 보기 위한 올바른 자리로 옮겨가기 전까지는 새로운 시기로 나아갈 수 없었다.

모세도 하나님과 얼굴을 마주 대하고 이야기를 나눈 인물이다. 모세는 하나님의 영광을 보았고, 하나님께서 그와 함께하지 않을 때는 절대로 앞으로 나아가지 않겠다고 결심했다. 불행히도, 모세는 새로운 장소로 건너가지 못했고, 젖과 꿀이 흐르는 땅을 경험하지 못했다. 비록 그는 기적들을 경험하고, 하나님의 영광을 보았고, 선택받은 구원자였음에도 불구하고 그 기회를 놓치고 말았다. 모세는 광야에서 많은 시험을 견뎌냈지만, 끝까지 순종하지 못함으로 인해 약속으로 건너가지 못했다. 그는 하나님께서 주시는 새로운 말씀을 듣기보다는 오래전에 하나님께서 행하신 오래된 방식을 따랐다. 어쩌면 그는 "굽어진" 태도를 지니게 되었는지도 모른다. 그의 오랜 사고방식이 그가 약속으로 들어가는 것을 방해하고 말았다.

6. 새로운 메뉴를 준비하라

건너가서 먹을 새로운 음식이 있다. 이스라엘 백성은 광야에서 만나와 메추라기를 먹었다. 그러나 그들이 건너갔을 때, 하나님은 그들의 메뉴를 바꾸어주셨다. 그들은 더 이상 오래된 식단에 따라 영양을 공급받지 않았다. 그들은 약속의 땅에서 엘 샤다이(El Shaddai)-"모든 것이 충만하신, 많은 가슴을 지니신, 먹이시는, 껴안으시는 하나님"-하나님의 보호 아래 있었다. 아이가 온전히 어머니의 젖에 의지하듯이, 이스라엘 백성은 젖과 꿀의 땅에서 온전히 엘 샤다이 하나님을 의존해야 했다.

새로운 땅에서 이스라엘 백성은 열매에 의존해서 살았다. 그들은 이전보다 하나님과 더 친밀함을 유지하고, 전쟁을 위한 전략을 위해 더 많은 시간 동안 그분의 임재 안에 있어야 했으며, 또한 그분의 이끄심을 더욱 의지해야 했다. 그분의 지시를 받기 위해 늘 합당한 자리에 있어야 했다. 여호수아는 아래의 것들에 관해 하나님의 거룩한 지시를 받기 위해 그분 가까이에 머물러야 했다.

- 두려움을 극복하여 모든 백성을 흐르는 물 가운데로 건너게 하는 방법에 관하여(이 모든 것이 한 장에 걸쳐 나와 있다!)
- 언제 요단 강을 건널 것인지
- 건너기 전에 어디서 머무를 것인지
- 기생(라합)을 어떻게 믿을 것인지
- 어디서 건널 것인지
- 누가 먼저 건널 것인지
- 기념비를 세우기 위해 돌을 몇 개나 강에서 꺼내야 하는지
- 제사장을 어떻게 세울 것인지
- 제사장들이 발을 내디딜 때 그들의 발을 어떻게 해야 하는지
- 그들이 건넌 후 전쟁을 하기 위해 무장하고 있는 사만 명의 사람들을 어떻게 처리할 것인지
- 언제 멈추어 남자들에게 할례를 행할 것인지
- 하나님께서 할례를 행하라고 명하셨다는 사실을 어떻게 그들에게 확인시킬 것인지
- 전쟁에 관한 그 자신의 패러다임을 바꿔 어떻게 만군의 주님의 것으로 합칠 것인지

이것은 우리 각자에게도 똑같이 해당된다. 우리는 건너려 할 때에 과거의 말씀을 먹을 수 없다. 우리의 행동을 부추겼던 오래된 방식들도 건너기 전 그곳에 남겨놓아야 한다. 약속의 장소로 들어갈 때는 그 약속으로부터 받아먹게 된다. 약속은 하나님의 말씀이다. 그분께서 우리와 우리의 환경, 그리고 우리의 상태에 관하여 하시는 모든 말씀이 새로운 식단이 되어야 한다. 그분은 우리에게 새로운 빵을 먹이고 계신다. 건너고 나면, 우리는 그분의 생명의 강에 있게 된다. 이제 우리의 마음을 더럽히고 돌파를 막았던, 냄새 나는 생각들 밖으로 빠져나올 때다!

7. 이전에 살던 거주민을 쫓아내기

당신은 벌집에서 꿀을 꺼내본 적이 있는가? 그러려면 전쟁을 치러야 한다! "벌의 땅"에서 열매를 얻으려면, 악마와 같은 그 벌들과 싸우기 위해 특별한 전략이 필요하고, 특별한 전투 기구를 착용해야 한다. 그들은 매우 사납고 완강하다. 그들은 분명 단합의 중요성을 이해하고 있기에 떼를 지어 공격한다. 그들이 공격할 때는 누가 리더인지조차 구분할 수 없다. 그들은 누가 영광의 메달을 얻을 것인지에 상관하지 않고, 단지 죽이기를 원할 뿐이다!

악마는 우리가 싸움도 없이 약속의 땅으로 건너가는 것을 허락하지 않을 것이다. 양봉가가 벌집에서 꿀을 내오는 것과 같이, 우리는 특별한 전략이 필요하며 무장되어 있어야 한다. 오래된 무기와 오래된 전략을 가지고는 젖과 꿀이 흐르는 땅으로 나아갈 수 없다. 오래된 전쟁 전략은 승리하기에 충분하지 않을 것이고, 실제 전쟁처럼 새로운 전략들을 사용해야 한다. 그러나 먼저 우리의 적이 누구인지, 그들이 사용하는 전략이 무엇인지를 이해해야 한다.

감사하게도 하나님께서는 적들과 그들의 술책에 관한 통찰력을 우리에게 주셨다. 출애굽기 3장 8절에서 주님은 그 땅에 여러 족속("-ites")이 있다고 말씀하셨다. 가나안 족속, 헷 족속, 아모리 족속, 브리스 족속, 히위 족속, 여부스 족속으로, 나는 이 족속들을 건물의 기초를 먹어 치우는 악마와 같은 흰개미로 간주한다. 그러므로 약속의 땅으로 건너기 위해서는 전쟁이 필요하다!

하나님은 우리가 "들어가서 그 땅을 소유할 것"이라고 말씀하셨다. "소유하다"라는 말은 이미 있는 거주자들을 몰아내고 약속된 땅을 차지한다는 의미다.

따라서 우리는 건너기 전에 아버지 앞에 가서 승리를 위한 전략을 얻어야 한다. 다윗 왕은 전쟁 전에 제사장의 옷을 입고 주님을 구했다. 우리 또한 이 시기에 필요한 전략을 위해 주님을 구해야 한다.

이제 우리의 성장을 막는 이 적들을 자세히 살펴보자. 이 족속들의 이름을 공부하는 동안, 약속의 땅에 어떤 견고한 진들이 있는지 알 수 있을 것이다. 이 중 어떤 것들은 당신에게 굽은 행동을 하게끔 만들었을 수도 있다. 새로운 장소에서 승리를 얻기 위해서는 당신에게 있는 부정한 방식들을 제거해야 한다. 당신의 삶 속에 이미 오랫동안 자리 잡고 있는 점유자의 권리—단지 그 땅에 오래 거주하였다는 이유로 그 자리의 소유자라는 권리—를 발로 차버려야 할지도 모른다.

가나안 족속

이 이름은 "정복되어 낮아지다"는 뜻이다. 이 말의 문자적인 의미는 "압박하거나 창피를 주다"이다.[5] 우리는 창피함 혹은 압박감을 느꼈거나 혹은 낙담했던 때를 떠올릴 수 있을 것이다. 하나님의 영의 기름 부으심은 우리로 하여금 환경 위로 일어서서 적을 패배시키고 그것을 차지할 수 있는 힘을 줄 것이다.

헷 족속

이 이름은 "화나게 하는 자, 불쾌감, 두려움과 공포를 일으키는"이라는 뜻이다.[6] 당신은 겁을 먹은 적이 있는가? 아마 걱정으로 고통받거나, 근심으로 인해 모든 것이 마비된 적이 있었을 것이다. 나는 종종 우리 중 얼마나 많은 사람이 두려움 때문에 약속의 땅으로 들어가지 못하는지 생각해본다. 이 견고한 진은 이스라엘 전체로 하여금 그들의 사명을 잃어버리도록 했다. 두려움은 믿음과 정반대다. 하나님은 "두려워 말라"라는 말씀을 성경에서 무려 365번이나 하셨다(한 해 동안 매일 두려워 말라는 의미로). 하나님께서 전쟁에 앞서 그분의 임재를 먼저 보내시겠다고 약속하셨으므로 우리는 전혀 두려워할 필요가 없다.

아모리 족속

이 이름은 "말하는 자, 살인자"라는 뜻으로,[7] 우리를 대항하여 말하는 거짓된 목소리, 고발자 혹은 거짓 예언을 함축한다. 적은 당신에게 거짓 예언을 할 것이다. 그는 하나님께서 당신과 당신의 미래에 관하여 말씀하시는 것과 정반대의 것을 말할 것이다. 우리는 그의 거짓말을 듣지 않는 훈련을 해야 한다. 부정적으로 말하지 않도록 주의해야 한다. 수군거리거나 불평하지 말아야 한다. 우리는 오직 선하고, 진실하고, 정직하고, 옳고, 순수하고, 사랑스러운 것만을 생각하도록 훈련해야 한다(빌 4:8). 계속 당신의 마음을 새롭게 하도록 훈련하라. 그것이 "굽은" 생각을 제거해줄 것이다.

브리스 족속

이 이름의 뜻은 "무단 입주자, 열린, 벽이 없는"이다.[8] 벽이 없는 도시와 자기 절제의 부족함이라는 의미를 함축하고 있는데, 이것이 우리 인생의 문을 열어주어 적에게 계속 폭격을 맞게 한다. 우리가 말과 생각과 귀를 조심하지 않는다면, 적에게 우리 삶에 무단 입주할 수 있는 권리를 주게 된다. 하지만 계속 자신을 단련시킨다면, 매일 승리를 경험하게 될 것이다.

히위 족속

이 이름의 의미는 "선포자, 거주자, 마을 사람"이다.[9] 아모리 족속의 이름과 비슷하지만, 거주자 유형의 견고한 진이라 우리와 함께 "살고 있다." 나는 이 견고한 진을 낯익은 영(familiar spirit)으로 간주하는데, 그 이유는 이 영이 종종 우리가 태어날 때에 파송되기 때문이다.

낯익다는 말은 "잘 알려진, 매우 친밀한 혹은 개인적인, 혹은 가족 혹은 집안에 속한"이라는 의미를 지닌다.[10] 이 영은 마치 가족과 같이 느껴지기 때문에, 우리는 계속해서 이 음성을 신뢰한다. 낯익은 영은 아주 "익숙하기" 때문에, 그것이 우리 삶이나 사고방식에 미치는 영향을 알아차리기 힘들다. 그것은 우리에게 쉽게 말하고 매우 친숙한 소리이기 때문에, 우리가 그 음성에 도전하지 않게 되는 것이다. 이러한 유형의 영이 우리를 가장 잘 유혹하고 공격하는 위험한 진이다.

신접한 자, 곧 사울 왕이 그의 미래에 관해 알기 위해 찾은 자는 낯익은 영을 가지고 있었다(대상 10:13-14를 보라). 사울은 불순종과 반항으로 하나님의 음성을 듣는 자리에서 옮겨졌다. 이전에 내가 말했듯이, 사울이 지니고 있던 "알고 싶은 마음"은 하나님의 뜻에 어긋나는 불경건한 것이었고, 그렇기에 그는 불경건한 조언자를 찾았으며, 결국 죄 중에 죽었다. 낯익은 영은 점과 매우 밀접한 연관이 있어서, 항상 거짓 예언을 하는 원수를 조심해야 한다. 다시 한 번 말하지만, 하나님의 말씀에만 귀를 기울임으로써 이 약속된 땅에 있는 족속들을 몰아낼 수 있다.

여부스 족속

이 이름은 "오염되다, 짓밟히다"라는 뜻이다.[11] 이것은 낙담과 압제를 의미하는 또 다른 견고한 진이다. 더불어 신성모독을 의미하기도 한다. 다윗 왕은 여부스의 견고한 진을 차지함으로, 여부스 족속을 정복했고 나중에 그 이름을 예루살렘이라고 지었다. 예루살렘은 "두 배의 평화"라는 뜻이다.[12] 원수는 우리를 압제함으로써 평화와 기쁨을 앗아갔다. 그러나 그리스도 예수를 통하여 완전한 평화가 주어졌다. 하나님의 평화는 모든 두려움, 걱정, 그리고 낙담을 몰아낸다.

이스라엘은 다른 나라들도 정복해야 했다. 이 나라들은 성경에 언급되어 있는 몇 나라에 불과하지만, 하나님께서 직접적으로 언급하셨다는 데에 의미가 있다.[13]

이스라엘이 그들의 적을 하루아침에 정복하지 않았다는 것에 주목하라. 하나님께서 그들을 조금씩 몰아내셨다. 그러므로 당신이 영적 전쟁을 하며 당신의 영역에 있는 적들을 몰아낼 때에는 인내심을 가져야 한다.

> 네 하나님 여호와께서 이 민족들을 네 앞에서 점점 쫓아내시리니 너는 그들을 급히 멸하지 말라 두렵건대 들짐승이 번성하여 너를 해할까 하노라 네 하나님 여호와께서 그들을 네게 붙이시고 그들을 크게 요란케 하여 필경은 진멸하시고 (신 7:22-23)

하나님께서 적들을 무찌르기 위해 우리보다 앞서 가신다는 점을 인식하는 것은 우리의 완전한 치유와 구원에 대하여 더욱 인내심을 가지도록 도울 것이다. 그분은 신실하신 하나님이시며, 약속하신 것들은 모두 행하실 것이다.

하나님이 약속이시다

젖과 꿀이 흐르는 땅은 충만함과 풍성함의 장소다. 젖은 "풍성함"으로 번역되고 그 땅의 기름짐을 나타낸다. 또한 뼈에게 생명을 주는 근원인 "골수"라는 뜻을 함축한다.[14]

5장에서, 엘리사의 뼈들을 연구하면서 어떻게 엘리사의 구조가 죽은 것처럼 보이는 것을 부활하게 했는지 기억하는가? 하나님의 임재를 온전히 모시기 위해서는 새로운 구조가 필요하다는 사실을 기억하는가? 우리의 약속의 땅이 새로운 구조다. 약속은 하나님 그분이시다! 그분이 약속이시고, 그분이 우리가 갈구하는 땅이시다.

사랑하는 자들이여, 그분의 말씀을 온전히 믿을 때, 그분 전체를 받아들이고 우리가 그분 안에서 어떤 존재인지를 받아들일 때, 그때 우리는 힘차게 새로운 계절로 들어가 새 땅을 차지하게 될 것이다. 비록 약속의 땅이 실제로는 영적인 장소를 의미한다 할지라도, 그분이 우리의 삶과 사업과 사역, 가정의 구조가 되시도록 허락할 때, 그 새로운 땅으로 우리가 들어가게 될 것이다. 그분께 모든 권한을 드릴 때 그분의 모든 약속을 소유할 수 있다.

약속으로 건너가기 위해 밟아야 할 단계들

약속의 땅으로 건너갈 준비가 되었는가? 자유로 나아가는 이 간단한 방법들을 따른다면, 당신은 광야에서 벗어나 (바른)길로 나아갈 수 있을 것이다. 다음의 여섯 가지 분야를 말하고, 예언적으로 선포를 하라. 그 다음에는 일어서서 당신의 자유를 선포하라!

1. 나는 포기한다

불신, 죄, 중독, 거짓된 믿음이 있는 분야는 어떤 것이라도 포기하라. "굽은" 행동이나 생각은 어떤 것이라도 버리라. 족속들의 부정적인 영향을 살펴보고, 당신의 삶과 관계된 모든 부분을 버리라.

2. 나는 인정한다

진리를 인정하라. 하나님께서 당신에 관해 선포하셨던 것을 이야기하라. 여러분 중 몇몇은 글로 옮겨놓은 예언을 다시 모으고 싶을 것이다. 혹은 하나님의 완벽하신 뜻을 확신하기 위해 예언의 말씀을 큰 소리로 읽고 싶을 수도 있다. 예수님께서 당신의 죄를 위하여 죽으셨고, 그분의 보혈이 당신 과거의 모든 부정함을 씻겨주셨다는 것을 인정하라.

3. 나는 용서한다

다른 사람들의 말과 행동은 우리의 미래를 방해하는 깊은 상처와 거절감을 일으킬 수 있다. 가능하다면 자신을 포함하여 당신이 용서해야 할 사람들의 이름을 나열해보라. 영적 권위자들, 선생님들, 정치적 인물 등의 이름들도 기억해보라.

4. 나는 순복한다

당신의 삶을 위한 하나님의 계획(합당한 영적인 권위, 하나님의 말씀)에 따르라.

5. 나는 책임진다

당신이 선택한 것들에 대해 책임을 지라. 그리고 훈련된 생활 방식을 개발하고, 당신의 실수나 상황에 대하여 더는 다른 사람들을 탓하지 않기로 결심하라.

6. 나는 죄와의 관계를 끊는다

다른 사람들의 죄, 세대를 타고 내려오는 견고한 진들, 자신의 죄들과 관계를 끊기로 결정하라. 죄들을 십자가에 내려놓고, 그리스도의 보혈이 당신의 과거를 씻겨내도록 하라.

예언적 선포의 능력

선포는 엄청난 능력을 가지고 있다. 생명과 죽음이 당신의 혀의 능력에 있다는 것을 기억하고, 당신의 미래에 관하여 다음과 같은 예언적 선포를 하라.

나는 과거의 모든 세대적 죄와 견고한 진을 제거할 것을 선포하며, 또한 모든 "굽은" 행동으로부터 나를 분리할 것을 선포한다. 나는 하나님에게 나의 삶을 위한 계획과 목적이 있음을 깨닫는다. 그분은 나의 소유가 될 약속의 땅을 가지고 있으시다. 어떠한 악한 영도 내가 그것을 차지하는 것을 막지 못할 것이다! 내 과거로부터 온 어떤 방해물들도 내가 앞으로 나아가 사명을 성취하는 것을 막지 못할 것을 선포한다. 나는 하나님께서 사막에 강을 내셨고, 나의 광야에서 빠져나갈 길을 마련하셨음을 선포한다. 하나님께서는 나의 삶

을 위한 최고의 계획을 가지고 계신다. 아멘!

귀한 여러분이여, 이제 하나님의 모든 축복이 흐르는 땅으로 건너가라. 당신의 승리를 막으려 하는 모든 방해물을 눌러버리라. 당신은 하나님과 올바른 관계 속에 있다. 그분께서 당신보다 앞서 가셨고, 당신의 영토에 있는 모든 족속을 무찌르셨다. 이제 그 땅은 당신의 차지다!

제11장 | Seekers of His Glory

그분의 영광을 구하는 자들

> 너는 기도할 때에 네 골방에 들어가 문을 닫고 은밀한 중에 계신 네 아버지께 기도하라 은밀한 중에 보시는 네 아버지께서 갚으시리라(마 6:6)

더 높은 하나님의 영광을 구할 때, 알맞은 자리에 거하는 것과 그분의 거룩한 임재에 머무는 것이 매우 중요하다. 알맞은 자리에 거하는 것은 그리스도 안에 "숨겨진" 상태로 머무는 것을 필요로 한다. 그분은 개인적이면서 친밀한, 그리고 눈에 띄지 않는 특별한 장소에서 당신을 그분의 날개로 덮으시고, 그분 속에 당신을 감추신다. 그곳에 머무르면 하나님의 신비를 이해하고자 하는 열정이 생긴다. 하나님은 당신이 숨겨진 장소에서 그분을 찾을 때 당신에게 갚아주시겠다고 약속하신다. 나는 그분의 보상 중의 일부가 당신에게 계시와 이해의 영역을 열어주시는 것이라 믿는다. 하나님은 비밀의 장소에서 그분의 비밀스러운 계획을 드러내시고, 적을 이기기 위한 천국의 전략들을 주실 것이다.

옛적부터 계신 분은 우리 각자에게 은밀한 장소에서 이야기하고 싶어 하시며, 과거의 많은 비밀을 드러내고 싶어 하신다. 그분은 역사의 견고한 진들과 이와 같은 때에 필요한 숨겨진 계시들을 드러내신다.

> 지존자의 **은밀한 곳**에 거하는 자는 **전능하신 자의 그늘 아래** 거하리로다 내가 여호와를 가리켜 말하기를 저는 나의 **피난처**요 나의 **요새**요 나의 위로하는 하나님이라 하리니 이는 저가 너를 새 사냥꾼의 올무에서와 극한 염병에서 건지실 것임이로다 저가 너를 그 깃으로 **덮으시리니** 네가 그 **날개 아래** 피하리로다 그의 진실함은 방패와 손방패가 되나니 너는 밤에 놀램과 낮에 흐르는 살과 흑암 중에 행하는 염병과 백주에 황폐케 하는 파멸을 두려워 아니하리로다 천인이 네 곁에서 만인이 네 우편에서 엎드러지나 이 재앙이 네게 가까이 못하리로다 오직 너는 목도하리니 악인의 보응이 네게 보이리로다(시 91:1-8, 굵은 글씨는 저자 강조)

믿는 자로서 우리는 그분의 날개 아래 숨겨진 채로 있어야 한다. 우리는 그 "숨겨짐"에서 적들로부터 보호를 받는다. 하지만 그것보다 더 중요한 것은 "거짓된 보호"의 두려움으로부터 우리가 구원을 받는다는 것이다.

신비 사술의 영

신비 사술의 영은 거짓말과 사기를 통하여 우리를 "거짓말로 덮으려" 한다. 사술의 영의 주목적은 진리를 가려서 우리를 속임으로 이끌며, 우리로 하여금 거짓을 믿도록 유혹하는 것이다. 적이 이런 식으로 우리를 "가리기 위해" 어떻게 그러한 영을 사용하는지를 이해하기 위해서 "사술"이라는 단어를 살펴보자.

우선, 사술이라는 말은 "신비 지식 혹은 초자연적인 능력을 사용한다고 주장하는 구조"를 의미한다.[1] 사탄은 하나님의 신비와 비밀, 즉 계시를 뒤틀고 왜곡시키려 한다. 그리스도의 몸이 더 위대한 단계의 계시를 받고 있기 때문에, 우리는 올바른 음성을 듣고 있는지 확실히 해야 한다.

사술의 또 다른 정의는 "비밀, 보지 못하도록 감추어진, 숨겨진"이다.[2] 이 것은 적이 계속해서 계시를 숨긴다는 것을 의미한다. 계시라는 말의 의미는 한때 "숨겨졌던" 것이 "드러난다"는 뜻이다. 사술과 계시는 가깝게 연결되어 있어서, 더 깊은 계시로 나아갈 때에는 특별히 분별력이 필요하다. 다른 말로 하자면, 사탄은 우리를 넘어트리고 혼동시켜서 신비스러운 것들이 벗겨지는 동안 잘못된 음성을 듣게 하기 위해 계략을 짜고, 우리 앞에 함정을 파놓는다. 우리는 하나님의 "신비들"(mysteries)을 구하되, "신비스러운 것들"(the mysterious)을 구하면 안 된다는 사실을 기억해야 한다. 사술의 영은 우리를 "으스스하고 신비스러운 것들"로 유혹하려 한다. 하나님께서도 가끔은 신비스럽게 나타나시지만, 그의 선지자들에게 드러내시기 전까지는 그분의 신비들을 보호하신다.

한 발 더 나아간 사술의 정의는 "막다, 보지 못하도록 닫다, 숨기다"이다.[3] 다시 말하지만, 적의 임무는 우리가 하나님의 진리를 보고 지키는 것을 방해하는 것이다. 그는 우리의 길 앞에 있는 환경과 산들을 통하여 우리의 눈을 가린다. 악한 영의 공격을 받을 때, 우리의 마음은 혼란스러워지고, 육체는 약하게 되며, 우리의 길을 "볼 수" 없게 된다.

소중한 여러분이여, 사탄은 거짓말쟁이이고 속이는 자다. 그는 똑바로 볼 수 있는 우리의 능력을 방해하고, 하나님의 계시를 받을 수 있는 능력을 사용하지 못하게 하려 한다. 또 우리가 그의 거짓말을 따르도록 진리를 뒤틀고 환상을 왜곡시키며, 그래서 그의 거짓 보호가 우리를 이끌도록 만든다.

신비 사술의 영은 악한 영의 활동을 감추려 한다

신비 사술의 영 뒤에 있는 또 다른 목적은 우리의 돌파를 막는 악한 영들이 드러나는 것을 가리고 숨기는 것이다. 우리는 그들의 활동에 눈이 멀게 되고, 상황 뒤에 있는 견고한 진을 확인할 수 없게 된다. 하지만 하나님의 계시의 영-하나님의 일곱 영 중의 하나-은 악한 영들의 활동을 드러내시고 우리에게 이러한 신비 사술의 영들과 싸우기 위한 지혜를 주신다.

신비 사술의 영이 우리의 돌파를 막는 악한 것들을 숨기는 방법 중 하나는 알 수 없는 의학적 문제의 근원을 감추는 것이다. 예를 들어, 남편은 신장 기능 악화와, 피로, 심장과 관련된 통증으로 몇 달간 고통받았다. 여러 테스트를 해본 결과 심장은 완전히 정상이었고, 아무도 그 증상들의 이유를 찾을 수 없었다. 나의 영적 지각력은 이러한 신체적 질병이 심각한 심장 장애 때문이라고 느끼게 했다. 결국 우리는 한 번 더 병원을 방문하였다. 나는 우리 중보기도 팀원들에게 어떤 것들을 감추어 두는 신비 사술의 영을 대적하여 기도해달라고 부탁했다. 우리는 삼 일 동안 금식하며 기도했다. 그리고 검사를 받아보니 그의 심장이 세 곳이나 막혀 있었다! 그래서 즉시 수술 날짜를 잡았다. 그는 바이패스(Bypass)수술을 세 번이나 받았고, 지금은 건강하게 지내고 있다. 하지만 숨겨진 것이 무엇인지 하나님께서 드러내지 않으셨다면, 그는 죽었을지도 모른다.

계시를 주신 주님께 감사한다!

숨겨진 것들은 두려움을 일으킬 수 있다

우리가 하나님의 새로운 것들을 받아들일 때, 그분께서는 새로운 질서와 정부를 세우신다. 하지만 우리는 종종 그 새로운 것을 두려워할 수도 있다. 두려움은 우리를 "덮을 수" 있지만, 역으로 우리는 원수의 이러한 무기를 이겨내기 위해서 하나님의 영에 의해 "덮임"을 받아야 한다.

모세가 죽었을 때, 하나님은 여호수아에게 일어나서 사람들을 이끌고 요단 강을 건너라고 말씀하셨다.

> 여호와의 종 모세가 죽은 후에 여호와께서 모세의 시종 눈의 아들 여호수아에게 일러 가라사대 내 종 모세가 죽었으니 이제 너는 이 모든 백성으로 더불어 일어나 이 요단을 건너 내가 그들 곧 이스라엘 자손에게 주는 땅으로 가라 내가 모세에게 말한 바와 같이 무릇 너희 발바닥으로 밟는 곳을 내가 다 너희에게 주었노니 곧 광야와 이 레바논에서부터 큰 하수 유브라데에 이르는 헷 족속의 온 땅과 또 해 지는 편 대해까지 너희 지경이 되리라(수 1:1-4)

다시 한 번, 하나님의 계획과 목적들이 드러나기 위해 오래된 것들이 죽어야 했다. 모세-오래된 질서-는 죽었고, 이제 새로운 계획과 새로운 질서가 세워졌다. 여호수아는 과거를 뒤로하고 앞으로 나아가는 새로운 도전을 받아들이라는 지시를 받았다.

하지만 여호수아는 그 일을 시작하려 했을 때에 두려움과 마주쳤다. 주님께서는 그에게 강하고 담대하며 두려워하지 말라고 세 번이나 말씀하셨다. "내가 네게 명한 것이 아니냐 마음을 강하게 하고 담대히 하라 두려워 말며 놀라지 말라 네가 어디로 가든지 네 하나님 여호와가 너와 함께하느니라 하시니라"(수 1:9). 주님은 여호수아에게 자신이 그 여행에 함께하실 것이므로, 그의 미래나 그 땅에 있는 거인들에 대해 두려워할 필요가 없다고 하셨다.

여호수아처럼 우리도 친숙했던 것들 밖으로 나와서 알지 못하는 것 안으로 들어가려고 할 때에 두려움을 느낄 수 있다. "숨겨진" 것들이 우리를 두려움으로 그늘지게 할 수도 있다. 하지만 하나님께서 우리와 함께하신다. 그분은 우리를 버리지 않으신다. "자기 이름을 위하여 의의 길로 인도하시는도다"(시 23:3).

여호수아는 특별히 이 변화와 변천의 시기에 하나님의 목적을 어떻게 따라야 하는지에 대한 좋은 실례다. 그는 모든 두려움이나 위협을 뚫고 통과했다. 그는 하나님께 순종하여 그의 군대를 요단 강을 건너 알려지지 않은 영역으로 이끌었다. 비록 약속의 땅에 많은 거인이 있었지만, 여호수아는 안정적으로 그리고 믿음이 충만한 상태로 머물렀다. 그는 하나님의 영이 그를 덮도록 허락했기 때문에 두려움이 그를 덮을 수 없었고, 결과적으로 그는 하나님의 군대를 땅을 차지하는 계절로 이끌고 들어갈 수 있었다.

사울 왕의 불순종과 두려움

능력 있고 신실한 여호수아와 반대되는 예로 사울 왕-자기중심적이고 불순종한 지도자의 좋은 예-을 들 수 있다. 사울은 하나님보다 "더 나은 방법"이 있다고 생각했고, 하나님을 거부했기 때문에 그의 사명을 잃고 말았다. 하나님의 군대를 소유의 계절로 이끌고 간 여호수아와는 달리, 사울은 그의 군대를 퇴보와 영적 낙담의 시기로 이끌었다. 여호수아는 이스라엘 백성을 미래로 이끌었지만, 사울은 그 자신의 불순종으로 말미암아 그들을 후퇴시켰다. 여호수아의 리더십은 결심의 촉매제였지만, 사울의 리더십은 이기심, 두려움 그리고 반항으로 더럽혀졌다.

사울의 리더십 아래에서, 이스라엘 백성은 그들의 적을 두려워하기 시작했다. 그들은 블레셋 사람들을 상대하는 대신에 도망가서 바위, 동굴, 덤불 사이로 숨었다. 상상할 수 있는가? 이스라엘 백성은 계속해서 이기고 있었다. 그들은 전투에서 하나님의 은총을 입었고, 전리품들을 모았다. 하지만 갑자기 두려움의 영이 그들의 믿음을 앗아가 버렸다.

두려움은 믿음의 반대다. 신비 사술의 영이 "숨기는" 악한 힘을 사용한다는 사실을 기억하라. 만약 우리가 두려워한다면 적은 우리를 고통으로 덮으려 하고, 우리로 하여금 "숨어야" 할 필요성을 느끼도록 혹은 "두려운 중에 달려가서 숨도록" 하려 할 것이다. 그 결과, 우리는 또 다른 신비 사술의 영에게 마음의 문을 쉽게 열어주게 되고, 적의 거짓말과 속임수에 문을 열어주게 된다. 그러므로 두려움은 우리를 숨게 하고, 그 다음 단계의 영광으로 나아가는 것을 막는다.

사울과 이스라엘 백성처럼 "숨지" 말자. 하나님께서는 "너희 안에 계신 이가 세상에 있는 이보다 크심이라"(요일 4:4)라고 말씀하셨다. 앞으로 나아가 새로운 영역을 얻어야 한다. 우리의 능력이 충분하지 못할 것이라는 두려움으로 압도당하는 대신에, 정복할 수 있는 그분의 능력에 대한 믿음을 가져야 한다. 오직 이러한 방법을 통해서만 하나님의 영광이 우리 안에 온전히 나타날 것이다.

하나님으로부터 숨지 말고, 그분 안에 숨으라

우리는 우리의 신앙 체계를 밝혀주던 오래된 패러다임에서 옮겨가는 동안, 우리의 개인적인 "정부"가 뒤흔들릴 것이다. 하나님께서 우리 삶에 새로운 질서를 세우실 수 있도록, 과거에 우리의 삶을 다스렸던 것들이 흔들리게 될 것이다. 주님은 우리의 발걸음을 명령하고 그래서 우리의 승리를 확신하시는 분이 되기를 원하신다. 그분의 계획은 우리에게 새로운 분량의 승리와 권위를 풀어주시는 것이다. 어떻게 오래된 것에서 나와 "새로운 것들"을 우리 삶에 세울 수 있는지 이해하기 위해서, 사울 왕에게 무슨 일이 일어났는지 더 자세히 알아보자.

사무엘상 13장 초반을 보면, 사울은 이스라엘을 이 년 동안 다스렸고, 블레셋 사람들과 싸울 삼천 명의 남자를 선발했다. 그는 이스라엘을 전투로 막 이끌려던 참이었지만, 하나님에 의한 시험에서 실패하고 말았다.

사울의 군대에는 삼천 명이 있었다. 이천 명은 벧엘의 믹마스의 도시("숨겨진"이라는 뜻[4])에 있었고, 다른 천 명은 요나단과 함께 베냐민의 기브아("높은 곳"이라는 의미[5])에 있었다. 이 장소의 이름들은 하나님의 백성의 긍정적이고 부정적인 특성들에 대한 영적 통찰력을 준다. 결국 사람들은 길갈("회전, 돌고 있는 바퀴"라는 뜻[6])로 모였다.

긍정적인 면에서, 하나님의 자녀들이 천상의 자리에 앉아 그분의 비밀스러운 장소에서 보호를 받으며 "숨어" 있었다고, 즉 하나님 안에서 "높은 곳"에 있었다고 말할 수 있다. 그러한 장소에서 그들은 광야의 사고방식, 실패에 대한 두려움의 순환에서 빠져나올 수 있었고, 그들의 적과 환경을 무찌르고 그 위에(그 환경들 위에, 즉 "높은 곳에") 올라설 수 있었다. 이스라엘 백성은 그들 자신을 이렇게 봤어야 했다.

하지만 부정적인 면에서, 사울 아래에 있던 이스라엘 백성은 오염된 그들의 사고방식을 선택하였다. 그들은 대신해서 싸우시는 하나님의 능력에 집중하기보다, 블레셋에 삼만 개가 넘는 병거와, 육천 명이 넘는 말 탄 군인과 모래알만큼 많은 수의 사람이 있다는 사실에 집중했다. 우열의 승산에서 압도당한 느낌을 말하고 있는 것이다!

블레셋이라는 이름이 "진흙에서 뒹굴다"이며, 더럽혀짐(defilement)을 나타낸다는 것을 기억하라.[7] 블레셋과 대항하여 싸우면서 이스라엘 백성의 믿음과 확신이 더럽혀졌다. 신비 사술의 견고한 진이 그들을 붙잡았고, 그들은 "하나님 안에 숨는 것" 대신에 도망가서 "숨는 것을" 선택했다.

> 이스라엘 사람들이 위급함을 보고 절박하여 굴과 수풀과 바위틈과 은밀한 곳과 웅덩이에 숨으며(삼상 13:6)

당신은 도망가서 숨어본 적이 있는가? 아마 과거에 굴속에 숨어 있는 자신을 발견한 적이 있을 것이다. 적은 우리를 안전해 보이는 곳으로 도망가게 하지만, 실제로는 신비 사술의 영이 그 "숨을 곳" 위에 견고한 진을 둘러놓았기 때문에 그곳이 더 위험한 장소다. 신비 사술의 영은 우리에게 거짓 권위를 주고, 거짓을 말하고, 낙담시키려는 거짓 보호를 약속한다는 사실을 기억하라. 그것의 주된 사명은 우리를 낙담시켜서 무너지게 함으로 결국 거짓과 언약을 맺도록 하는 것이다.

이스라엘 백성이 숨은 이러한 장소들은 적들의 올무에 대한 영적인 통찰력을 준다. 굴(cave)은 "벌거벗은, 수치스러운"이라는 의미를 지닌다.[8] 굴로 도망간다면 적에게 쉽게 공격받을 수 있다. 굴속에서 고립되는 것은 매우 위험하다. 우리는 그리스도의 몸에 연결되어 있어야 하며, 영적 권위자들 앞에서 책임 있는 삶을 살아야 한다. 이렇게 책임 있는 삶을 살지 못하면 기만에 활짝 노출되게 될 것이다.

이스라엘 백성이 숨었던 또 다른 장소는 덤불 속이다. 덤불이라는 단어의 번역들 중 하나는 "갈고리"다.[9] 적들은 우리를 과거에 묶어두기 원한다. 과거의 두려움, 의심, 불신과 같은 반응들에 우리를 묶어두고 싶어 한다.

바위는 그리스도 외에 우리의 삶의 기초를 이루고 있는 모든 것을 나타낸다. 예수님만이 유일한 반석이시며, 다른 기초들은 어떤 것이든지 흔들리게 될 것이다. 우리는 다른 어떤 자연적인 기초들, 즉 돈이나 소유물이나 관계와 같은 것들을 의지할 수 없다. 예수 그리스도만이 우리의 분명한 기초이시다.

높은 곳들(우리 말 성경에는 은밀한 곳으로 되어 있음_역주)이라는 말의 번역들 중 하나는 "절벽"(cliff)이며, 전투의 함성(battle cry)과 으르렁거림이라는 단어에서 비롯되었다.[10] 당신은 적이 거짓된 함성을 지르고 있다는 사실을 알고 있는가? 수사자가 사냥을 하러 나간 동안 다른 사자가 그곳에 들어올 위험이 있다. 거짓 권위는 우리가 거하는 곳에 들어와서 으르렁거린다. 하지만 그것은 거짓된 울부짖음-아무도 그 사자에게 진정한 권위를 주지 않았으므로-이다. 남은 사자 떼는 울부짖음을 듣고 잘 분별하도록 훈련받아야 한다. 사실, 우리도 거짓 울음을 듣고 도망가서 숨지 않도록 주의해야 한다. 거짓 함성은 거짓 안전이다-아마 과거의 관계나 믿음 구조로부터 오는 안전일 것이다. 사랑하는 자들이여, 이제 우리에게 안심을 주던 오래된 것들을 벗어버리고 오직 유다의 사자의 소리만을 따를 때다!

웅덩이(pit)라는 말의 의미는 "지하 감옥, 감옥"이라는 뜻이다.[11] 만약 우리가 하나님이 아닌 다른 곳으로 도망가서 숨는다면, 쉽게 악한 영의 감금의 희생자가 되고 말 것이다. 오래되고 더럽혀진 곳에 머무른다면, 그것은 영적인 감옥에 머무르는 것과 마찬가지가 될 것이다. 예수 그리스도께서 우리를 자유케 하셨다! 오래된 것들에서 나오는 방법이 있다. 그분께서 우리를 위해 길-광야의 길과 사막의 강-을 내셨다. 우리는 그분의 은밀한 곳으로 달려가야 한다.

엘리야는 그의 새로운 사명을 위해 굴 밖으로 나와야 했다

엘리야도 굴속에 숨은 적이 있었다. 하지만 엘리야에게는 하나님의 나라를 위해 해야 할 일이 많았다.

엘리야가 새로운 사명을 이루려면, 먼저 굴속에서 나와야 했고, 돌아가서 새로운 지도자에게 기름을 붓고, 엘리사의 멘토가 되어야 했다. 엘리야가 순종하여 숨어 있던 장소에서 나왔을 때, 완전히 새로운 구조가 만들어졌다. 그가 예후에게 기름 부었을 때 새로운 정부가 세워졌고, 예후는 후에 이세벨과 이스라엘 위에 있는 거짓 신비 술의 권위를 완전히 무너뜨렸다. 엘리야는 또한 엘리사를 불러 선지자의 역할을 하게 하였고, 그에게 두 배의 기름 부음을 주었다.

당신에게도 하나님을 위해 해야 할 위대한 일들이 있다. 아직도 오래된 장소에 숨어 있다면 나오라! 당신이 숨어 있던 그 장소를 떠나 이제 하나님 안에 당신을 숨기라. 당신이 충만함(fullness)으로 건너가는 동안, 그분의 보좌 앞에 서서 새로운 전략을 얻으라. 지금이 당신의 길을 방해하는 것들에게 사라지라고 명령할 때다. 당신은 위대함을 위해 부름을 받았다.

평가에 대한 하나님의 시스템

나는 앞에서 하나님께서 사울을 평가하셨을 때 그가 실패하였다고 말했다. 사울에게는 삼천 명-삼 곱하기 천-의 장병이 있었다. "천"은 십 곱하기 백을 나타낸다. 성경적으로 볼 때에 "십"(10)은 평가, 보통 받아들이거나 거절하려는 목적을 위한 평가를 나타낸다. 다른 말로 하자면, 하나님께서 평가(십의 배수로 상징됨)하실 때, 그 평가의 목적은 평가한 것을 받아들이거나 거절하시기 위함이다.

예를 들어 보겠다. 이스라엘 백성이 광야에 사십 년간 있었을 때, 그 시기를 나타내는 숫자는 사 년 곱하기 십이었다. 이것은 하나님 편에서의 평가를 나타낸다. 사(4)는 자연적인 창조, 상황, 그리고 환경을 나타내는 숫자다. 광야에서 그들은 계속해서 그들의 자연적인 필요, 예를 들면 매일 먹을 물과 양식에 관한 도전에 마주쳤다. 그들의 자연적인 환경은 물이 없는 광야였다. 하나님께서는 그들의 자연적 환경을 그들을 평가-시험-하는 데 사용하셨다.

하루라도 음식이 없다면 화를 내기에 충분한 이유가 될 수 있을 것이다. 따라서 사막에서 물과 음식에 대한 믿음을 가지는 것이 얼마나 어려웠을지는 상상하기도 힘들다. 이스라엘 백성의 응답은 좋지 않았다. 그들은 두려워했고, 배고팠고, 목말랐으며, 지쳐 있었다. 그들은 웅성거리고 불평하기 시작했다. 하나님께서는 그들의 반응에 화가 나셔서 그들을 여러 번 멸하시려 하셨다. 사실, 두 명을 제외하고 불평했던 모든 사람은 광야에서 죽었고, 그들은 약속을 결코 볼 수 없었다. 하지만 하나님의 시험과 평가의 기간은 잘 처리되었다. 하나님은 그 사십 년이 끝나갈 무렵에 그들을 "평가"하셨다. 하나님께서 보신 것은 엄청난 잠재력을 가진 새로운 세대였다. 그들은 기준에 들어맞는 자들이었다. 그래서 하나님은 여호수아와 새로운 용사들에게 건너갈 수 있는 힘을 부어주셨다.

만약 하나님께서 지금 당신을 평가하신다면 무엇을 계산하시겠는가? 그분께서 당신에게 자기만족에 사로잡혀 있는 자라고 말씀하시지 않겠는가? 타협하고 있다고 말씀하시지는 않겠는가? 과거를 뒤로하고 앞으로 나아가기를 선택하지 않았다고 말씀하시지는 않겠는가?

내가 어렸을 때 어머니는 줄자를 꺼내서 내가 얼마나 자랐는지를 측정하곤 하셨다. 당신도 벽에 이런 표시들을 해두었을 것이다! 그 표시들을 보면서 우리가 얼마나 자랐는지를 회상해보는 것은 참으로 즐거운 일이다.

하나님은 우리가 그분의 평가에 따라 축복받기를 원하신다. 우리가 뒤를 돌아보면서 얼마나 자랐는지를 보기 원하신다. 그리고 그분의 영광을 더 부어주고 싶어 하신다. 하나님은 지금 우리의 성숙함을 평가하고 계신다. 이유는 그분의 영광과 임재로 우리를 더 축복해주고 싶어 하시기 때문이다.

성전 안의 물의 깊이를 재기

한 가지 다른 질문을 해보겠다. 매우 진지한 질문이다. 당신은 하나님 안에서 얼마나 깊이 들어가고 싶은가?

하나님의 말씀은 "주의 폭포(물기둥, waterspout) 소리에 깊은 바다가 서로 부르며"(시 42:7)라고 말한다. 물기둥은 물의 표면에 닿으며 소용돌이치는 깔때기 모양의 구름 같은 것이다. 이것은 많은 양의 물을 쏟아내는 수송관이다. 영적으로 말해서 하나님의 물기둥(주의 폭포)은 나타나서 하나님의 영광의 입구를 만드는 강한 바람, 즉 초자연적인 소용돌이와 같다. 그것은 하나님의 임재, 능력 그리고 영광의 상징이다. 그분의 물기둥은 성령의 흐름을 쏟아내고, 그분의 영광이 성전 안에 가득 차게 한다.

나는 하나님께서 우리가 얼마나 그분의 영광을 원하는지 측정하시기 위해 우리의 성전을 측정하신다고 믿는다. 당신은 단지 발목까지만 닿는 물에 만족할 것인가?

> 그가 나를 데리고 전 문에 이르시니 전의 전면이 동을 향하였는데 그 문지방 밑에서 물이 나와서 동으로 흐르다가 전 우편 제단 남편으로 흘러내리더라 그가 또 나를 데리고 북문으로 나가서 바깥 길로 말미암아 꺾어 동향한 바깥문에 이르시기로 본즉 물이 그 우편에서 스미어 나오더라 그 사람이 손에 줄을 잡고 동으로 나아가며 일천 척을 척량한 후에 나로 그 물을 건너게 하시니 물이 발목에 오르더니 다시 일천 척을 척량하고 나로 물을 건너게 하시니 물이 무릎에 오르고 다시 일천 척을 척량하고 나로 물을 건너게 하시니 물이 허리에 오르고(겔 47:1-4)

여기서 강은 하나님의 영광을 나타낸다. 첫 번째 척량, 즉 일천 척은 하나님의 영 안에서 발목까지 차는 것에 만족하는 사람들의 단계다. 일천 척은 충만함과 충만한 척량, 충만한 보상을 나타내는 숫자인 일백에 십(우리가 하나님의 영 안에서 어디에 있는지를 받아들이거나 거절하는 것과 관련된 숫자)을 곱한 것이다. 하나님은 우리가 "충만한" 깊이와 "충만한 보상"을 받을 준비가 되어 있는지를 평가하고 있으시다.

일 천이라는 숫자는 또한 성숙을 나타낸다. 하나님은 우리의 성전을 측정하실 때 일천 척씩 측정하신다. 다른 말로 하자면, 하나님은 우리를 한 단계의 성숙으로부터 다음 단계의 성숙으로 옮기신다. 에스겔 47장에 나오는 강의 새로운 모든 단계는 일천 척씩 측정되었다!

4절과 5절 말씀은 일 천척씩 깊어지는 것을 보여주는데, 처음에는 무릎까지 그 후에는 허리까지 오게 된다.

> 다시 일천 척을 척량하고 나로 물을 건너게 하시니 물이 무릎에 오르고 다시 일천 척을 척량하고 나로 물을 건너게 하시니 물이 허리에 오르고(겔 47:4)

그리고 5절을 보라.

> 다시 일천 척을 척량하시니 물이 내가 건너지 못할 강이 된지라 그 물이 창일하여 헤엄할 물이요 사람이 능히 건너지 못할 강이더라

이제 너무나 깊어져서 헤엄쳐야만 건널 수 있는 강이 되었다. 이것은 보좌로부터 흐르는 하나님의 강-우리가 헤엄치기를 원해왔던 강-과 똑같다. 생명과 치유와 영광의 강이다!

내가 돌아간즉 강 좌우편에 나무가 심히 많더라 그가 내게 이르시되 이 물이 동방으로 향하여 흘러 아라바로 내려가서 바다에 이르리니 이 흘러내리는 물로 그 바다의 물이 소성함을 얻을지라 이 강물이 이르는 곳마다 번성하는 모든 생물이 살고 또 고기가 심히 많으리니 이 물이 흘러들어 가므로 바닷물이 소성함을 얻겠고 이 강이 이르는 각처에 모든 것이 살 것이며(겔 47:7-9)

주님께서는 우리가 얼마나 진정으로 그분의 영광을 갈망하는지를 알아보기 위해 우리를 평가하신다. 당신은 방향을 바꾸어 하나님의 강으로 뛰어들 준비가 되었는가? 그분의 은밀한 곳에 거하는 것이 당신으로 하여금 그분의 영광으로 들어갈 수 있도록 도와줄 것이다. 당신의 미래를 두려워하지 마라! 단순히 그분의 이끄심을 신뢰하라. 그분께서는 당신을 보호의 그늘로 덮으셨다.

실로암 연못

이 말씀을 하시고 땅에 침을 뱉어 진흙을 이겨 그의 눈에 바르시고 이르시되 실로암 못에 가서 씻으라 하시니 (실로암은 번역하면 보냄을 받았다는 뜻이라) 이에 가서 씻고 밝은 눈으로 왔더라(요 9:6-7)

실로암 연못("보냄을 받았다")은 물을 공급하는 장소였다. 예수님께서 소경의 눈에 진흙을 바르신 후에 그를 실로암 못에 "보내어" 씻게 하셨다. 그 사람은 순종하였고, 시력을 완전히 회복하여 돌아왔다.
본래 그 연못은 오직 예루살렘에 거하는 사람들만을 위한 것이었다. 사람들은 성벽 안으로 물을 끌어와 그 물을 성벽 안의 저장고에 저축하기 위해 통로를 건설했다. 그 통로로 성벽 안으로 물을 들여왔고, 예루살렘을 침략하는 자들이 그 물을 사용하지 못하도록 연못은 "숨겨진" "은밀한 장소"에 있었다.

하나님은 우리 각자를 위한 비밀스러운, 혹은 숨겨진 연못을 가지고 있으시다. 우리는 그분의 강에서 헤엄칠 때 치유와 회복을 경험한다.

오늘날은 실로암 연못 주변이 많이 발굴되었다. 이 "치유의 연못"이 복원되고 있다. 이러한 물리적인 현실은 하나님의 강이 여전히 살아 있고 운동력이 있다는 영적인 신호다. 흐르는 그분의 강이 치유와 회복의 소망을 회복시키고 있다!

하나님의 치유의 연못-그분이 보내시는 장소-에서 당신을 새롭게 하라. 하나님께서 당신을 보내고 싶어 하시는 장소에 관하여 그분의 은밀한 장소에서 당신에게 말씀하시게 하라. 어쩌면 그것은 당신의 가족, 직장, 친구들 사이에서 사역하는 것일 수도 있다. 당신을 열방으로 부르고 계신지도 모른다. 하지만 당신이 어디로 보냄을 받든지, 그분께서 그분의 시간에 당신을 보내시게 하며, 또한 그분의 축복과 권위를 받아서 보냄을 받으라. 그렇게 할 때 하나님의 영광의 분량이 당신의 삶에 측량할 수 없을 만큼 증가하게 될 것이다.

제12장 | Establishing Your Victory Structure

승리의 구조를 세우기

> 그의 안에서 건물마다 서로 연결하여 주 안에서 성전이 되어가고 너희도 성령 안에서 하나님의 거하실 처소가 되기 위하여 예수 안에서 함께 지어져 가느니라(엡 2:21-22)

"정말 아름다워! 나는 디자인이 아주 맘에 들어! 이건 정말 아름다운 집이 될 거야. 각 방의 배치는 완벽해. 부엌은 출입을 하는 데 용이하게 되어 있군. 거실은 넓고, 이건 정말 완벽해!" 나는 공사 계획을 보고 있었다. 남편과 나는 우리의 첫 번째 집을 짓고 있었고, 매우 고양되어 있었다.

여러분 중 많은 사람에게는 집을 짓는 것이 그리 중요한 일이 아닐 수 있을 것이다. 그러나 나는 십대였을 때부터 집을 건축하는 일을 보면서 자랐다. 부모님은 사십 년이 넘도록 집을 건축하는 사업을 성공적으로 운영해오셨고,

나는 톱밥 냄새를 맡으면서 자랐다. 나에게 있어서 집을 짓는 것은 하나의 꿈이었다!

공사 계획에 대한 마지막 승인 후에, 기초가 준비되었고 안정성을 위해 단단한 콘크리트가 부어졌다. 기초 공사를 끝마쳤을 때는 별로 멋져 보이지 않았다. 그것은 그냥 회색의 한 층일 뿐이었다. 하지만 집 전체가 돌과 다른 물질들로 섞인 그 회색의 토대 위에 지어질 것이기에, 나는 그 기초가 매우 중요하다는 사실을 알고 있었다.

나는 실제로 무언가 일어나는 것을 볼 수 있는 다음 단계-뼈대를 짓는 일-를 기대하고 있었다. 벽, 들보, 지붕의 윤곽을 잡아주는 목재를 다듬는 일이 흥미로웠다.

뼈대는 일찍 도착했고, 내가 갔을 때쯤에는 몇몇 벽들이 세워져 있었다. 정말 신나는 일이야! 나는 내 자신에게 이야기했다. 벽들! 나는 공사 현장에 몇 시간이고 남아서 일꾼들이 벽을 세우는 것을 보았다. 그들은 분필로 방의 윤곽을 그리고, 목재를 재고, 각 조각을 잘라내었다. 그래서 방이 되었다! 며칠 후에는 구조를 완성하고, 지붕을 올렸고, 드디어 집의 내부 작업이 시작되었다. 나는 집을 꾸미는 것도 좋아하지만, 건물의 뼈대를 정하는 일은 내가 가장 좋아하는 부분이다. 나는 "뼈대 구조"가 얼마나 중요한지를 잘 알고 있다. 뼈대는 집의 모양을 형성해주며, 집을 떠받쳐주는 구조다.

집을 짓는 과정은 영적인 삶을 세워나가는 과정과 비교할 수 있다. 영적인 집은 어떻게 지어지는가? 대부분은 토대에 초점을 맞추며, 그렇게 하는 것이 옳다. 영적인 집은 단단한 반석이신 그리스도 예수 위에 세워져야 한다. 또한 우리의 뼈대를 자세히 살펴보아야 하고 삶의 뼈대를 잘 관찰해야 한다 (눅 6:48을 보라).

우리의 뼈대는 무엇인가?

오늘 우리 삶에 대한 스냅사진을 찍어 액자 안에 넣어두려 한다면, 무엇이 우리 세상의 뼈대를 형성해왔는지를 알 수 있을 것이다. 그 뼈대가 우리의 소망과 꿈과 어떻게 다른가? 다른 말로 하자면, 어떠한 실패, 낙담, 생활 주기가 우리의 꿈이 그 뼈대 안으로 들어가는 것을 방해했는가?

우리 중 많은 이는 여전히 과거에 살고 있다. 그렇기 때문에 우리의 과거가 여전히 우리 삶의 액자 혹은 구조 안에 있는 것이다. 스스로에게 물어보라. "내 구조는 무엇으로 이루어져 있는가?" 당신은 당신이 갈망하는 충만함을 경험하고 있는가? 하나님께서 약속하신 승리를 경험하고 있는가? 당신을 위한 예언의 말씀들이 당신이 경험하지 못한 돌파를 선포하고 있는가? 만약 당신이 이 질문들 중 하나라도 아니라고 대답한다면, 지금이 경건치 않은 패배의 구조로부터 하나님의 승리의 구조로 옮겨가야 할 때다. 지금이 하나님 앞으로 나아가 그분의 보좌로부터 나오는 당신의 삶을 위한 신선한 전략을 받을 때다.

보이지 않는 것을 실체화하기

하나님께서는 그분의 말씀으로 세상의 틀을 잡으셨다. 하나님은 모든 것을 완성의 상태에서 바라보신다. 하나님은 온 우주를 보이지 않는 말씀으로 창조하셨다(히 11:3을 보라). 우리가 어머니의 자궁에서 만들어지는 순간, 그분께서는 그분의 형상을 따라 우리를 만드시고 형성하셨다. 하나님은 계획과 구조와 틀을 가지고 그것들에게 실체가 되라고 선포하셨다. 그분의 계획은 천국 안에 있는 우리의 미래에 대한 그림이었다.

하지만 사탄은 우리 삶에 들어와서 악한 거짓과 속임수의 씨앗을 우리 마음에 심었다. 그 결과 믿음 구조가 더럽혀졌고, 우리는 치유하시고 회복하시는 그분의 능력을 제한하는 종교적인 패러다임을 만들어냈다. 선택받고, 사랑받고, 받아들여진 사람들이라는 사실을 믿는 대신에 버려지고, 거절당하고, 사랑받지 못하는 자들이라고 우리 스스로를 생각했다. 많은 고통을 당하며 많은 잘못된 선택을 하였고, 우리의 삶은 절망과 낙망이라는 틀 안에 갇혀 버렸다.

하나님은 우리를 회복시키고, 소명을 이룰 수 있도록 우리에게 능력을 주고 싶어 하신다. 하나님은 우리를 버리거나 포기하신 적이 없다는 사실과, 그분이 위대한 의사이시며 소망과 꿈을 회복시키는 자라는 사실을 알리고 싶어 하신다. 요엘 선지자는 "내가 전에 너희에게 보낸 큰 군대 곧 메뚜기[가]… 먹은 햇수대로 너희에게 갚아주리니"(욜 2:25)라고 선포하였다. 적으로 인해 파괴되었던 모든 것을 회복하기 원하시는 것이 하나님의 마음이다.

하나님은 보이지 않는 것들을 실체화시키고 싶어 하신다. 하나님께서 온 우주를 창조하셨을 때, 보이지 않던 것들이 보이게 되었다. 하나님께서 당신의 삶을 재구성하실 때, 그와 같은 일이 당신에게도 일어날 것이다.

> 땅이여 두려워 말고 기뻐하며 즐거워할지어다 여호와께서 큰일을 행하셨음이로다 들짐승들아 두려워 말지어다 들의 풀이 싹이 나며 나무가 열매를 맺으며 무화과 나무와 포도나무가 다 힘을 내는도다 시온의 자녀들아 너희는 너희 하나님 여호와로 인하여 기뻐하며 즐거워할지어다 그가 너희를 위하여 비를 내리시되 이른 비를 너희에게 적당하게 주시리니 이른 비와 늦은 비가 전과 같을 것이라 마당에는 밀이 가득하고 독에는 새 포도주와 기름이 넘치리로다(욜 2:21-24)

요엘 선지자는 새로운 승리의 구조를 선언했다. 하나님께서는 늦은 비와 이른 비를 똑같은 달에 함께 내리실 것이다. 이것은 당신이 멍에를 부수는 그분의 능력과 기름 부음이 홍수처럼 떠밀려오는 것을 경험하게 될 것이라는 의미다. 하나님은 당신의 삶을 새 포도주로 넘쳐나게 하실 것이며, 당신의 곳간을 가득 채우실 것이다.

자연적인 눈으로는 이것을 볼 수 없다. 미래를 초자연적인 시각으로 봐야 한다. 하나님의 형상대로 지으심 받은 우리는 보이지 않는 것들에게 말할 수 있고, 그것들에게 드러나라고 선포할 수 있다. 우리는 세상을 하나님께서 선포하신 말씀으로 세워나갈 수 있고, 그래서 새로운 승리의 구조를 경험할 수 있다. 당신의 적은 당신이 승리의 새로운 구조로 이동해가는 것을 막으려 할 것이다. 하지만 이것을 절대로 용납하지 마라!

승리의 구조 #1: 당신을 하나님의 임재로 가려달라고 구하라

우리는 확장을 위한 시기를 알고, 그 시기에 순복해야 한다. 예수님의 어머니였던 마리아가 예수님을 잉태할 것이라는 예언을 받았던 것을 기억하는가? 그녀는 주님의 임재로 덮였고, 후에 천사 가브리엘이 그녀에게 준 예언적 선포대로 잉태했다(눅 1:26-35을 보라). 말씀에 대한 마리아의 응답은, "말씀대로 내게 이루어지이다"(눅 1:38)였다. 그녀는 하나님의 뜻에 즉시 동의하였고, 그 결과 그녀를 위한 확장의 시기(잉태)를 경험하였다. 마리아는 자신의 목적을 이루었을 뿐만 아니라, 다른 사람의 소명까지도 탄생시켰다!

우리 각 사람 안에도 그와 똑같은 잠재력이 있다. 예언적 소명을 받아들이고 확장되어 하나님의 뜻을 품고, 우리의 미래뿐만 아니라 하나님 나라의 미래를 낳는 것이다. 우리가 하나님의 말씀에 온전히 동의할 때, 그분은 그분의 임재로 우리를 덮어주시고, 우리를 확장의 시기로 나아가게 해주실 것이다. 사가랴처럼 불임을 극복할 수 있는 엘리사벳의 능력을 의심하지 마라. 그에게 무슨 일이 일어났는지 기억하는가? 그는 부정적인 말을 하지 못하도록 벙어리가 되어버렸다. 그의 부정적인 고백이 하나님의 계획을 유산시킬 수도 있었기 때문에, 주님은 그가 그분의 거룩한 뜻을 거슬러 말하지 못하도록 하셨다.

비록 엘리사벳이 아이를 낳지 못하는 저주로 고통당했지만, 하나님은 그녀의 자궁을 축복하고 싶어 하셨다. 하나님은 우리와 우리의 영적인 자궁을 축복하기 원하신다. 모든 불임과 황폐로부터 우리를 해방시키고, 잠자고 있는 우리의 꿈과 소명에 생명을 불어넣는 것이 하나님의 소원이시다.

이와 같은 때: 거룩한 소명으로 덮임을 받다!

에스더의 이야기를 살펴보자. 그녀의 백성이 멸절될 위협을 받고 있을 때, 모르드개가 에스더에게 구원과 확장에 관한 유대인의 사명을 상기시켜 주었다. 모르드개는 구원과 확장은 반드시 오게 되어 있지만, 에스더가 그녀의 자리로 가지 않는다면 그녀는 물론 그녀의 후손도 이 확장을 목격하지 못할 것이라고 그녀를 설득했다. 에스더는 역사를 변화시킬 때가 왔다는 것을 깨달았던 것 같다. 그러나 에스더는 그녀의 삶을 이 특별한 방향으로 이끌려는 계획은 없었지만 잘못하면 자신의 소명을 유산시킬 수 있다는 사실을 깨달았음에 틀림없다. 그 결과, 에스더는 믿음으로 그녀에게 주어진 기회를 붙잡고 왕에게 나아갔다.

에스더가 왕의 보좌에 나아갔을 때, 아말렉 족속인 하만으로부터 온 죽음과 파괴의 저주가 취소되었다. 그리고 에스더와 모르드개는 모든 세대가 기억하게 될 왕의 칙령을 기록하였다.

> 각 도 각 읍 각 집에서 대대로 이 두 날을 기념하여 지키되 이 부림
> 일을 유다인 중에서 폐하지 않게 하고 그 자손 중에서도 기념함이
> 폐하지 않게 하였더라(에 9:28)

에스더와 모르드개에 의해 세워진 이 기념의 시기는 부림이라 명명되었다. 부림절은 매년 삼월과 사월에 지키며, 히브리어로는 아다(Adar)라고 불린다. 아다(Adar)라는 말은 "임신 달"[1] 이라는 뜻으로, 하나님의 계획과 목적을 품는 영적인 시간을 의미한다. 그리스도인으로서 우리는 유대인의 모든 절기를 지키는 데 있어서 율법적인 자세를 취해서는 안 되지만, 절기들의 배후에 커다란 영적인 의미가 있다는 것은 기억해야 한다.

부림절은 우리의 영적 자궁이 확장될 준비가 되었다는 것을 상기시켜준다. 초자연적인 임신을 하려면 하나님께서 우리를 그분의 영광으로 덮어주셔야 한다. 에스더와 같이 하나님께서 우리에게 풍성한 은총을 베푸셨다는 믿음을 가지고, 새로운 분량의 은총 안에서 걷기 시작해야 한다.

확장을 위협하는 두 개의 죽음 구조

에스더는 자기가 대항해서 싸워야 하는 두 개의 죽음 구조가 있음을 알고 있었다. 하나는 죽음에 대한 두려움이었다. 왕이 그녀를 부르지도 않는데 먼저 왕에게 나아간다면 생명을 잃을 수 있었다. 주제넘게 보좌에 나아가는 것의 대가는 즉각적인 죽음이었다. 에스더는 말 그대로 나라의 목적을 위해 자기의 생명을 내려놓았다.

두 번째 죽음 구조는 이미 만들어지고 있었는데, 교수대였다. 하만은 특별히 모르드개를 매달기 위해 교수대를 만들 것을 명령하였다.

하나님의 소중한 성도들이여, 우리의 원수 사탄이 우리를 대항하여 음모

를 짜놓았다는 것을 명심하라. 그는 우리의 파멸을 간절히 염원하고 있다! 영적으로 말하자면, 이 똑같은 두 가지 죽음의 구조가 오늘날 우리를 기다리고 있다. 적은 우리의 소명을 좌절시키고, 영적으로 죽이기 위해 아말렉이라는 견고한 진을 사용한다. 나는 나의 최근의 책인, 『사명의 도둑들』에서 몇 장을 할애하여 아말렉의 영과 이 악한 자가 어떻게 소명을 좌절시키는지에 대해 썼다.

하지만 에스더처럼 죽기를 선택하고 하나님 나라의 확장을 받아들인다면, 우리도 충만한 잠재력 속에서 소명을 성취할 힘을 얻을 수 있을 것이다. 그렇게 함으로써 하나님 나라가 확장될 것이다! 우리의 미래, 즉 약속된 땅으로 온전히 넘어가기 위해서는 반드시 아멜렉의 영을 무찔러야 한다.

승리를 위한 전략 #2: 죽음의 구조를 무찌르고 타도하라

에스더는 하나님 나라의 유익을 위해 자신의 생명을 내려놓았고, 하나님의 은총으로 죽음의 구조를 타도할 수 있었다. 에스더가 이러한 엄청난 수준의 은총을 받을 수 있었던 것은 그녀의 인격(character) 때문이었다. 에스더는 아하수에로 왕에게 나아가기까지 열두 달 동안 희생과 정화의 과정을 견뎌냈다. 십이(12)는 정부(government)를 상징하는 숫자다. 그녀는 순결함을 위해 그렇게 애쓴 결과 정부의 위치로 들어갈 권한을 받은 것이다. 그녀는 그러한 자기의 위치로 인해 자신과 가정, 온 유대 나라를 향한 죽음의 선포를 뒤집어놓을 권세를 얻었다.

우리 또한 현대의 에스더들로서 분리(separation)의 시기를 견뎌내야 한다. 생명을 내려놓고, 하나님 나라의 사고방식을 발전시키며, 주님으로 하여금 우리의 동기들을 순화시키시도록 한다면, 죽음의 선포를 뒤집어놓을 능력이 우리에게도 주어질 것이다. 우리는 예언의 말들과 약속들을 놓고 기도하면서 전쟁을 해야 한다. 왕에게 구별되고, 순종하고, 생명을 내려놓음을 통해 왕의 은총을 입어야 한다.

정화의 한 부분으로, 에스더는 몰약으로 여섯 달 동안 목욕을 하였다. 몰약은 맛은 쓰지만 치유의 능력이 있다. 죽음의 구조를 타도하는 하나님의 능력을 받기 위해서는 몰약의 시기를 건너뛸 수 없다. 그러한 시기는 하루아침에 끝나지는 않지만, 쓴 경험들을 견뎌냄으로 주님께서 우리의 마음을 치유하시고 그분의 계획에 우리를 단단히 박아두시도록 해야 한다.

몰약은 장사 전에 시체에 바르는 기름이었다. 경건한 능력과 이 땅에서의 권위를 얻기 위하여 자신과 야망에 대하여 죽는 것이 얼마나 가치 있는 일인지를 다시 한 번 깨달을 수 있다.

에스더의 히브리 이름은 하닷사였고, 그 뜻은 "은매화"다.[2] 은매화는 상록수로, 잎과 꽃과 열매는 향수로 사용하였다. 그녀의 이름은 우리가 은총을 얻기 위해 왕에게 나아갈 때 지녀야 할 아름다움과 향기를 나타낸다. 그 결과 우리도 악한 죽음의 구조들을 바꾸며, 우리의 환경에 생명을 풀어놓을 수 있을 것이다.

승리의 구조 #3: 왕과 그의 나라를 추구하라(seek)

에스더는 분리의 시간 이후에 왕 앞에 나아가 간청을 드릴 은총을 입었다. 비록 보좌 앞으로 나아가기까지 준비하는 데 열두 달이 걸렸지만, 그것은 그녀에게 온 나라를 바꿀 수 있는 권한을 가져다주었다.

에스더는 보좌의 방에 머무르기 위해 필요한 값을 지불함으로써 그녀의 문화를 바꾸어놓았다. 그녀는 왕과 그의 나라를 추구하기 위해 필요한 것은 무엇이든지 했다. 에스더의 믿음과 그녀가 얻은 은총은 그녀의 백성을 위한 완전히 새로운 구조를 낳게 했다. 유대인들은 죽음의 구조로부터 축복과 번성의 구조로 옮겨졌다.

오래된 종교적 패러다임과 신앙 체계로부터 빠져나오기 위해서는 "이것이 더 이상 우리에 관한 것이 아니고, 그분에 관한 것이다"라는 사실을 깨달아야 한다. 미래를 위한 우리의 계획은 미래를 위한 그분의 계획을 포함하고 있어야 한다. 아니, 그분의 계획이 우선시되어야 한다. 보좌의 방에 들어가 우리의 삶을 위한 천국의 전략들을 구해야 한다. 만약 우리가 에스더처럼 자신만의 목표를 내려놓고 왕을 추구한다면, 오래된 속박의 구조로부터 나와 승리의 구조로 옮겨질 수 있을 것이다.

에스더의 분리의 시간은 미래를 위해 그녀를 준비시켜주었고, 아말렉 족속 하만의 법령을 바꿀 수 있게 해주었다. 아말렉 족속은 약하고 힘없는 자들을 먹이로 삼는 것으로 유명했다. 그들은 이동 천막 뒤에 숨어 있다가 뒤쳐진 약한 자들을 "집어삼켰다." 늦게 움직이는 자는 죽임을 당하거나, 포로가 되거나, 노예로 팔려갔다. 우리는 앞으로 나아갈 때에 느릿느릿 행동해서는 안 된다. 하나님의 이끄심을 따르겠다고 지금 당장 결심해야 한다. 하나님께서 당신을 오래된 구조에서부터 옮기실 때 뒤쳐지지 마라. 오늘 옮겨나가라! 하나님의 영광의 구름을 따르려는 결단은 당신으로 하여금 승리와 확장의 구조를 발전시키도록 힘을 줄 것이다. 그분과 그분의 나라를 구하라. 보좌 앞 그분의 은밀한 곳에 남아 있는 당신의 신실함과, 계속 그분의 천국 전략을 구하는 것은 당신을 생명의 강에 머무르게 해줄 것이다.

그분을 구하라. 그러면 그분을 찾을 것이다. 만약 천국 문을 두드린다면, 천국을 당신에게 열어주시겠다고 그분께서 약속하셨다. 그분의 약속을 받지 못하고서는 천국을 경험할 수 없다. 아하수에로 왕이 왕비 에스더를 받아들일 때 그렇게 했던 것과 같이, 하나님께서 그분의 홀(왕을 만날 때 손에 쥐던 물건)을 당신에게 내미실 것이다. 지금이 당신의 문화를 바꾸기 위해서 올바른 자리로 나아가며, 미래의 승리를 확실하게 할 경건한 영적 분위기를 세울 때다.

승리의 구조 #4: 명령한 대로 이루어질 것이다

> 네가 무엇을 경영하면 이루어질 것이요 네 길에 빛이 비취리라(욥 22:28)

하나님은 우리가 명령하는 대로 이루어질 것이라고 말씀하신다. 다른 말로 하면, 그 명령은 앞으로 지어질 것의 기초가 될 수 있다는 것이다. 우리는 미래를 세워나가려고 노력하면서도 하나님의 말씀에 동의하지 않을 때가 많다. 그렇기 때문에 하나님께서 그 상황에 관하여 이미 말씀하신 것을 우리가 선포하지 않는 것이다.

사탄은 이미 우리를 대항하여 파괴 계획을 고안해놓았다. 많은 사람이 태어난 이후로 죽음의 영과 싸워오면서 꿈을 버렸다. 그러나 우리는 원수가 우리의 삶에 관하여 선포한 모든 것을 새롭게 바꿀 수 있다. 그 방법은 새로운 법령을 기록하는 것이다.

에스더는 새로운 법령을 적어 온 유대 나라를 죽음에서 해방시켰다.

> 아하수에로 왕이 왕후 에스더와 유다인 모르드개에게 이르되 하만이 유다인을 살해하려 하므로 나무에 달렸고 내가 그 집으로 에스더에게 주었으니 너희는 왕의 명의로 유다인에게 조서를 뜻대로 쓰고 왕의 반지로 인을 칠지어다 왕의 이름을 쓰고 왕의 반지로 인친 조서는 누구든지 취소할 수 없음이니라(에 8:7-8)

우리도 죽음의 저주를 바꾸어놓을 새로운 법령을 쓸 수 있다. 하나님은 에스더와 같이 우리에게 재정, 건강, 자녀, 집 등 우리에 관한 모든 것에 대해 법령을 쓸 수 있는 똑같은 기회를 주셨다. 우리는 우리 세상의 틀을 짰던 원수의 오래된 법령들을 뒤집어놓을 새로운 법령을 쓸 수 있다. 그러면 하나님께서 그것에 인을 치실 것이다.

기도하라, 하나님의 지시를 받으라, 새 법령을 쓰라

사랑하는 자들이여, 나는 당신이 시간을 들여 기도하고 새로운 법령을 쓸 것을 권유한다. 하나님께 진지해지라. 아버지께 가까이 나아가는 것이 당신의 법령이 순수한 동기에서 나오는 것임을 확증해줄 것이다. 마음을 그분께 쏟아놓고, 그분의 영의 인도를 받아 당신의 삶에 관해 법령을 기록하라. 그리고 당신 삶의 모든 부분에 있는 죽음의 저주를 하나님께서 뒤집어놓으셨음을 믿으라.

여기에 문서화된 법령의 한 가지 실례가 있다(이것을 당신의 말로 써야 한다는 것을 기억하라).

아버지, 저는 사탄이 죽음과 파괴를 내 삶에 선포해놓은 것을 깨달았습니다. 나는 가난과 절망의 영과 아주 오랫동안 싸웠습니다. 내가 태어났을 때부터 시작되었다고 생각합니다. 아이였을 때부터 두려움과 걱정으로 씨름했습니다. 나는 그것이 당신께서 내 삶에 선포하신 것들이 아니라는 것을 깨달았습니다. 말씀을 통하여 내가 선택되었고, 부르심을 받았다고 당신은 말씀하십니다. 내가 머리이지 꼬리가 아니라고 말씀하십니다. 나는 오늘 새로운 분량의 믿음을 받습니다. 당신을 신뢰하므로 더는 두려워하지 않을 것을 선포합니다. 예수님의 이름으로 저는 사탄의 말과 약속을 맺었던 것을 회개합니다. 그리고 저는 포로 됨에서 자유하게 되었다는 것을 믿습니다. 나는 세워지고 있고, 당신의 거룩한 목적에 따라 풍성한 부를 받을 수 있는 위치에 놓여 있습니다. 예수님의 이름으로 기도드립니다. 아멘.

예수님은 광야에서 사탄에게 시험을 받으셨을 때, "기록되었으되"라는 말씀으로 대적하셨다. 이제 당신은 죽음과 파괴의 저주를 뒤집어엎는 당신의 법령을 적었으므로, 사탄에게 "기록되었으되"라고 말하고, 새로운 수준의 승리로 나아가라.

하나님의 틀 속으로 건너가기

우리는 아주 오랫동안 하나님의 크로노스(Chronos) 시간-자연적인 시간, "매일 반복되는 지루한 일"-을 경험해왔다. 크로노스 시간 안에서 카이로스(kairos) 시간-초자연적인 역사가 일어나고 우리의 약속으로 출발할 그 순간-을 믿고 소망하면서 일반적인 매일의 활동을 해나간다.

사랑하는 여러분이여, 지금은 당신이 소유를 위한 다음 계절로 넘어가야 할 때다. 하나님의 보좌의 방으로 들어가 당신의 삶을 위한 천국의 전략들을 받을 때다. 적진을 빼앗고, 도난당했던 모든 것을 다시 가져올 때다. 돌파에 대한 약속과 모든 영역에서의 축복이 드러나는 때다.

우리 중 많은 사람이 여전히 과거에 살고 있다. 그래서 과거가 우리의 삶의 틀 혹은 구조 안에 남아 있다. 우리는 지금 카이로스의 시간 속에 있다는 것을 깨닫는 것이 매우 중요하다. 경건치 못한 패배의 구조에서 하나님의 승리 구조로 옮겨가기 위해 필요한 것은 어떤 것이라도 행해야 한다.

지금이 성취의 계절로 건너가서, 하나님의 틀을 당신의 삶을 지탱해주는 구조로 만들 때다. 오늘 이 고백을 하라. "나는 건너가고 있다!"

하나님으로부터 천국 전략들을 받으라. 당신의 약속으로 건너가라. 건너편에서 만나자!

미주

서문

1) Dr. Judson Cornwall and Dr. Stelman, *The Exhaustive Dictionary of Bible Names* (North Brunswick, N. J.: Bridge-Logos, 1998), 118.
2) *Webster's American Family Dictionary* (New York: Random House, 1998), "Strategy."
3) Ibid.

1장

1) Bob Sorge, *Glory When Heaven Invades Earth* (Greenwood, Mich.: Oasis House, 2002), 10.
2) James Strong, *The Enhanced Strong's Lexicon* (Oak Harbor, Wash.: Logos Research Systems, Inc., 1995), #3474.
3) Dr. Wanda Turner, *Celebrate Change* (Shippensburg, Pa.: Treasure House, 2001), 11.

2장

1) Cornwall and Smith, *Exhaustive Dictionary*, 47.
2) Ibid., 63.
3) Strong, *Enhanced Strong's Lexicon*, #1763.
4) Ibid., #2119, #5175, #5172.
5) Ibid., #1471, #1342.
6) Ibid., #569.
7) Ibid., #894, #1101.
8) Ibid., #746.
9) bid., #495.
10) bid., #3448.
11) James Strong, *Strong's Exhaustive Concordance* (Peabody, Mass.: Hendrickson Publishers, 1988), #3068.

12) Ibid., #2451.
13) Strong, *Enhanced Strong's Lexicon*, #1369.
14) Dr. Henry Malone, *Shadow Boxing* (Irving, Tex.: Vision Life Ministries, 1999), 126-127.

3장

1) Strong, *Enhanced Strong's Lexicon*, "redeem."
2) *Webster's*, "time."
3) Spiros Zodhiates, *Hebrew-Greek Key Study Bible* (Nashville, Tenn.: AMG Publishers, 1998), #8474, #2734
4) Ibid., #6428.
5) 나의 책 *Destiny Thieves*(Grand Rapids: Chosen Books, 2007)에 불결한 영들이 열거되어 있다.

5장

1) Noah Webster, *Noah Webster's First Edition of an American Dictionary of he English Language*, 1828 (Chesapeake, Va.: Foundation of American Christian Education, 1967), "Structure."

6장

1) Strong, *Strong's Exhaustive Concordance*, #8034.
2) Ibid., #760.
3) 나의 책 『Destiny Thieves』에는 도둑이 우리의 소명을 도적질하는 많은 방법이 기록되어 있다.

7장

1) Webster, "Wilderness."
2) W. E. Vine, *Vine's Complete Expository of Old and New Testament Words*

(Nashville, Tenn.: Thomas Nelson, 1985), "Wilderness."
3) Ibid., "tempt."
4) Cornwall and Smith, *Exhaustive Dictionary*, 16.
5) Ibid., 108.
6) Webster, "annoy."
7) Strong, *Enhanced Strong's Lexicon*, #5753, #5771.
8) "종교의 영"에 관해서는 나의 책 『Destiny Thieves』에 상세히 설명되어 있다.

8장

1) Cornwall and Smith, *Exhaustive Dictionary*, 66.
2) 비전을 상실하는 것에 관한 더 많은 정보를 원한다면, 미키 프리드가 쓴 *Regaining Vision*을 읽거나 www.zionministries.us or (817)284-5966에 문의하라.
3) Strong, *Strong's Exhaustive Concordance*, #1080.

9장

1) Cornwall and Smith, *Exhaustive Dictionary*, 204.
2) Ibid., 82.
3) Ibid., 107.
4) Ibid., 74.
5) Ibid., 63.
6) Strong, *Strong's Exhaustive Concordance*, "divination."
7) James Strong, *Strong's Greek and Hebrew Dictionary* (Seattle, Wash.: BibleSoft, 1998), #5592.
8) Barbara Yoder, *The Breaker Anointing* (Ventura, Calif.: Regal Books, 2004), 33-34.
9) Ibid., 34.
10) Ibid., 35.
11) Strong, *Enhanced Strong's Lexicon*, #155.

10장

1) Strong, *Enhanced Strong's Lexicon*, #6030, #6041.
2) Ibid., # 5771, #5773.
3) Cornwall and Smith, *Exhaustive Dictionary*, 77.
4) *Webster's*, "cycle."
5) Cornwall and Smith, *Exhaustive Dictionary*, 47.

6) Ibid., 108.
7) Ibid., 16.
8) Ibid., 201.
9) Ibid., 108.
10) *Webster's*, "familiar."
11) Cornwall and Smith, *Exhaustive Dictionary*, 127.
12) Ibid., 124.
13) 그 땅에 거하던 족속들에 관한 더 많은 정보를 원한다면, Destiny Image 출판사에서 1991년에 출판된 로리 윌키의 *The Costly Anointing*을 읽어라.
14) Strong, *Enhanced Strong's Lexicon*, #2461, #2459.

11장

1) Webster, "occult."
2) Ibid.
3) Ibid.
4) Strong, *Enhanced Strong's Lexicon*, #4363.
5) Ibid., #1390, #1389.
6) Ibid., #1534, #1537, #1556.
7) Ibid., #6428.
8) Ibid., #5783.
9) Ibid., #2336.
10) Ibid., #6873.
11) Ibid., #953.

12장

1) Chuck Pierce, *Glory of Zion International Ministries Newsletter*, March 25, 2006.
2) Strong, *Enhanced Strong's Lexicon*, #1919.

저 자 소 개

샌디 프리드와 그녀의 남편 미키는 텍사스 주 허스트에 있는 '시온 미니스트리'의 설립자이며 디렉터다. 그들은 텍사스 주에 위치한 지역 교회에서 십사 년 이상 목회를 해왔으며, 지금은 사도로서 시온 왕국 훈련 센터를 돌보고 있다.

샌디는 '크리스챤 인터내셔널 미니스트리'에서 안수 받은 선지자이며, 그리스도의 몸에 대한 예언적인 진리를 가르치며 세계를 여행하고 있다. 샌디와 미키는 크리스챤 인터내셔널 임팩트(IMPACT) 팀으로서 국내외로 여행하면서 사도적으로 그리고 예언적으로 그들의 네트워크를 위한 지역들과 교회들을 감독하고 있다.

샌디는 『Destiny Thieves: Defeat Seducing Spirits and Achieve Your Purpose in God』을 포함한 세 권의 책을 썼으며, TV와 라디오에 주요 게스트로 출연하여 하나님의 구원과 치유의 능력에 관한 간증을 나누기도 한다. 샌디는 꿈, 환상, 영 분별의 은사를 받은 사역자로서 인기 있는 설교자이며, 꿈과 환상, 그리고 개인과 교회, 지역의 악한 견고한 진들을 분별해내는 통찰력을 위한 세미나 강사이기도 하다.

샌디와 미키는 딸 킴과 사위 매트가 있으며, 이들은 시온 미니스트리에서 안수를 받은 사역자들이다.

더 많은 정보를 원하면, 아래의 주소로 샌디에게 연락하라.

Zion Ministries
P.O. Box 54874
Hurst, TX 76054
(817)284-5966 or (817)589-8811
e-mail: Zionministries1@sbcglobal.net
website: www.zionministries.us